Dänemarks Nordseeküste

Urlaubshandbuch

Reisetipps
Anhang
Die Menschen
Die Nordsee
Bis Esbjerg
Bis Ringkøbing
Westjütland
Limfjord
Nordjütland

Roland Hanewald

Dänemarks Nordseeküste

„Zu leben ist zu reisen."

Hans Christian Andersen

Impressum

Roland Hanewald
Dänemarks Nordseeküste

erschienen im:
Reise Know-How Verlag Peter Rump GmbH
Osnabrücker Str. 79, 33649 Bielefeld

5., komplett aktualisierte Auflage 2006

Gestaltung
Umschlag: C. Blind, P. Rump (Layout)
Timm Küster (Realisierung)
Inhalt: Günther Pawlak (Layout)
Kordula Röckenhaus (Realisierung)
Karten, Pläne: Catherine Raisin, der Verlag
Fotos: der Autor, soweit nicht anders vermerkt
Titelfoto: der Autor

Lektorat (Aktualisierung): Timm Küster

Druck und Bindung: Fuldaer Verlagsanstalt GmbH und Co KG, Fulda

ISBN-10: 3-8317-1443-6
ISBN-13: 978-3-8317-1443-8
PRINTED IN GERMANY

Dieses Buch ist erhältlich in jeder Buchhandlung Deutschlands, der Schweiz, Österreichs, Belgiens und der Niederlande. Bitte informieren Sie Ihren Buchhändler über folgende Bezugsadressen:

Deutschland
Prolit GmbH, Postfach 9, D-35461 Fernwald (Annerod)
sowie alle Barsortimente

Schweiz
AVA-buch 2000, Postfach, CH-8910 Affoltern

Österreich
Mohr Morawa Buchvertrieb GmbH, Sulzengasse 2, A-1230 Wien

Niederlande, Belgien
Willems Adventure, Postbus 403, NL-3140 AK Maassluis

Wer im Buchhandel trotzdem kein Glück hat, bekommt unsere Bücher auch über unseren **Büchershop im Internet: www.reise-know-how.de**

Inhalt

Kartenverzeichnis

Exkurse

Vorwort

Welch ein Unterschied! Eben noch hatte ich auf meine Frage, ob ich per Bus oder Zug nach X reisen könnte, von der Bahnhofsauskunft die patzige Antwort erhalten: *„Das ist mir doch egal!"* Ich befand mich zu diesem Zeitpunkt noch auf deutschem Boden. Jetzt, gleichsam als wenn sich ein Vorhang gehoben hätte, sah ich mich von freundlichen, zuvorkommenden Menschen umgeben, die keine schlechte Laune zu kennen schienen, stets ein Lächeln auf Lager hatten, wenn sie angesprochen wurden. Ich war in Dänemark.

Einen Monat später hatte immer noch kein Wermutstropfen nach dem obigen Muster meinen Aufenthalt bei unseren nördlichen Nachbarn getrübt. Gibt es in Dänemark überhaupt Griesgrame? Wie gerne denke ich zurück an Anne, liebe Anne aus Esbjerg, mit der meine Frau und ich im Zug ins Gespräch kamen und die uns spontan zu sich nach Hause einlud! (Wir blieben drei amüsante Tage.) Oder an Bo, oller Grönland-Seebär aus Ålborg, der seinen Obstgarten für uns plünderte. An den Filialleiter des „Spar"-Ladens in Ringkøbing, der alles stehen und liegen ließ, um uns zur Jugendherberge zu fahren. An den Bus-Chauffeur in Lemvig, der uns per Sondertour, gratis natürlich, zwei Kilometer zum Bahnhof kutschierte, damit wir einen Zug erreichten. Undenkbar so etwas in Deutschland.

Sollte man deshalb nach Dänemark fahren? Nur, um nette Leute kennen zu lernen?

Nun, ein guter Grund wäre damit schon mal gegeben. Ein weiterer ist eine saubere Nordsee. Sie ist, daran ist nicht zu rütteln, um einiges reiner als an Deutschlands (oder Hollands) Küsten. Denn in Dänemark ergießen sich keine schmutz- und chemikalienbefrachteten Flüsse ins Meer; die paar Rinnsale, die es dort gibt, sind glasklar, voller Fisch – selbiger übrigens ein weiterer Grund für eine Dänemark-Reise. Schwerindustrie gibt es in unserem vorwiegend agrarischen Nachbarland schon mal gar nicht; was dort existiert, ist klein bis mittel, und scharfe Umweltbestimmungen sorgen dafür, dass möglichst wenig danebenkleckert. Außerdem wälzt sich an Dänemarks Küsten weitaus weniger Schiffsverkehr vorbei als an jenen der südlichen Nordsee - das verheißt unratfreie Strände. *„Du frischer dänischer Strand!"* lobte *H. C. Andersen* im Jahre 1850 die Küsten seiner Heimat, ein Ausspruch, der immer noch gilt.

Und letztlich haben sich die Dänen auch nicht das verhasste Kurtaxsystem zu eigen gemacht, das beim südlichen Nachbarn zu viel bösem Blut und immer barscheren Tönen geführt hat: *„Die Kurabgabe ist ohne Rücksicht darauf zu zahlen, ob und in welchem Umfang die öffentlichen Kur- und Erholungseinrichtungen benutzt werden!"* ordnen zum Beispiel die Vögte der Insel Sylt an. Das Schöne an Dänemark ist, dass man sich auch ohne „Einrichtungen" erholen kann - wie es ja eigentlich überall auf der Welt der Fall sein sollte -, weil es dieselben dort gar nicht gibt.

In diesem Sinne:
God rejse - gute Reise!

Roland Hanewald

Ein Postskriptum zum Vorwort:
Man hat mir angekreidet, in Dänemark alles gut und in Deutschland alles schlecht zu finden. Stimmt gar nicht! Wer sich allein mal das dänische Steuersystem betrachtet hat, wird froh sein, in der Bundesrepublik zu leben.

Hinweise zur Benutzung

Dieses Buch ist in mehrere Abschnitte gegliedert. Im Kapitel ***Allgemeine Reisetipps*** findet man alle praktischen Informationen für die Vorbereitung und die Reise selbst. Das Kapitel ***Die Menschen*** behandelt neben Geschichte und Gegenwart Dänemarks auch die dänische Sprache. Im Kapitel ***Die Nordsee*** finden sich landeskundliche Angaben zu Themen wie Wetter, Gezeiten und Umwelt.

Danach folgt die ***Beschreibung der Regionen*** von Süden nach Norden. Einem einleitenden Überblick der Gesamtregion und einer Übersichtskarte folgt eine Vorstellung der jeweiligen Orte oder Gebiete. Die einzelnen ***Orte*** werden vorgestellt, ***Sehenswürdigkeiten*** beschrieben und zum Ende die wichtigen ***praktischen Informationen*** vom Verkehrsamt bis zum Sportangebot aufgeführt.

Erspart habe ich es mir, jedes kleine Adresschen aufzulisten. Auch ***Ferienhäuser*** vorzustellen ist im Rahmen eines Reisehandbuchs schlicht unmöglich. Stattdessen finden sich die Adressen der großen Ferienhausanbieter in Deutschland im Kapitel „Reisetipps" („Unterkunft"), die Anbieter vor Ort sind mit ihrer Telefonnummer aufgeführt. Zur ***Kategorisierung*** von Campingplätzen und Jugendherbergen bitte ich auch, unter „Unterkunft" nachzusehen. Die im Buch verwendete ***Reihenfolge*** von kommerziellen Betrieben beinhaltet keine Wertung.

Hintergrundinformationen oder interessante Anekdoten findet man in den ***Exkursen.*** Eine ***Literaturliste,*** ein kleiner ***Sprachführer,*** das ***Register*** und das ***Kartenverzeichnis*** im ***Anhang*** beschließen dieses Buch.

Alle Informationen sind zwar sorgfältig und aktuell recherchiert, aber ***Fehler*** lassen sich nicht immer vermeiden, und manche Angaben können sich natürlich auch ändern. Über diesbezügliche Hinweise freue ich mich!

Allgemeine Reisetipps von A bis Z

An- und Weiterreise

Mit dem Flugzeug

Kartentipp: *„Dänemark"* im Maßstab 1:300.000 aus dem Reise Know-How Verlag.

Es mag auf den ersten Blick paradox erscheinen, mit dem Flieger in unser nahes und kleines Nachbarland reisen zu wollen. Doch für Deutsche südlich des Mains, für Österreicher und Schweizer ist Dänemark ein ganz schönes Stück entfernt. Da mag diese Alternative sich allein aus Zeitersparnisgründen als empfehlenswert erweisen.

Je nachdem, ob man den Süden oder Norden Jütlands zum Ziel hat, kann man zwischen verschiedenen Möglichkeiten wählen. Der ***Süd-Dänemark*** nächstgelegene große Flughafen ist Hamburg, von wo man mit der Bahn weiterreisen kann. Wer bis Westerland (Sylt) weiterfliegt, was überhaupt keine Hürde darstellt, ist fast an der Grenze. Per Bus nach List (Sylt) weiter und von dort mit der Fähre (zahlreiche tägliche Abfahrten) nach Havneby auf der Insel Rømø - schon ist man in Dänemark.

Man kann hier allerdings leicht in eine Sackgasse geraten. Besser ist man bedient, wenn man zunächst (via Flensburg) an die Ostküste reist. Von dort gibt es bessere Verbindungen, gleich mehr dazu.

Die ***Nordroute*** führt vorzugsweise über Kopenhagen. Diese Tour ist, obwohl die dänische Hauptstadt im äußersten Osten des Landes liegt, gar nicht so abwegig. Die nächste Destination, per Anschlussflug, ist ***Ålborg.*** Man kann sich vielleicht zunächst einen Besuch der faszinierenden Metropole gönnen, bevor man weiterfliegt. Vom Knotenpunkt Ålborg gelangt man per Zug an die Nordspitze Dänemarks und per Bus zu allen anderen Orten Nordjütlands.

Ålborg lässt sich von Kopenhagen ebenfalls in ein paar Stunden per Schnellzug erreichen, schneller denn je, seit der Große Belt überbrückt und untertunnelt ist (1998). Es gibt auch einen Direktbus, der dreimal täglich via Sjællands Odde (Fähre) nach Ålborg fährt (6 Std., Info Tel. 70100030).

Weitere Flugverbindungen existieren zwischen Kopenhagen und Karup (mittig zwischen Viborg und Herning), Tirstrup (Århus), Skive und Vred (Thisted). Dies sind die nächstgelegenen Anbindungen an West- und Nordjütland; wer nicht von weither kommt, schlägt dieserart jedoch einen ziemlich großen Haken.

Schweizer können direkt von Zürich nach Billund (nordöstlich von Esbjerg) fliegen. Auch von Frankfurt und München gibt es Flüge dorthin.

Die ***wichtigsten Linienfluggesellschaften*** mit Verbindungen nach Dänemark sind:

- ***Austrian Airlines,*** www.aua.at.
- ***Lufthansa,*** www.lufthansa.de.
- ***Scandinavian Airlines*** (SAS), www.scandinavian.net.
- ***Swiss,*** www.swiss.com.

Flugpreise

Je nach Airline, Jahreszeit und Aufenthaltsdauer bekommt man ein Economy-Ticket von Deutschland, Österreich und der Schweiz nach Kopenhagen und zurück ab 150 Euro bzw. 400 SFr.

Ein paar Gefahren drohen auch in Dänemark

Buchung Die Tickets der Linienflüge kann man u.a. bei folgenden ***Reisebüros*** besonders günstig finden:

- ***Jet-Travel,*** Buchholzstr. 35, 53127 Bonn, Tel. 0228/284315, Fax 284086, www.jet-travel.de. Auch für Jugend- und Studententickets. Sonderangebote auf der Website unter „Schnäppchenflüge".
- ***Globetrotter Travel Service,*** Löwenstrasse 61, CH-8023 Zürich, Tel. 01-2286666, www.globetrotter.ch. Weitere Filialen siehe Website.

Billigfluglinien Preiswerter kann es bei den so genannten Billigfliegern sein, sofern man sehr früh bucht (im Internet oder über z.T. teure Hotlines) und ohne Papierticket, festen Sitzplatz und freie Verpflegung fliegen möchte. Alle Airlines auf einen Blick finden sich bei www.billig-flieger-vergleich.de. ***Nach Kopenhagen*** fliegen:

- ***Easy Jet,*** www.easyjet.com. Von Berlin-Schönefeld.
- ***Snowflake (SAS),*** www.flysnowflake.com. Von Berlin, Köln/Bonn, Düsseldorf, Frankfurt, Genf, Hamburg, Hannover, Luxemburg, München, Nürnberg, Stuttgart, Wien und Zürich.
- ***Sterling.dk,*** www.maersk-air.com. Von Berlin, München, Salzburg und Genf. Von Amsterdam und Frankfurt nach Kopenhagen und ***Billund.***
- ***Transavia,*** www.transavia.com. Von Amsterdam.
- ***Virgin Express,*** www.virgin-express.com. Von Brüssel.

Nach Hamburg fliegen:

- ***Air Berlin,*** www.airberlin.com.
- ***DBA,*** www.flydba.com.
- **Germanwings,** www.germanwings.com.
- ***Hapagfly,*** www.hapagfly.com.
- ***Hapag-Lloyd Express,*** www.hlx.com.
- ***InterSky*** (Schweiz), www.intersky.biz.

Mit dem Auto

Ein vorzügliches Straßennetz bietet sich dazu an, Dänemark mit dem Auto zu bereisen. Vielerorts darf man mit dem Großrollstuhl sogar den Strand entlangsausen!

Auffällig beim nördlichen Nachbarn ist eine geringere Verkehrsdichte als in Deutschland. Das liegt unter anderem daran, dass Autos in Dänemark sehr teuer sind; „nur" etwa jeder dritte Däne besitzt deshalb ein motorisiertes Gefährt. Zudem hält ein vorbildlich ausgebautes System öffentlicher Verkehrsmittel das individuelle Rollpotenzial vergleichsweise niedrig. Und, wohl entscheidender Punkt, die Dänen sind längst nicht so autogeil wie ihre südlichen Anrainer, sie sind, auf einen Nenner gebracht, insofern wohl ein bisschen der Zeit voraus.

Im ***Straßenverkehr*** lässt sich eine entsprechende Souveränität beobachten. Die Dänen fahren (mehrheitlich) unverkrampft. In Dänemark wird einem kein Vogel und kein „Effe" gezeigt und auch mal dem der Vorrang gelassen, der keine Vorfahrt hat. Nicht einmal das Wort „Vorfahrt" gibt es, sondern nur *vigepligt* (Ausweichpflicht); schon mal ein Hinweis auf zwei verschiedene Mentalitäten. In Deutschland mag sich das Verkehrsgeschehen schneller abwickeln, in Dänemark ist das Autofahren angenehmer. Diesen Status belässt man am besten beim quo, indem man auf das eigene Mobil verzichtet. Es gibt ja so viele gute Alternativen.

Die ***Fahrtroute*** in diesem Buch folgt in groben Zügen der Hauptstraße A11 von Tønder über Ribe, Esbjerg (Umgehung), Varde, Holstebro, Struer und Thisted nach Ålborg. Eine parallele Alternative, gleichfalls detailliert beschrieben, ist die Landstraße 181, die in Varde beginnt und weitgehend unmittelbar die Küste entlangläuft; sie endet in Hanstholm. Dieses Straßensystem, insbesondere große Teile der 181, liegt im Bereich der so genannten Margaretenroute, die man ihrer landschaftlichen Schönheit wegen ausgewählt und in ihrem Verlauf mit einer stilisierten weißen Blume gekennzeichnet hat.

Tempo

- Landstraßen 80 km/h, Autobahnen 130, vor allem um größere Orte aber 110 (Gespanne 70 km/h, auf Autobahnen 80). In Städten 50, vielfach auch 30 km/h. Übertretungen sind teuer, ab Tempo 105 auf Landstraßen wird massiv zur Kasse gebeten.

Reizthema „Autos am Strand"

Von den rund 30 Badestränden an der dänischen Nordseeküste dürfen neun mit dem Auto befahren werden. Auf baldige Abschaffung dieses Brauchs ist trotz zahlreicher Proteste, vornehmlich aus dem deutschen Lager, nicht zu hoffen. Für die Dänen, und da sind sie der Zeit wohl weniger voraus, stellen Autos am Strand eine Manifestierung von Freiheit dar. Und nicht nur für sie. Viele ausländische Touristen empfinden offenbar ebenfalls große Faszination dabei, wenn es dort, wo man eigentlich der guten frischen Luft wegen hinreist, nach Auspuff riecht wie in der Tiefgarage. Hier darf der Geländewagen mal unter die Räder nehmen, was ihm anderswo zwischen Heim und Aldi mangelt: Gelände, wenn auch nur plattes. Freiheit, die ich meine! Einmal ohne die Gängelung von Betonbahnen und Verkehrszeichen durch den Sand zu sausen, sich wie Rallyist in der Wüste zu fühlen - da wird der Schumi im zahmsten Puschenmännchen wach!

In der Hochsaison sieht es deshalb an manchen Stränden aus wie auf dem Supermarkt-Parkplatz. Interessant ist dann vor allem, die Verhaltensmuster der verschiedenen Chauffeure zu beobachten. Manche fahren nur bis ans Wasser und beäugen die Nordsee fernsehgleich durch das Rechteck fest geschlossener Fenster und bei laufendem Motor - man will's ja warm haben am Meer. Andere brettern mit Karacho die Flutlinie entlang, dass der Blanke Hans spritzt und die faulste Möwe in Bewegung gerät - Spaß um jeden Preis (bis später die Rechnung für die Salzschäden kommt). Wieder weitere liefern sich Scooter-Rennen - Autobahn am Strand.

Dass es auch ohne die herbe Last der Verkehrsdisziplin gehen kann, beweist die „Strand-Unfallstatistik" mit - angeblich - null Karambolagen. Nur wer im Suff nach England weiterfahren will, macht die Küste zumeist um eine Wrackeintragung reicher - einige stehen zu Buch. Dennoch: Trotz zahlreicher Beteuerungen in Sachen Sicherheit - „Fußgänger haben stets Vorrang" - werden sich viele Menschen, vornehmlich solche mit Kindern, in diesem Milieu unbehaglich fühlen. Die Autostrände sind deshalb im nachstehenden Text aufgelistet, damit man, ganz nach persönlicher Neigung, sich dort austoben oder einen großen Bogen um sie machen kann.

In Deutschland gibt es übrigens auch einen „Autostrand", und zwar im schleswig-holsteinischen St. Peter-Ording. Dort wurde ein Antrag auf Änderung von den Behörden abgeschmettert - die kennen ihre einträglichen autokalyptischen Pappenheimer nämlich.

Benzin

- Treibstoff ist in Dänemark ein paar Prozentpunkte teurer als in Deutschland.

Alkohol

- Promillegrenze bei 0,5. Rigide Strafen bis mehrere Tausend Euro. Das Auto kann als Pfand einbehalten werden.

Weitere Verkehrsregeln

- Die ***Grüne Versicherungskarte*** wird empfohlen.
- Es herrscht ***Gurtzwang.***
- Das Fahren mit ***Abblendlicht*** ist auch am Tage vorgeschrieben.

Notruf

- Notruf 112 (Polizei und Rettung), in deutscher Sprache bei Unfällen: 79424285.

Pannenhilfe

Die Auto-Pannenhilfe ist 24 Stunden erreichbar über:
- ***FALCK Organisation,*** Tel. 70102030.
- ***DAH-Verband*** (Dansk Autohjaelp), Tel. 70108090.
- ***ADAC*** (für D), Tel. 79424285 in DK oder Notruf-Tel. in Deutschland 0049/89/222222, unter 0049/89/767676 erfährt man, wo sich ein Deutsch sprechender Arzt befindet; die Liste kann man auch vorab anfordern.
- ***ÖAMTC*** (für A), Tel. 79424284 in DK oder Notruf-Tel. in Österreich 0043/1/2512000 bzw. für medizinische Notfälle 0043/1/2512020.
- ***TCS*** (für CH), Notruf-Tel. Schweiz 0041/22/4172220.

Mit der Bahn

Es gibt über Flensburg tägliche ***Nachtzüge*** z.B. ab Basel, München sowie Köln nach Padborg und Kolding (weiter nach Kopenhagen).

- ***DB NachtZug,*** www.nachtzugreise.de oder Telefon in Deutschland 01805/141514 (12 ct/Min.).

Wie die Dänen es schaffen, ihre Züge so sauber und graffitifrei zu halten, sollten sich die Verwaltungen anderer Bahnen vielleicht mal erklären lassen. Es gibt diverse ***Preisklassen,*** die auch einiger Erklärung bedürfen; man erhält sie am Bahnschalter. Im Wesentlichen: Eine *klippekort* für 10 Fahrten (innerhalb bestimmter Zonen) ist rund 25 % billiger, ebenso ein *65-billet* für Senioren über 65 (nirgendwo steht etwas von *dänischen* Senioren, mal drauf pochen). Für vielfahrende Jugendliche (12-25 Jahre) lohnt sich das *ungdomsbillet*. Dafür ist allerdings zunächst der

Lustige Oldtimerbahn

Kauf der 1 Jahr lang gültigen *ungdomskort* (Passfoto) erforderlich. Darüber hinaus gibt es *billigdage* für diese beiden Klassen (Di-Do und Sa, jeweils ab 4 Uhr) mit erheblich herabgesetzten Tarifen. Außerdem gibt es noch das *Super Rød Billet* für (fast) ganz Dänemark, das *Rail Europe Senior* für den größten Teil des Kontinents und spezielle Tarife für Behinderte. Die dänischen InterCity-Züge sind zuschlagfrei.

Auf mehreren Strecken verkehren ***Privatbahnen:*** Varde-Nørre Nebel-Nymindegab; Vemb-Lemvig-Thyborøn; Hjørring-Hirtshals und Frederikshavn-Skagen. Dies sind zum Teil urige, betagte Triebwagenzüge oder echte Veteranen (N. Nebel). Stellenweise (Lemvig) legt der Zugführer noch die Weichen von Hand um. Es ist recht lustig, mit diesen Oldtimern zu fahren; man darf es nur nicht eilig haben.

Neuerdings kann man wieder mit der Nord-Ostseebahn von Niebüll über Süderlügum nach Tønder fahren. Alternativ fährt man via Flensburg/Åbenrå nach Jütland hinein.

Mit dem Bus

Ein dichtgewirktes Netz von Busverbindungen überzieht ganz Dänemark. Selbst das kleinste Kaff ist angeschlossen.

In Deutschland darf man nur an „ausgewiesenen Haltestellen" ein- und aussteigen. Das ist „aus versicherungstechnischen Gründen" so, die wohl vor allem in der deutschen Klagewut zu suchen sind. In Dänemark hat man diese Gründe offenbar im Griff, denn Überlandbusse halten an, wo immer es das Verkehrsgeschehen erlaubt. Man sagt dem Fahrer, dass man aussteigen möchte, und artig hält er/sie dort an. Oder man streckt am Straßenrand die Hand aus und darf sicher sein, Bremsen quietschen zu hören.

Fahrkarten kann man im Bus kaufen. Sie sind (etwas) billiger als in Deutschland; mit einer *klippekort* (Mehrfachkarte) spart man zudem etwa ein Drittel. Wie machen die das nur?

Busse nach Dänemark

● ***Öffentliche Busse*** fahren von Deutschland nach Jütland über die Hauptrouten Niebüll-Tønder (Fahrpläne: Service-Tel. 0130-845300) und Flensburg/Padborg-Åbenrå. Info in Dänemark: www.rejseplanen.dk

Vokabeln in Fahrplänen

banegård, station	Bahnhof
billet	Fahrkarte
hverdage	werktags
kører ikke	fährt nicht
kører kun	fährt nur
køres som på	fährt wie am
lørdage	samstags
mod	in Richtung
optaget	besetzt
rute	Route
rutebil, bus	Bus
rygere/ikke-rygere	Raucher/Nichtraucher
samt	einschließlich
søn- og helligdage	sonn- und feiertags
spor	Gleis
standser kun i	hält nur in
tog	Zug
undt. (undtaget)	ausgenommen, außer
X-bus	Expressbus (das X ist außen groß aufgemalt)

Mit dem Fahrrad

Wer mit dem Radl auf dem Dachträger Hunderte von Kilometern anreist, stellt wenig ökologisches Bewusstsein zur Schau. Man kann auch auf der Direktroute nach Westjütland hineinradeln, und zwar über die Grenzübergänge in Tønder oder über Sylt und Rømø, und dann das ganze Land unter die zwei Räder nehmen. Außerdem fahren täglich mindestens vier ***Züge,*** in denen man Räder mitführen kann, von D nach DK. Dort, jenseits der Grenze, sind die meisten Züge dafür eingerichtet. Wenn man das *cykel* öfter mal bahnfahren lässt, lohnt sich der Erwerb einer ***Fahrrad-Rabattkarte*** mit 10 Einheiten zum Preis von etwa 100 dkr.

Radwege

Das ***Radwegenetz*** ist exzellent und führt häufig durch Naturschutzgebiete und alte Dörfer. Wenn auf Landstraßen ausgewichen werden muss, radelt man dort wegen des geringeren Verkehrs weitgehend risikolos - aufpassen sollte man trotzdem. Nationale Routen sind mit den Nummern 1-10 weiß auf rot ausgeschildert. Außerdem gibt es viele Radwege jenseits des Straßennetzes (Nummern ab 30, weiß auf blau).

Die nationalen Routen

Die regionalen Routen

Die verlockende Alternative, den gesamten Strand der Westküste entlangzuradeln, ist jedoch leider nicht gegeben: Der Sand ist vielerorts zu weich, und überdies ist es generell nicht erlaubt. Eine allgemeine Fahrradroute im Bereich dieses Buches folgt der gesamten Küste von Rudbøl/Højer an der Grenze bis Skagen am Zipfel. Es handelt sich um Dänemarks Radler-Highway Nr. 1, rund 550 km lang, davon zwei Drittel asphaltiert und der Rest Feldweg oder Schotter. In den Touristenbüros kann man sich zudem von Fall zu Fall den kostenlosen *CykelGuide* besorgen, in dem Detailkarten und weitere Routen verzeichnet sind.

In welche Himmelsrichtung man fährt, spielt keine Rolle. Süd- und nordwestliche Winde halten sich ungefähr die Waage; nur im hohen Norden Jütlands ist man mit Ostkurs besser bedient. Vielfach pedalt man aber im Schutz von Dünen und Küstenwäldern und braucht sich nicht um den Wind zu scheren. Auch Bergauffahren ist an der Westküste (mit ganz wenigen Ausnahmen) kein Thema; mangels *mountain* kommt man also ganz gut ohne Mountainbike aus.

- ***Infos im Internet:*** www.visitdenmark.com/radfahren

Fahrrad-verleih

Überall in Dänemark kann man sich auch Räder mieten. Der Betriebe sind so viele, dass dieses Buch darauf verzichten muss, sie einzeln aufzuzählen. Man hält einfach Ausschau, fragt in der Herberge oder in der Touristeninformation danach, oder checkt die gelben Seiten. Im Durchschnitt kosten die Räder 10 dkr pro Stunde, 30 pro Tag; in touristischen Zentren gut 50 % mehr.

Fahrrad-karten

Spezielle Radkarten sind im Buchhandel erhältlich. Für die Jütland-Küstenroute kommen die Karten 4.06, 4.10, 4.12, 4.13 und 4.17 in Frage.

Zu Fuß

Die gesamte Westküste Dänemarks lässt sich erwandern, ohne dass man jemals mit nennenswertem Verkehr in Berührung käme, indem man weitgehend der Strandline folgt (gut 500 km). Alle Fluss- und Fjordöffnungen sind überbrückt, wenn nicht, tuckert eine Fähre hinüber.

Mit dem eigenen Boot

Literaturtipp: *„Küstensegeln"* aus der Praxis Reihe des Reise Know-How Verlags.

Außer den üblichen Personalunterlagen ist das einzige benötigte Papier ein Nachweis, dass man im Besitz des Bootes ist. ***Segelschein?*** *Glem det,* vergiss es. Wer in Dänemark zur See fährt, wo kein Mensch mehr als 52 km vom Meer wohnt, braucht dafür kein Papier. Er muss es nur können, denn die Westküste Jütlands ist kein Revier für Sonntagssegler. Außerdem braucht man gutes ***Kartenmaterial,*** bereits vor der Reise zu besorgen.

Empfehlenswert sind auch das ***Handbuch*** *Segeln in Dänemark 1* von *Jan Werner*, auf das im Anhang hingewiesen wird, und *Dänemarks Häfen aus der Luft* (beide im Verlag *Delius-Klasing*). Speziell erwähnt ist später im Buch die Limfjord-Region, ein superbes Binnensegelrevier.

Liegegebühren in Marinas bewegen sich in Westjütland zwischen 15 und 50 Euro pro Tag.
Seewetterbericht: siehe unter „Die Nordsee".

● ***Deutscher Segler-Verband,*** Gründgensstr. 18, 22309 Hamburg, Tel. 040-6320090, Fax -63200928.

Auslandsvertretungen in Dänemark

● ***Deutsche Botschaft Kopenhagen,***
Stockholmsgade 57, Tel. 35459900.
● ***Deutsches Generalkonsulat Åalborg,***
Rings Møbler, Danmarksgade 58-64, Tel. 98125633.
● ***Deutsches Generalkonsulat Århus,***
Havnegade 4, Tel. 86182588.
● ***Deutsches Generalkonsulat Esbjerg,***
Amerikavej 1, Tel. 75123133.
● ***Österreichische Botschaft Kopenhagen,***
Sölundsvej 1, Tel. 39294141.
● ***Österreichisches Generalkonsulat Århus,***
Frue Kirkeplads 4, Tel. 89310114.
● ***Österreichisches Generalkonsulat Aabenraa,***
Jernbanegade 2, Tel. 74627420.
● ***Schweizer Botschaft Kopenhagen,***
Amaliegade 14, Tel. 33141796.

Der EU-Beitritt löste keine Begeisterung aus

Einreise

Seit 2001 entfallen die Kontrollen an der Grenze nach Deutschland, und die Übergänge können rund um die Uhr passiert werden. Man rollt hinüber und merkt es gar nicht. Einen Pass oder Ausweis muss man dennoch parat haben (auch Kinder), um nachzuweisen, wer man ist.

Zu beachten ist allerdings, dass die meisten Nicht-EU-Bürger, die von Dänemark ***nach Norwegen*** weiterreisen, dort ein Visum benötigen. Dies gilt auch für ausländische Ehepartner, selbst wenn sie in einem EU-Land leben.

Für ***Hunde und Katzen*** muss man einen EU-Heimtierausweis *(Pet Passport)* mitführen. Die Tiere müssen zudem mindestens 30 Tage und höchstens 12 Monate vor der Einreise gegen Tollwut geimpft und mit einem Microchip oder einer Tätowierung gekennzeichnet sein. Mit Haustieren darf man in den ersten 48 Stunden keinen Bauernhof besuchen. Pitbulls und Tosas dürfen nicht eingeführt werden. Weitere Infos auch bezüglich anderer Tiere bekommt man bei:

- ***DK:*** www.foedevaredirektoratet.dk oder Tel. 33956000.
- ***BRD:*** www.zoll.de oder Tel. 069/46997600.
- ***Österreich:*** www.bmf.gv.at oder Tel. 04242/33233.
- ***Schweiz:*** www.zoll.admin.ch oder Tel. 061/2871111.

Die letztgenannten Zollämter geben auch Auskunft über die ***Ein-/Ausfuhrmengen*** von Waren.

Achtung: Sie verlassen jetzt die EU!

Essen und Trinken

„Butter und Käse billig, dänische Mädchen willig", hieß zu meinen Jugendzeiten ein Merkspruch für Dänemarkfahrer. Ersteres trifft nicht mehr zu; das mit den Mädchen zu überprüfen, hat meine Frau mir untersagt. „Normale" Lebensmittel sind schon wegen der „Moms", der hohen Mehrwertsteuer, ein paar Prozentpunkte teurer als in Deutschland. Es lohnt sich, in den Geschäften ein wenig die ***Preise*** zu vergleichen. Manchmal stößt man trotz der Unkenrufe auf echte Schnäppchen.

Unter Umständen findet man sogar ***Bier,*** das billiger als in Germanien ist (In der Regel ist Alkohol weitaus teurer). Ob's den Besuchern aus dem Süden auch besser schmeckt, ist eine andere Frage. Das schlechteste ist dänisches Bier aber bestimmt nicht. Es gibt übrigens auch andere Marken außer den allgegenwärtigen *Carlsberg* und *Tuborg;* mal Umschau halten und Proben nehmen.

Berühmtheit genießt Dänemark für sein ***Smørrebrød,*** ein Sortiment raffiniert belegter Brote. Stets exzellent ist auch alles an ***Fisch und Meeresfrüchten,*** die die riesige Fangflotte des Landes anliefert. Seafood-Kenner werden sich fragen, weshalb Garnelen ruckartig größer werden, sobald man die dänische Grenze überschreitet. Die Antwort ist einfach: Die Krabben kommen aus dem fernen, aber mit Dänemark verbändelten Grönland. Im Übrigen sind Meeresfrüchte in den dänischen Fischereihäfen gar nicht mal billiger als in den Geschäften. Direkt am Kai werden nämlich „Touristenpreise" verlangt; man zahlt für's Ambiente mit.

Anders, wenn man ***vom Bauern*** kauft. Selbige bieten ihre Erzeugnisse oft per Schild am Straßenrand an: *Kartofler, grønsager, kål, gulerødder, æg, æbler* – Kartoffeln, Gemüse, Kohl, Karotten, Eier, Äpfel – zu zivilen Preisen. Da aber der dänische Fiskus selbst diesen Kleinhandel mit seiner Moms besteuern möchte, umgehen die schlauen Bauern das Gesetz, indem sie statt eines Schildes einen Apfel oder ein ausgeblasenes Ei am Band aufhängen. Ein solches Scherzchen kann man den Kindern kaum verdenken, nicht wahr? Und der Eingeweihte weiß dann: Dort gibt's besonders günstig was zu kaufen.

Vieles in der ***dänischen Küche,*** auch wenn man's dort nicht wahrhaben will, ist aus Deutschland importiert. So genannte Kartoffeldeutsche brachten die nützliche Knolle mit, und selbst die Frikadelle, oft für urdänisch gehalten, kam 1842 über die Südgrenze gerollt; sie ist heute nur etwas anders zusammengesetzt. Ob die klebrige braune Mehlschwitze, mit der die nordische Hausfrau alles übergießt, auch deutschen Ursprungs ist, lässt sich nicht mehr verfolgen. Hier hat man sie jedenfalls aus dem Verkehr gezogen, dort genießt sie weiterhin größte Beliebtheit; kein Däne möchte sie scheinbar missen.

Ein wahrhaftes Nationalgericht, obwohl es sich eigentlich nur um einen ***Nachtisch*** handelt, ist *rødgrød med fløde.* Mit diesen drei Wörtchen testet man auch gern die *Dansk*-Beherrschung eines Fremden, denn das butterweiche D ist wohl der am schwersten zu meisternde Laut der dänischen Sprache. Wer's schafft, erhält zur Belohnung Rote Grütze mit Sahne, denn das ist die Übersetzung.

Süßigkeiten wie diese sind in Dänemark sehr beliebt. Jemand hat einmal ausgerechnet, dass bei jedem größeren Fernseh-Ereignis (Olympische Spiele, Fußball-WM) die vor den Glotzen sitzenden Dänen soviel naschen, dass sie um insgesamt 2000 Tonnen zunehmen. Süßes *wienerbrød,* ein Blätterteiggebäck, genießt man zum Frühstück, und wann immer sich im Lauf des Tages eine Gelegenheit zu *kaffe og kage* - ***Kaffee und Kuchen*** - ergibt, wird sie freudig ergriffen.

Ganz heiß ist man auch auf *pølser,* ***Würstchen.*** Einst waren sie mal alle knallrot gefärbt. Das sind sie jetzt zwar nicht mehr (alle), aber sie schmecken immer noch so, als ob sie's wären. Man kann sie sich mit *ketsup, løg* (Zwiebel), *remo* (Remoulade) und *sennep* (Senf) überhäufen lassen, damit sie auch einen garantiert süßen Geschmack annehmen.

In Dänemark isst man nicht, man speist, selbst die süße *pølse*. Dies sei nur erwähnt, damit man nicht die naheliegende Vokabel *æde* verwendet, sondern stattdessen *spise* einsetzt. *Æde* heißt nämlich „fressen".

Die Dänen essen nicht nur gut und gerne, sie gelten auch als fröhliche Getränksleute. Das liegt vielleicht daran, dass man sie mitunter in aller Öffentlichkeit bechern sieht, was man dortzulande nicht anstößig findet. In Wahrheit hat

Hundstage

Pilzland Dänemark

„In Dänemark werden die wilden Pilze immer mehr zum Kochen angewendet. Deshalb ist es notwendig die essbaren Pilzen von den giftigen Pilzen zu erkennen. Dieses Interesse für die Pilze hat leider zu manchen Vergiftungen mit tödlichem Ausgang geführt. Deshalb ist es wichtig zu betonen: ESSEN SIE NUR WILDE PILZE, DIE SIE 100 % KENNEN! Es ist notwendig die Kennzeichen der Pilze zu kennen. Nur dadurch können Sie gegen Vergiftungen sicher sein.

Wenn Sie wilde Pilze essen wollen, fangen Sie dann mit wenigen Gattungen von leichterkennbaren Pilzengruppen an. Die meisten Röhrlinge sind die beste Gruppe mit der zu beginnen, Die meisten Röhrlinge sind essbar, doch schmecken einige bitter, und einer ist giftig. Steinpilz gehört zu den besten Speisepilzen, aber es gibt für die Röhrlinge, wie für die meisten anderen Speisepilze, dass sie nicht roh gegessen dürfen.

Viele von den Gattungen können Magenschmerzen verursachen wegen giftige Stoffe, die bei Heizung umgeformt werden.

Wir haben viele giftigen Pilze in Dänemark. Die meisten Giftpilze sind glücklicherweise kleine Pilze, die mann normalerweise zum Essen nicht sammeln wird, aber es gibt auch einige grosse, fleischige Gattungen, die zum Unglück für Speisepilze verwechselt werden können..."

So steht's in einer dänischen Broschüre für deutsche Pilzfans. Alles klar? Auf einen Nenner gebracht: Ab Spätsommer gibt es in Dänemark vor allem jede Menge Birken-/Butterpilze (im Heide- und Waldbereich) und Champignons (auf den Wiesen). Letztere Pilzart ist besonders leicht mit den tödlichen Knollenblätterpilzen zu verwechseln. Also Vorsicht!

Wer auf eine voluminöse „Pilzmine" stößt, sei daran erinnert, dass Sammeln nur für den eigenen Bedarf erlaubt ist.

sich der ***Alkoholkonsum*** in den letzten zehn Jahren um gut ein Drittel zurück entwickelt. Dafür mag vor allem die so genannte „Giftsteuer" verantwortlich sein, die in Dänemark besonders schwer auf Alkoholika lastet.

Die meisten Waren, die man im Supermarkt, in Bäckerei und Schlachterei kauft, sind nicht viel teurer als daheim. Happig wird's schnell in ***Restaurants;*** alles was in Dänemark mit Service zu tun hat, kostet richtiges Geld. Dafür ist es, tröstliche Vision, in dänischen Speisestätten nicht üblich, ***Trinkgelder*** zu geben. Auch im Hotel, im Taxi und beim Friseur ist dieser stolzverletzende Usus verpönt.

Eine Liste mit Vokabeln zu Essen und Trinken findet sich in der ***Sprachhilfe im Anhang.***

Feiertage

Blau gemacht wird am Neujahrs-, Gründonners- und Karfreitag, am Ostersonn- und -montag, am Buß- und Bettag, zu Himmelfahrt und am Pfingstsonn- und -montag, am 1. Mai und 5. Juni (Verfassungstag, beide ab 12 Uhr) und am 25. und 26. Dezember. Am 24. und 31. Dezember schließen die Geschäfte ebenfalls ab 12 Uhr.

Geldangelegenheiten

Währung und Tausch

Die Dänen haben die Umstellung auf den Euro per Volksentscheid abgelehnt. Deshalb bleibt die Landeswährung die Krone (krone, Mz. kroner, Kürzel kr, dkr oder DKK) zu 100 Øre. Irgendwann in naher Zukunft werden sich die Dänen dem Euro anschließen (müssen). Bis dahin wird weiter gewechselt. Bei Drucklegung dieser Auflage stand der Kurs bei 1:7,46, also ca. ***7,50 Kronen pro Euro.*** Aktuelles hierzu im Internet: www.wechselkurse.de oder www.oanda.com.

Wechseln kostet 20-35 dkr, unabhängig von der Höhe des Betrags. „Geld aus der Wand" gibt's per EC-/Maestro-, Kredit-, Cirrus- oder Spar- Karte. Kreditkarten und Reiseschecks werden generell akzeptiert. Am ***preiswertesten*** ist die Abhebung am Geldautomaten via EC-/Maestro-Karte und das bargeldlose Zahlen per Kreditkarte.

Bei ***Verlust*** von Reiseschecks bzw. der Geld- oder Handykarte sollte man diese umgehend sperren lassen. In Deutschland gibt es dafür die einheitliche ***Sperrnummer 0049/116116.*** *Für* Österreicher und Schweizer gilt:

- ***EC-/Maestro-Karte,*** A: Tel. 0043/1/2048800, CH: Tel. 0041/1/2712230, UBS 0041/8488/88601, Credit Suisse 0041/8008/00488.
- ***MasterCard und VISA,*** A: Tel. 0043/1/717014500 (Euro-/MasterCard) bzw. 0043/1/71111770 (VISA), CH: Tel. 0041/44/2008383.

- ***American Express,*** A: Tel. 0049/69/97971000, CH: Tel. 0041/1/6596666.
- ***Diners Club,*** A: Tel. 0043/1/501350, CH: Tel. 0041/1/8354545.

Preise

Im weiteren Buchverlauf sind die ***Unterkunftspreise in fünf Kategorien*** mit Euro-Symbolen eingeteilt:

	Euro	*dkr*
€	bis 30	bis 220
€€	30-50	220-370
€€€	50-70	370-520
€€€€	70-100	520-740
€€€€€	> 100	> 740

Dänemark ist ein teures Land. Das hat unter anderem seine Gründe darin, dass auf allen Verbrauchsgütern und Dienstleistungen die schwere Last einer 25-prozentigen ***Mehrwertsteuer*** liegt, die leider auch von ausländischen Besuchern mitgetragen werden muss (die Steuer nennt sich *moms = merværdiomsætningsafgift*). Eine Rückerstattung ist nicht möglich.

Dafür gibt es die ***Kurtaxe,*** Schreckgespenst deutscher Nordseestrände, in Dänemark nicht. Eine solche ist auch keineswegs in der Preisstruktur von Badeorten „untergepflügt". Die klotzige Moms, die den Deutschen wohl ebenfalls bald ins Haus steht, sorgt auch so dafür, dass der Fiskus nicht zu kurz kommt. Eintrittspreise für den Strand, Absperrungen, Umzäunungen - undenkbar; der Strand ist für alle da.

Sehr teuer (doppelt soviel wie in Deutschland) sind ***Filme.*** Also besser mitnehmen.

Der ***Eintritt zu Museen, Aquarien, Ausstellungen*** und dergleichen beträgt zumeist 10-20 dkr (Kinder die Hälfte). Die immer fast gleichen Preise sind im Verlauf des Buches nicht separat aufgeführt, es sei denn, sie schießen einmal weit über die Normalität hinaus.

Gesundheit

Literaturtipp: *„Selbstdiagnose und -behandlung unterwegs"* aus der Praxis Reihe des Reise Know-How Verlags.

Für das soziale und gesundheitliche Wohlergehen eines jeden Dänen werden jährlich, solange das Geld reicht, rund 20.000 dkr investiert. Die medizinische Versorgung ist deshalb exzellent. Der Reisende kann davon profitieren, denn die ***gesetzlichen Krankenkassen*** in Deutschland und Österreich garantieren im akuten Krankheitsfall eine Behandlung in Dänemark. Dazu benötigt man die ***Europäische Krankenversicherungskarte (EHIC)*** von seiner Kasse. Da die Leistungen nach den gesetzlichen Vorschriften in Dänemark abgerechnet werden, muss man gegebenenfalls zunächst die Kosten selbst tragen. Dies gilt insbesondere für zahnärztliche Behandlungen.

Allerdings erstattet die Krankenkasse hinterher evtl. nur einen Teil des Betrages zurück, was zu Unkosten in kaum vorhersehbarem Umfang führen kann. Daher wird zusätzlich der Abschluss einer privaten ***Auslandskrankenversicherung*** (bereits ab 5 Euro) dringend empfohlen. Diese sollte auch eine Reiserückholversicherung enthalten. Zur Erstattung der Kosten benötigt man grundsätzlich ausführliche Quittungen mit Namen, Datum, Berichten über die Art der Behandlung, Medikamenten und Betrag.

Schweizer sollten unbedingt bei ihrer Krankenkasse nachfragen, ob ihre Auslandsdeckung auch für Dänemark gilt. Gleiches gilt für ***Privatversicherte.***

Mit der ***Sprache*** sollte es im Notfall wenig Probleme geben. Die meisten dänischen Ärzte sprechen auch deutsch. Außerdem findet man zahlreiche emigrierte Kollegen aus Deutschland, weil Doktores drüben knapp sind.

- ***Notruf für den Rettungsdienst:*** Tel. 112.
- ***Ärztlicher Notdienst*** außerhalb der Praxiszeiten: Tel 70130041. Vermittlung des nächstgelegenen diensthabenden Notarztes.

Reisetipps

Hunde

Der Hund genießt in Dänemark ungefähr die gleiche Stellung wie in Deutschland. Das heißt aber keineswegs, dass er in allen Klausen willkommen ist, in den Jugendherbergen und vielen Hotels zum Beispiel nicht. Bei der Buchung abklären, sonst steht der Wauwi nachher vor der Tür.

Auch darf Bello sich nicht überall tollen. *Kun i snor* heißt „nur an der Leine" und gilt ganzjährig im Wald und „auf unbestellten Flächen" sowie vom 1.4. bis 30.9. überall am Strand. Es gibt einige spezifische „Hundestrände"; manche Gebiete sind für Hunde andererseits völlig tabu. Im Text wird darauf von Fall zu Fall hingewiesen.

Strafe für einen leinenlosen Hund: 500 dkr.

Hund an die Leine

Kinder

Dänemark ist ein in hohem Maße ***kinderfreundliches Land.*** Deshalb gibt es dort auch kaum spezielle Kinderhorte, in denen Touristen ihre Kleinen sozusagen „abstellen" können. Da die Betonung ohnehin auf Ferienhäusern und Camping liegt, sind die Zwerge in dieses Gefüge voll eingebunden. Der Spielplatz ist der Strand und die Natur - überall gegenwärtig. Spielgeräte sowie Tages- und Wickelräume gehören zwar zur Standardausrüstung von Campingplätzen und Ferienhauskolonien. Aber wenn es mal regnet, werden sich die Eltern mit ihrem Nachwuchs beschäftigen müssen. Das zählt nach dänischer Auffassung zur Feriennormalität.

Als Kinder im Sinne von Preisstrukturen rechnet man zumeist Kleinvolk im Alter von 2 bis 12 Jahren. Innerhalb dieses Spektrums kostet es die Hälfte, darunter nichts, darüber voll.

Dänemark ist Kinderland

Legoland

Die wohl bekannteste Attraktion Dänemarks liegt in Billund und ist von den meisten Küstenorten aus gut über die E 45 zu erreichen. Informationen unter: Tel. 76500055 oder www.lego.com.

Kirchen

In Dänemark drängen sich die Kirchen, fast alle aus alter Zeit und hübsch anzuschauen. Annähernd 2000 dieser weißgetünchten, überwiegend 700-800 Jahre alten Gotteshäuser prägen die dänische Landschaft. Der romanische Baustil herrscht vor, und deshalb ähneln sich die meisten Kirchen so auffällig. Das liegt daran, dass 1650 von ihnen fast gleichzeitig in ganz Dänemark gebaut wurden; im Jahre 1250 war diese Phase abgeschlossen. Später gesellten sich noch, weniger auffällig, 130 Neubauten in gotischem Stil hinzu.

Der Großteil dieser Kirchen ist heute ***evangelisch-lutherisch,*** denn fast 90 Prozent der Dänen gehören der *Folkekirke* (Volkskirche) an. ***Katholische Kirchen*** im Bereich dieses Buches gibt es in Esbjerg (St. Nikolaj), Fanø (Nordby Kirke), Hjørring (Skt. Maria), Lemvig (Hellig Kors Kirke), Rømø (Kirkeby), Thisted (Katolsk Kirke), Tønder (Hellig Kors Kapel) und Ålborg (Skt. Mariæ Kirke). In manchen Kirchen beider Glaubensrichtungen werden auch ***deutsche Gottesdienste*** abgehalten, allerdings nur im Sommer.

Ladenöffnungszeiten

Seit 1995 dürfen alle dänischen Geschäfte ihre Öffnungszeiten selbst bestimmen. Die meisten sind abends bis 18, Freitag z. T. bis 20 Uhr offen, Samstag bis 12 oder 14, in der Saison oft bis 17 Uhr. Im Sommer sind viele Geschäfte, vornehmlich Supermärkte, auch sonntags geöffnet.

Museen und Sehenswürdigkeiten

In Dänemark findet man eine sehr große Anzahl Museen. Jedes Dorf, das auf sich hält, hat mindestens eines. Die weitaus meisten sind in diesem Buch verzeichnet, aber nicht alle. Manchmal hält man nämlich schon Objekte und Räumlichkeiten für ausstellenswert, die lediglich ein paar Jahre alt und an Banalität kaum zu übertreffen sind: Welchen Touristen interessieren schon die Hausschuhe eines dänischen Dorfschulzen?

Immer wieder als „sehenswürdig" in touristischen Broschüren erwähnt sind auch Stätten, an denen sich früher einmal etwas Interessantes befunden hatte und an denen jetzt nichts, aber auch gar nichts zu sehen ist. Auf die Erwähnung solcher Höhepunkte verzichtet dieses Buch ebenfalls.

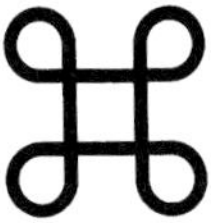

Zeichen für Sehenswürdigkeiten

Auf Sehenswürdigkeiten wird in Dänemark mit einem speziellen Zeichen hingewiesen (siehe Abbildung).

Notfall

Notruf ist 112 (auch deutsch). Keine Münze erforderlich. Für medizinische Notfälle s.o. unter „Gesundheit", bei Problemen mit dem Fahrzeug siehe „An- und Weiterreise/Mit dem Auto".

Post

Die ***Öffnungszeiten*** entsprechen weitgehend den deutschen. ***Porto*** für einen Europa-Brief: 6 dkr. Ein dickes A auf dem Umschlag vermittelt Priorität und beschleunigt die Beförderung.

In einem ***Ferienhaus*** wird Post nur zugestellt, wenn es über einen richtigen Briefkasten verfügt. Andernfalls liegt die Post im zuständigen Postamt zur Abholung bereit.

Die königliche Post in Esbjerg

Sportliche Aktivitäten

Angeln

Man darf Angeln wohl *den* dänischen Nationalsport nennen - wenngleich man dort auch gerne Fußball spielt. Es lässt sich darüber philosophieren, ob es landestypischer Gemütslage entspricht, den Wurm im Wasser baumeln zu lassen. Zahlreiche jütländische Flüsse, die man mit der in Deutschland nicht unbekannten Korrigierwut begradigt hatte, sind wieder in ihren ursprünglichen Verlauf zurückversetzt worden; vor allem die Kreise Ribe und Ringkøbing sind da vorbildlich.

Große Beliebtheit genießen auch so genannte ***Put&Take-Teiche,*** künstliche Anlagen, in denen vorwiegend nach Forellen geangelt wird. Es gibt fast 300 von diesen Teichen in Dänemark, die meisten in Jütland. Sie werden privat betrieben und kosten natürlich etwas: 60-120 dkr pro Tag. (Stundenweises Angeln ist ebenfalls möglich).

Für *Put & Take* benötigt man keinen ***Angelschein,*** für sonstige „Lustfischerei" einschließlich des Hochseeangelns wird er, sofern man zwischen 18 und 65 Jahre alt ist, jedoch verlangt. Wer ohne *fiskekort* geschnappt wird, zahlt 200 dkr Strafe. Man erhält den Angelschein auf Post- und Verkehrsämtern, in Angelzentren und -geschäften. Gültigkeit: 1 Tag, 1 Woche oder 1 Jahr;

Fette
Beute

Preise: ab 30, 90 bzw. 125 dkr. Man benötigt zusätzlich eine Angelkarte für Flüsse (40-80 dkr/Tag) und Binnenseen (40-150 dkr/Tag). Angeln kostet also schon eine Kleinigkeit in Dänemark; der Erlös kommt jedoch der Erneuerung der Fischbestände und der Wiederherstellung natürlicher Verhältnisse zugute, ist mithin gut angelegt.

Besonders begehrte ***Beutefische*** sind Meerforellen, Lachs und Dorsch. ***Nicht erlaubt*** ist das Angeln an Bach- und Auenmündungen bis zu 500 m vor der Küste. Es gibt zahlreiche Vorschriften in Bezug auf ***Mindestmaße*** und ***Schonzeiten***, über die der Angelschein Auskunft gibt (siehe auch Kasten).

Köder (Ringel- und Wattwürmer, Miesmuscheln) kann man selber sammeln oder in zahlreichen Geschäften kaufen. Gewürm gibt's sogar aus Automaten zu ziehen.

Der ***Strand*** gehört in Dänemark allen. Das heißt, dass Angler, mit Einschluss ganzer Vereine, keine Sektionen abteilen und als die „ihren" erklären dürfen. Dieser Hinweis des dänischen Fischereiministeriums ist offenbar besonders auf Besucher aus dem Süden gemünzt. Desgleichen trample man nicht auf privatem Land herum. (Für Ferienhäuser ist 50 m Mindestabstand vorgeschrieben). Die sonst so toleranten Dänen sind da sehr empfindlich.

Anglerlatein (bzw. -dänisch) mit Mindestmaßen und Schonzeiten (SZ)

●Aal	*ål*	See 35,5 cm, Süßw. 45 cm
●Aalquappe	*knude*	
●Äsche	*stalling*	33 cm (SZ 15.3.-15.5.)
●Bachforelle	*bækørred*	30 cm (SZ 16.11.-15.1.)
●Blaufelchen	*helt*	
●Brachse	*aborre*	
●Brassen	*brasen*	
●Dorsch	*torsk*	(40 cm Nordsee, 35 cm Limfjord)
●Flunder	*rødspætte*	25,5 cm
●Forelle	*ørred*	(SZ 16.11.-15.1.)
●Hasel	*strømskalle*	
●Hecht	*gedde*	See 60 cm, Süßw. 40 cm (SZ 1.-30.4.)
●Hornhecht	*hornfisk*	
●Kabeljau	*kabliau*	35 cm
●Karpfen	*karpe*	
●Lachs	*laks*	60 cm (SZ 16.11.-15.1.)
●Makrele	*makrel*	
●Meerforelle	*havørred*	40 cm (SZ 16.11.-15.1.)
●Regenbogen-forelle	*regnbue-ørred* (freiw. Einschränkung)	40 cm
●Rotauge	*skalle*	
●Rotfeder	*rudskalle*	
●Schleie	*suder*	
●Scholle	*skrubbe*	27 cm
●Steinbutt	*helge-flundre*	30 cm
●Zander	*sandart*	50 cm (SZ 1.-31.5.)

Infos in der ***Broschüre „Angel in Dänemark"*** des Dänischen Fremdenverkehrsamts oder:

- ***www.angeln-dk.de***
- ***www.sportsfiskeren.dk***
- ***www.fisketips.de***
- ***www.dagkort.dk*** (z.T. deutsch)
- ***www.lystfiskeri.dk,*** dänischsprachige Informationen.

Fußball

- Informationen: ***Dansk Boldspil Union,*** Idrættens Hus, Brøndby, Tel. 43262222, Fax 4326224 oder bei den lokalen Fußballvereinen.

Golf

Fast 100 Golfplätze, an die 30 im Bereich dieses Buches, gibt's in Jütland, dessen sanft rollendes Terrain sich ideal für diese unbeeilte Sportart eignet. Golf ist in Dänemark Volkssport ohne elitäre Ansprüche; von Besuchern wird lediglich verlangt, dass sie daheim einem Klub angehören und sich entsprechend legitimieren können. Für durchschnittliche 200 dkr Greenfee kann man sich in der Regel frohgemut betätigen.

Spezifische Infos zum Thema Golf erhält man im Internet unter www.visitdenmark.com/golf.

Reiten

Für generelle Information:

- ***Dansk Ride Forbund,*** Langebjerg 6, 2850 Nerum, Tel. 45804344, Fax 45800151.

Segeln

Allgemeines: Siehe unter Anreise. In vielen Häfen kann man Boote mieten; ein Nachweis seglerischer Erfahrung (oder der Segelschein) wird dann im Gegensatz zur üblichen Praxis generell verlangt. Die Preise bewegen sich zwischen 5000 und 16.000 dkr pro Woche; ruhig mal etwas zu handeln versuchen. Nach dänischem Gesetz müssen alle Mietfahrzeuge von der staatlichen Schifffahrsbehörde zugelassen sein. Vor Unterzeichnung des Mietvertrags lasse man sich deshalb das entsprechende Papier vorlegen.

Bei der Benutzung aller Arten von Booten ist in Dänemark das Tragen von ***Schwimmwesten*** vorgeschrieben.

Tauchen

Dänemark ist zwar gewiss kein klassisches Taucherland, aber Wrackexploration kann zum Beispiel sehr interessant sein, mehr dazu bei den jeweiligen Orten.

Literaturtipps: *„Tauchen in kalten Gewässern"* und *„Wracktauchen"* aus der Praxis Reihe des REISE KNOW-HOW Verlags.

Die dänischen Sporttaucher verteilen sich auf 180 Klubs im ganzen Land; Adressen kann man bei den Verkehrsämtern erfragen. Tauchluft gibt es in den Klubs zum Preis von 1-3 dkr pro Liter. Auch viele Campingplätze haben einen Kompressor.

Tauchen darf man in Dänemark fast überall, auch auf Wracks - sofern diese nicht über 100 Jahre alt sind. Die Tauchlokalität ist mit einer Boje und einem blau-weißen Fähnchen zu kennzeichnen. Fahrwassern, auch von Seglern, bleibe man fern.

Die Dänen heißen deutsche Mittaucher willkommen - solange die sich an die Regeln halten. Das ist offenbar selten genug der Fall. *„Wir nennen die Deutschen ‚Kamikaze-Taucher'"*, schreibt man mir aus Dänemark. *„Sie haben immer die feinste Ausrüstung, doch sie scheinen nur Binnenseen und mediterrane Verhältnisse zu kennen. Vom Tauchen im freien Wasser mit Tiden und Strömungen haben sie keine Ahnung - mit entsprechender Gefährdung von sich selber und anderen ..."*

- ***Dansk Sportsdykker Forbund,*** Idrættens Hus, 2605 Brøndby, Tel. 43262560, Fax 43262561.

Windsurfen

Jütlands 500 km Strand, die anfängersicheren Fjorde, die stete Brise - das ist des Windsurfers Paradies. Kein Wunder, dass der lange ungeschlagene Weltmeister *Bjørn Dunkerbeck* Däne ist. Zwar darf nicht überall gesurft werden; insofern gibt es keinen Unterschied zu Deutschland, wo man die bunte Segelflut schon als „Wasserpest" bezeichnet hat. Selbstauferlegte Zurückhaltung wird auch besonders auf Binnengewässern erwartet, wo natürliche Verhältnisse durch Surfer schwer beeinträchtigt werden können. Aber eine große Anzahl ***zugelassener Surfstrände*** existiert. ***Surfschulen*** sind (einschließlich ihrer Betriebsmonate) im laufenden Text verzeichnet. Die Surfzertifikate *VDWS* oder *WWS* können dort überall erworben werden.

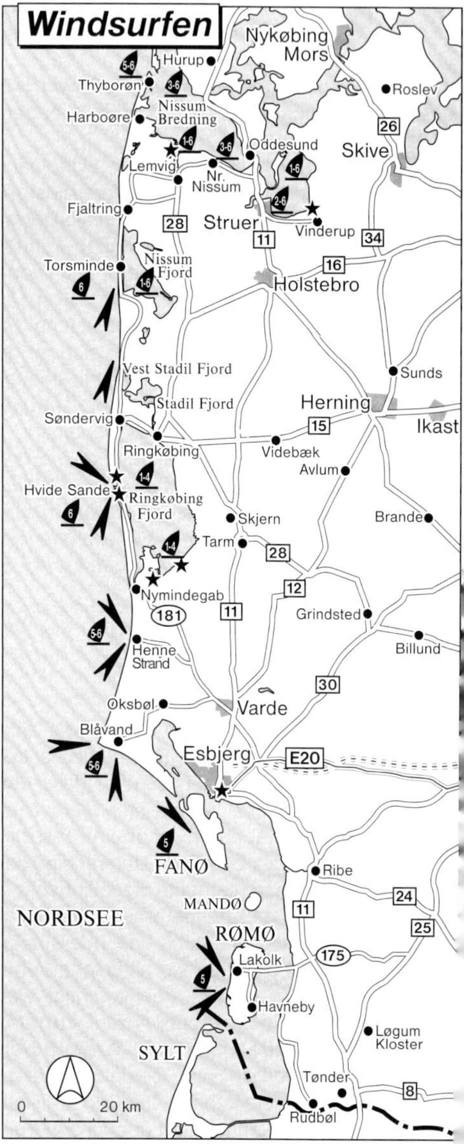
Windsurfen
Nykøbing Mors
Hurup
Thyborøn
5-6
3-6
Nissum Bredning
Harboøre
Roslev
26
1-6
3-6
Oddesund
Skive
Lemvig
Nr. Nissum
1-6
2-6
Fjaltring
28
Struer
11
Vinderup
34
16
Torsminde
Nissum Fjord
1-6
6
Holstebro
Vest Stadil Fjord
Sunds
Stadil Fjord
Herning
Søndervig
15
Ikast
Ringkøbing
Videbæk
Avlum
1-4
Hvide Sande
Ringkøbing Fjord
6
Skjern
Brande
Tarm
1-4
28
12
Nymindegab
181
11
Grindsted
5-6
Henne Strand
Billund
30
Oksbøl
Varde
Blåvand
Esbjerg
E20
5-6
5
FANØ
Ribe
MANDØ
24
NORDSEE
11
25
RØMØ
Lakolk
175
5
Havneby
Løgum Kloster
SYLT
Tønder
8
Rudbøl
0
20 km

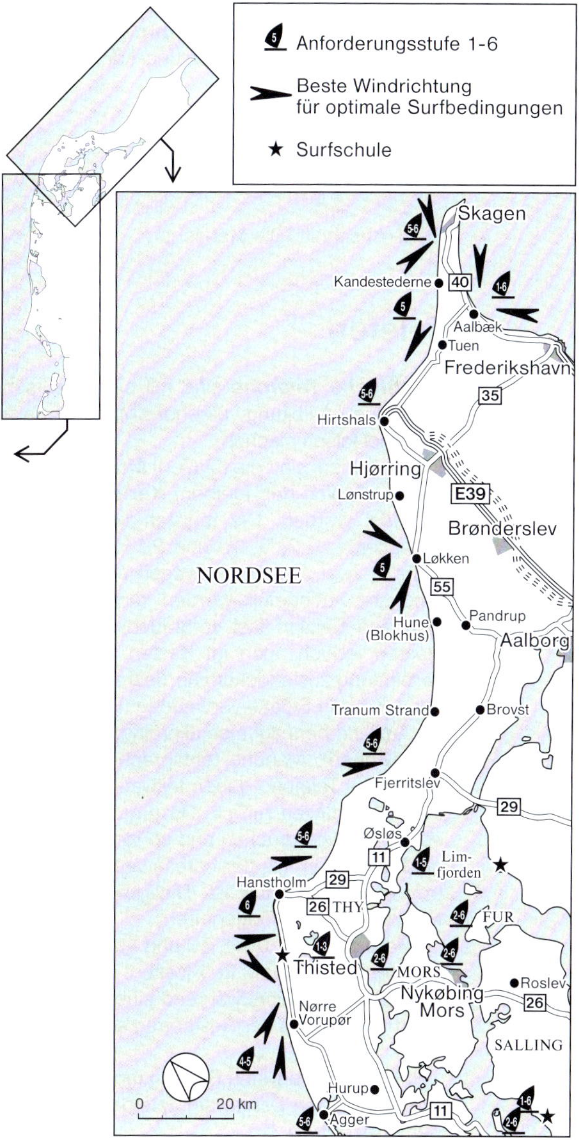
Anforderungsstufe 1-6
Beste Windrichtung
für optimale Surfbedingungen
Surfschule
Skagen
5-6
Kandestederne
40
1-6
5
Aalbæk
Tuen
Frederikshavn
35
5-6
Hirtshals
Hjørring
Lønstrup
E39
Brønderslev
Løkken
5
NORDSEE
55
Pandrup
Hune
(Blokhus)
Aalborg
Tranum Strand
Brovst
5-6
Fjerritslev
29
5-6
Øsløs
11
1-5
Lim-
fjorden
Hanstholm
29
26
THY
6
2-6
FUR
1-3
2-6
Thisted
2-6
MORS
Roslev
Nykøbing
Mors
26
Nørre
Vorupør
SALLING
4-5
0
20 km
Hurup
1-6
11
5-6
Agger
2-6

In Dänemark ist auch beim Surfen das Tragen einer zugelassenen ***Schwimmweste*** vorgeschrieben. Die Nichtbeachtung kann ein Bußgeld kosten.

Sprache

Siehe Abschnitt „Die Menschen".

Telefon

Öffentliche Telefone sind mit einer deutschsprachigen Anleitung versehen. Man kann also nicht viel falsch machen.

In Dänemark sind die (blauen) ***Münzapparate*** nicht völlig von den (gelben) ***Kartentelefonen*** abgelöst worden. Die meisten Münzapparate akzeptieren 1, 2, 5, 10 und 20 Kronen. Praktisch ist zwar, dass Geld wegen einer Blockierung erst nachgefüllt werden kann, wenn der bisherige Einwurf fast verbraucht ist. Münzen bleiben jedoch auch im Kasten, wenn keine Verbindung zustandekommt; deshalb möglichst nur 1-Kronen-Stücke verwenden (für Telefonate ins Ausland benötigt man allerdings mindestens fünf Kronen). Manche (entsprechend gekennzeichnete) Telefone geben teilweise verbrauchte große Münzen zurück. Dazu muss man eine spezielle Taste drücken und so lange Wechselgeld einwerfen, bis der bereits verbrauchte Betrag wieder aufgefüllt ist. Die „angebrochene" Münze wird dann freigegeben.

Telefonkarten zu 30, 50 und 100 dkr gibt es auf Verkehrsämtern, in Kiosken und bei der Post. Die Karte nicht während eines Gesprächs herausziehen, da der Restbetrag sonst verloren geht.

Übrigens: Im privaten Bereich melden sich die unkomplizierten Dänen am Telefon vielfach mit dem ***Vornamen.***

Tarife

Von 19.30 bis 6 Uhr und an Samstagen und Sonntagen ist der Tarif 50 % billiger. Wer von einem Touristenbüro aus telefoniert, muss für die ***Vermittlung*** zumeist kräftig zuzahlen (20 dkr und mehr), also lieber erst einmal erkundigen.

Vorwahl

Ganz Dänemark hat achtstellige ***Telefonnummern.*** Diese sind auch im Ortsverkehr immer zur Gänze zu wählen. Die Vorwahl ***nach Dänemark*** ist 0045. Die Vorwahl ***aus Dänemark*** ist 0043 nach Österreich, 0041 in die Schweiz und 0049 nach Deutschland.

Notruf

Notruf für Feuerwehr, Krankenwagen und Polizei ist 112 (münzfrei, auch auf Deutsch).

Handy

Das Mobiltelefon lässt sich in Dänemark in der Regel ***problemlos nutzen.*** Die folgenden dänischen Anbieter haben Roaming-Verträge mit den meisten heimischen Anbietern (Providern):

- ***Sonofon,*** 900/800 MHz; www.sonofon.dk
- ***TDC Mobil,*** 900/800 MHz und 3G; www.tdcmobil.dk
- ***Telia,*** 900/800 MHz und 3G; www.telia.dk
- ***Hi3G Denmark ApS,*** 3G; www.3.dk (keine Roaming-Partner)

Literaturtipp: *„Kommunikation von unterwegs"* aus der Praxis Reihe des Reise Know-How Verlags.

Wegen hoher Gebühren sollte man bei seinem Anbieter nachfragen oder auf dessen Webseite nachschauen, welcher der Roamingpartner günstig ist und diesen per ***manueller Netzauswahl*** voreinstellen. Nicht zu vergessen sind die ***passiven Kosten,*** wenn man von zu Hause angerufen wird (Mailbox abstellen!). Der Anrufer übernimmt nur die Gebühr ins heimische Mobilnetz, die teure Rufweiterleitung ins Ausland zahlt der Empfänger. Wesentlich preiswerter ist es, sich auf ***SMS*** zu beschränken, deren Empfang in der Regel nichts oder nur wenig kostet.

Der Versand und Empfang von ***Bildern per MMS*** ist hingegen nicht nur relativ teuer, sondern z.T. gar nicht möglich. Die **Einwahl ins Internet** über das Handy ist noch kostspieliger.

Touristische Informationen

Fremdenverkehrsämter in Dänemark

Gibt es ein anderes Land auf der Welt, in dem der Fremdenverkehr, und dazu auch noch die „sanfte Variante", so gut durchorganisiert ist wie in Dänemark? Ich glaube nicht, wüsste jedenfalls von keinem. In jedem größeren Ort findet man ein autorisiertes *turistbureau,* gekennzeichnet durch ein dickes ***i,*** insgesamt gut 200. Dort gibt es auf jede Frage eine Antwort, die sich gegebenenfalls auf eine ganze Wand von Prospekten stützt. Für alles existiert ein Informationsblatt, auch gemeindeüberschneidend für die Nachbarkommunen. Und überall ist man freundlich und hilfsbereit.

Allerdings: Wer über eine Touristeninformation eine Unterkunft oder eine Tour bucht, Geld wechselt oder sich ein Auslandstelefonat vermitteln lässt, kann für den Dienst kräftig zur Kasse gebeten werden. Kann - muss nicht. Also erst einmal fragen: *Koster det ekstra?*

Dänisches Fremdenverkehrsamt

Wenn man bereits vor der Reise Auskünfte einholen möchte, wende man sich an das Dänische Fremdenverkehrsamt. Dieses Büro ist auch für Österreich und die Schweiz zuständig. Ein Kostenbeitrag für Prospektmaterial ist freiwillig.

Literaturtipp:
„Internet für die Reise"
aus der Praxis Reihe des Reise Know-How Verlags.

● ***Dänisches Fremdenverkehrsamt***
Glockengießerwall 2, 20095 Hamburg,
Tel. 01805/326463 (0,12 Euro/Min.), Fax 65031930
(von Österreich und der Schweiz 0049 vorwählen)
www.visitdenmark.com, daninfo@www.visitdenmark.com

Dänemark im Internet

● ***Allgemeines:*** www.visitdenmark.com
● ***Urlaub in Dänemark:*** www.sima.dk/daenemark
Aktuelle deutschsprachige Informationen zu Übernachtung, Verkehr und viele Adressen.

Unterkunft

Hotels

Dänemarks Hotels sind piekfein, und klobige Bettenburgen gibt's in Jütland schon mal gar nicht. Billigunterkünfte wird man auch nicht finden.

Anders als in Deutschland sind Hotelpreise generell pro Zimmer und nicht pro Person aufgeführt. Dieselbe Praxis gilt durchgängig für dieses Buch. Natürlich unterscheiden sich die Preise je nach Hotel erheblich; saisonelle Abstufungen gibt es jedoch kaum. Als Anhaltspunkt kann man sich Preise von 250-400 dkr für ein Einzelzimmer (EZ) und 400-550 dkr für ein Doppelzimmer (DZ) merken, jeweils einschließlich eines sehr reichlichen Frühstücksbuffets. Häufig stößt man auch auf „Familienzimmer" für 2 Erwachsene und 2 Kinder für durchgängig über 700 dkr. Immer mal nach Sonderkonditionen fragen, es kann sich als lohnend herausstellen. Im Ferienhausland Dänemark sind die Hotels auf jeden Gast angewiesen.

Dansk Kroferie

Ein *kro* ist ein „Krug", ein (zumeist) altes Gasthaus. Alle *kroer* sind unterschiedlicher Prägung, eine angenehme Alternative zu sterilen Hotels. *Dansk Kroferie* nennt sich der nationale Zusammenschluss dieser Betriebe. Dort (oder im örtlichen Reisebüro) erhältlich ist ein ***Kroscheck,*** der mindestens 10 % Rabatt einbringt.

- *Dansk Kroferie,* Sekretariat: Vejlevej 16, 8700 Horsens, Tel. 75648700, Fax 75648720, www.danskkroferie.dk Auf Anfrage wird eine Broschüre aller Kros verschickt.

Ferien auf dem Bauernhof

Rund 80.000 Bauernhöfe gibt es in Dänemark, etwa 500, mit steigender Tendenz, nehmen Gäste auf. Das kostet etwa 20 € ÜF pro Person, ab

30 € HP, immer von Mehrpersonenbelegung ausgehend.

- ***Ferien auf dem Lande,*** Ceresvej 2, 8410 Rønde, www.bauernhofurlaub.dk

Ferienhäuser *(sommerhuse, feriehuse)*

„Ich träum' von einem kleinen Haus / am großen, weiten Meer", besangen *Nina und Frederick* einst diese, man darf sie wohl so nennen, dänemarkspezifischen Unterkünfte. Abertausende gibt es von ihnen. Zumeist handelt es sich um kleine, kuschelige Häuschen, überwiegend aus Holz und nicht selten reetgedeckt. Aber man findet auch Villen mit allem Komfort bis zu Solarium und Whirlpool und staunt, dass diese teuren Domizile durchweg ausgebucht sind (zu mehreren ist's nämlich locker machbar).

Ausstattung

Ausstattung und Einrichtung der Ferienhäuser sind sehr variabel. In der Regel wird man sogar die einfachsten Kategorien als von ***hohem Standard*** empfinden, weil sich der generell gute Geschmack der Dänen bei Mobiliar und Interieur überall bemerkbar macht. Viele Häuser haben einen ***Kamin*** oder eine offene Feuerstelle mit Abzug, die zu gemütlicher Atmosphäre beiträgt. Kaminholz kann man in jedem Kaufmannsladen oder Supermarkt kaufen. Holzsammeln im Wald und am Strand ist nicht erlaubt.

Die ***Küche*** ist oftmals Teil des Wohnraums, auf jeden Fall ist sie stets mit allen Erfordernissen ausgestattet. ***Toilette und Bad*** (Dusche) sind zumeist einfach, aber praktisch konstruiert. Die ***Schlafräume und Betten*** kommen manchen Menschen vielleicht etwas klein vor. Doch dem Prinzip des Ferienhauses liegt ja Platzersparnis zugrunde. Quadratmeterträchtige Schlafzimmer tragen, wenn man es recht bedenkt, ja auch wirklich nicht zu wärmendem Miteinander bei. Auch Schrankplatz ist meistens limitiert, auf normale Ferienklamotten und nicht auf üppige Garderobe zugeschnitten.

Mitzubringen sind Bettwäsche, Hand- und Geschirrtücher. Man kann sie auch zusätzlich leihen. Die Kosten dafür stehen jedoch in keinem Verhältnis zur Leistung und entsprechen praktisch dem Neupreis.

Telefone in Ferienhäusern sind eher die Ausnahme. In der Mehrzahl der Häuser stehen dagegen ***Fernseher*** mit denen auch deutsche Sender (per Satellit) empfangen werden können. Die Dänen senden oft englische Filme mit dänischen Untertiteln, nützlich zum Spracherwerb. Eine ***Müllabfuhr*** findet fast überall statt, jedoch nicht häufig. Der Ferienhausgast will ja auch nicht ständig Müllwagen umherkutschieren sehen.

Und noch ein ganz spezieller Hinweis: *„Bei Insekten oder Mäusen im Haus oder dessen Umgebung können weder der Vermieter noch der Eigentümer zur Verantwortung gezogen werden!"* Es hat da offenbar ein paar Präzedenzfälle „wg. Verminderung des Urlaubsgenusses" gegeben ...

Preise

Ferienhäuser werden in der Regel nur ***wochenweise*** (Sa-Sa), und zwar nach folgendem (grobem) ***Saisonschlüssel*** vermittelt:

- ***A*** = Ende Juni bis Anfang August (HS).
- ***B*** = Ende Juni, Anfang August, Ende Dezember.
- ***C*** = Ende März bis Mitte April, Ende Mai bis Mitte Juni, Mitte August bis Anfang September, Weihnachtswoche.
- ***D*** = März, Mitte April bis Ende Mai, September ab 1. Woche, Oktober, Dezember bis zur Weihnachtswoche.
- ***S*** = restliche Zeit.

Die ***Preise*** variieren vom (teuersten) A nach D am unteren Ende um ungefähr die Hälfte, S ist noch ein paar Prozentpunkte billiger. Versicherung ist stets inbegriffen. Für einen generellen Überblick geben die Dänen an:

- ***HS*** = 2000 bis ca. 5000 dkr/Woche.
- ***NS*** = 800 bis ca. 5000 dkr/Woche.

Die Kosten für die ***Endreinigung*** werden, anders als in Deutschland vorgeschrieben, in Dänemark immer noch gern separat ausgewiesen. Auf dänisch heißt sie *slutrengøring*; manchmal ist sie nur mit einem Eimer symbolisiert. Sie tritt

Hier gibt's ein Ruhekissen

auch in deutschen Katalogen in Erscheinung, aber immer mit dem gesetzesgetreuen Anhängsel *„auf Wunsch"*. Das bedeutet: Der Mieter ist verpflichtet, das Haus vor seiner Abreise gründlich zu reinigen. Macht er es nicht, muss er dafür bezahlen. Zumeist ist eine Kaution (um 500 dkr) zu hinterlegen, die er zurückerhält, wenn er artig staubgesaugt hat. Wenn nicht, flattert ihm eventuell eine zusätzliche Rechnung nach. Die Endreinigung kann von 60 bis 150 € kosten, ist also ganz schön happig.

Stets als ***Extras*** gelten Stromkosten (um 1,50 dkr/kWh). In der HS beträgt der durchschnittliche Verbrauch etwa 100 kWh. (Achtung: Zähler registrieren nur volle kWh). Zur Beachtung: Bei Einzug in ein Ferienhaus ist der Strom stets abgeschaltet. Man muss dann manchmal ein wenig nach dem Sicherungskasten suchen. Falls eine Ölheizung existiert, wird auch deren Verbrauch in Rechnung gestellt. Aber das ist ja nur recht und - mehr oder weniger - billig. Dies gilt natürlich ebenfalls für Telefone.

Kataloge und Buchung

Die Ferienhäuser sind in den ***Katalogen*** der Anbieter in peniblem Detail beschrieben, damit es nach dem Einzug keine Klagen gibt. Gewöhnlich ist auch ein Bild des Objekts dabei.

In manchen Fällen sind die Häuser Teil eines mit einem Campingplatz vergleichbaren ***Wohnkomplexes*** *(ferieby);* viel öfter stehen sie jedoch allein oder zumindest in weiter Verteilung. Gerade dieses System macht ja den Reiz der dänischen Ferienhäuser aus: Man kann einsam, aber mit allem Komfort in der Landschaft logieren und hört keinen Nachbarn im Nebenhaus rumoren. Ein wenig auf die Besiedlungsdichte des Gebietes kann man schon aus der Größe des Grundstückes des Ferienhauses schließen; mit weniger als 1000 qm dürfte die Umgebung schon recht dicht besiedelt sein.

Für jedes Ferienhaus in diesem Buch eine Beschreibung zu liefern, würde zu weit führen; schließlich handelt es sich ja um Tausende von Wohneinheiten. Die Kataloge der ***großen Anbieter*** sind dick wie Telefonbücher. Sie umfassen in vielen Fällen Häuser in ganz Dänemark, und man kann sich dann in einer Region, die einem zusagt, etwas heraussuchen. Oder aber man ruft den Anbieter (ggf. in Dänemark) an und bestellt einen ***regionalen Katalog,*** z. B. für die Insel Rømø oder das Gebiet Holmsland. Angaben zu regionalen Anbietern finden sich bei den Ortsbeschreibungen.

Preislich macht es keinen Unterschied, ob man sich an deutsche oder dänische Firmen wendet, denn alle arbeiten Hand in Hand. Einige deutsche Firmen verwenden sogar dänische Kataloge (in deutscher Sprache) und kleben einfach ihr Firmenlogo drauf. Die Vor- und Nachteile gleichen sich mit niedrigeren Telefonkosten in Deutschland und einem größeren regionalen Angebot in Dänemark ungefähr aus. Bedenken sollte man aber, dass man in Deutschland nach dem strengen deutschen Reiserecht bucht. Auf jeden Fall aber lohnt sich ein Preisvergleich der verschiedenen Anbieter.

Hat man nach ausgiebigem Katalogstudium sein nach Preis, Lage, Ausstattung und Größe passendes Traumhaus gefunden, kann oftmals ganz einfach per Postkarte ***gebucht*** werden.

Typisches dänisches Ferienhaus

Der ***Mietvertrag*** folgt, gleich ob in D oder DK, den allgemeinen Geschäftsbedingungen. Der Vermieter fordert eine ***Anzahlung*** (50 % des Gesamtmietpreises); daraufhin wird das Haus für den Kunden reserviert. Man kann eventuell auch mehrere Häuser als Alternativen bestellen, weil vor allem für die Hauptsaison die Objekte schnell ausgebucht sind, oftmals kurz nach Herausgabe der Kataloge. Eine ***möglichst frühzeitige Reservierung*** empfiehlt sich daher. Die ***Restmiete*** muss innerhalb von 30 Tagen beglichen werden.

Ein ganzer Schwanz von Paragrafen regelt das weite Feld der ***Reklamationen*** und des etwaigen ***Rücktritts*** *(„Schwangerschaft gilt nicht als Erkrankung", akzeptabel ist manchmal „schuldlose Arbeitslosigkeit").* Ist der Vertrag abgeschlossen, schickt der Vermieter etwa 4 Wochen vor der Anreise alle Informationen betreffend Schlüsselübergabe, genaue Postanschrift, Skizzen und Kartenmaterial dem Kunden zu. In den meisten Fällen wird man an ein ***Service-Center*** in der Nähe des Hauses verwiesen, das sich aller weiteren Belange annimmt; man steht also nicht allein und hilflos in der Fremde da.

Bis vor relativ Kurzem wurde („wegen Probleme") von einigen dänischen Vermietern und deren deutschen Büros ein Mindestalter der Mieter von 26 Jahren verlangt. Das hat sich verfassungsrechtlich wohl nicht halten lassen. Jetzt wird häufig spezifiziert: „Nur an Familien". Das läuft aufs selbe hinaus, ist aber gesetzlich okay.

Wenn einem dies alles zu reglementiert klingt, kann man auch einfach drauflosreisen und sich ***vor Ort*** nach einem ansprechenden Haus umsehen. Dabei gibt es, was das Objekt anbetrifft, natürlich die wenigsten Enttäuschungen. ***Ob*** sich, namentlich in der Hauptsaison, etwas Erwartungsgemäßes (oder überhaupt etwas) findet, hängt natürlich von vielen Unwägbarkeiten ab. Hilfestellung gibt das zuständige Fremdenverkehrsamt.

Einige Ferienhaus-Anbieter

- ***Ferienhausvermittlung Kröger+Rehn GmbH,*** Schnackenburgallee 179, 22525 Hamburg, Tel. 040-5477950, kostenloses Servicetel. 0800-3587528, Fax 5403092, www.dansk.de, Vermittlung von Ferienhäusern in Zusammenarbeit mit dem Urlaubsring Dänemark.
- ***Urlaubsring Dänemark,*** Strandvejen 425, DK-6854 Henne, www.ferienhaeuser-daenemark.net, Tel. 0045-75255325, Fax 75255931, Zusammenschluss lokaler Anbieter.
- ***Danbooking,*** Schleswiger Str. 68, 24904 Flensburg, Tel. 0461-97021, Fax 96762.
- ***InterScandia,*** Stadtbahnstr. 38, 22393 Hamburg, Tel. 040-6004770. Spezialreisebüro, vermittelt Ferienhäuser verschiedener Anbieter.
- ***Sonne und Strand Ferienhausvermittlung,*** Süderhofenden 8, 24937 Flensburg, Tel. 0461-1442020, Fax 1442050. Hat dänemarkweit etwa 4000 Ferienhäuser im Angebot.
- ***Wolters Reisen,*** Postfach 1151, 28801 Stuhr; Tel. 04331-130730, Fax 21020.
- ***Diverse (Klein-) Anbieter*** und zusätzliche Infos auch auf Deutsch im Internet unter www.feriehusguide.dk.

Hütten *(Hytter)*

Raum ist in der kleinsten Hütte ... Für ein glücklich liebend Paar allemal. *Hytteferier* in Domizilen, die noch ein paar Nummern kleiner sind als Ferienhäuser, schätzt man in ganz Skandinavien. Es gibt vier Kategorien von 1 (mit luxuriöser Note) bis 4 (klein und älter). Zu finden sind die gemütlichen und preiswerten Holzhäuschen mit 2-6 Kojen zumeist auf Campingplätzen. Sie sind nachstehend zumeist vermerkt, aber man frage ergänzend danach.

- ***DK-Camp,*** Vestergade 37C, 7100 Vejle, Tel. 75824955, Fax 75824577.

Camping

Campingplätze rangieren in Dänemark an Beliebtheit gleich nach den Ferienhäusern. In ganz Dänemark gibt es über 500, ein sehr großer Teil davon im Bereich dieses Buches. Die Preise variieren je nach Ausstattung der Anlagen (1-5 Sterne). Rechnen muss man mit 30 bis 65 dkr Personengebühr pro Tag (Kinder generell die Hälfte); das Gefährt ist jedoch auf den meisten Plätzen gratis. Verlangt wird ein so genannter ***Campingpass,*** der vom ersten Campingplatz in Dänemark ausgestellt wird und für alle weiteren gültig ist. Der Pass kostet 80 dkr für die ganze Familie, schließt eine Haftpflichtversicherung ein und ist in ganz Skandinavien ein Jahr lang gültig.

Die dänischen Campingplätze sind nach einem ***Sternesystem*** von eins (einfachst) bis fünf (höchst komfortabel) eingeteilt. Zu rund 90 % hat man es mit Drei-Sterne-Plätzen zu tun – gutes Mittelfeld mit allen Annehmlichkeiten, die kaum einen Wunsch offenlassen. Im Verlauf des Buches sind Campingplätze nur mit Sternen

Typische Campingplatz-Gebühren (dkr)

Erwachsener	50
Kind (0-12)	25
Strom ca.	15
Hund	10
Dusche 6 Min.	5
Platzgebühr (nur HS)	10

Für ein Ehepaar mit Kind und Hund kommen in der Hauptsaison mindestens 165 dkr pro Tag zusammen.

klassifiziert worden, wenn es sich um weniger oder mehr als drei handelt. Die ***Betriebszeiten*** sind angegeben, wenn eine entsprechende Eintragung fehlt, ist der Platz ganzjährig geöffnet.

Wegen des riesigen Angebots lassen sich hier natürlich nicht alle Einzelheiten aufführen. Man kann von den Fremdenverkehrsämtern der gewünschten Region Gratisinformationen anfordern oder sie bei den unten angegebenen Adressen bestellen.

Infos

- ***Internet:*** www.visitdenmark.com/camping.

Kataloge

- ***Dän. Fremdenverkehrsamt,*** siehe oben.
- ***Dansk Camping Union,*** Korsdalsvej 134, 2605 Brøndby, www.dcu.dk, info@dcu.dk.
- ***TopCamp,*** Skeelslund, 9440 Åbybro.

Auskunft über freie Campingplätze

Weitaus weniger als die Hälfte (etwa 125) der dänischen Campingplätze ist ganzjährig geöffnet, und entsprechende Angaben sind nicht immer den Listen entnehmbar. Man mache sich durch spezifische Nachfragen kundig. Rechtzeitige Anmeldung ist überall empfehlenswert; wer nur mit dem Zelt unterwegs ist, dürfte aber immer ein Plätzchen finden.

Das automatische Faxsystem TIF, mit dem der Belegungsstatus von Campingplätzen erfragt werden konnte, ist vom Internet (Adresse s.o.) abgelöst worden. Sachkenner beklagen die Abschaffung, weil sich das System als sehr praktisch erwiesen hatte.

Wildes Campen

„Wildes" Campen ist in ganz Dänemark verboten und wird mit Geldbußen geahndet. Dies schließt Kampieren in Wohnwagen auf den so genannten Autostränden ein; nachts haben sie dort zu verschwinden.

Bed & Breakfast

- ***Informationen*** unter www.bedandbreakfast.dk, Tel. 39610405.

Sicherheit

Dänemark ist ein Land des Friedens, die Kriminalität geringer als in Deutschland. Doch in jedem Korb kann es einen faulen Apfel geben. In Ferienhäuser wurde genauso wie am Strand geklaut, Autos geknackt. Manchmal war es sogar der liebe Urlaubsnachbar, also besser ein wenig misstrauisch sein.

Jugendherbergen *(vandrerhjem)*

Dänemark ist dicht mit Jugendherbergen überzogen, mehr als 100 gibt es, 59 davon in Jütland. Man hat sich große Mühe gegeben, sie alle unterschiedlich zu gestalten, und man findet folglich keine Herberge, die wie die andere aussieht. Die Palette reicht von Riesenschuppen (Kopenhagen, zweitgrößte der Welt nach Sydney), bis zum konvertierten Bauernhaus mit verträumtem Ambiente.

Dementsprechend variieren natürlich die ***Preise*** von einer JH zur anderen - aber nicht viel. Im Schlafsaal löhnen Wandersmann und -frau zumeist nur 100 dkr oder weniger. Ein EZ schlägt mit etwa 250 dkr zu Buche, ein DZ mit ca. 300 dkr. Diese Staffelung setzt sich fort bis hin zu Sechspersonenzimmern, die 500 bis über 600 dkr kosten, pro Nase mithin wieder etwa den Grundbetrag. Wenn bei den nachstehenden JH-Preisen also bis zu vier Euro-Symbole auftauchen, so beziehen sich diese auf die Gemeinschaftszimmer und sind dann gar nicht mehr so erschreckend. Ein Stern deutet an, dass außerhalb der HS u. U. ein Rabatt gewährt wird.

Ausländer können ihren heimatlichen JH-Ausweis benutzen. Falls nicht vorhanden, lässt sich ein Tagesausweis für 30 dkr / € 4 oder ein internationaler Ausweis für 160 dkr / € 21,50 erwerben. In zahlreichen Geschäften, Museen, Aquarien usw. sowie auf manchen Bus- und Fährrouten gibt's bei Vorweisen der Karte einen Nachlass.

Die meisten JH verlangen das Mitbringen eigener ***Bettwäsche.*** Man muss andernfalls für teure 40 dkr eine Garnitur leihen. Es werden in der Regel keine Stichproben gemacht, aber manchmal schon. Dann muss man auch die Reinigung der benutzten Wäsche bezahlen.

Mahlzeiten kosten extra und müssen am Vortag bestellt werden. Frühstück (Buffet) max. 45 dkr, Abendessen (2 Gänge) max. 60 dkr. Alle dänischen JH haben zudem vorzüglich ausgerüstete Gästeküchen, in denen man sich ohne zusätzliche Kosten betätigen kann.

Eincheckzeit ist in der Regel zwischen 16 und 21 Uhr, morgens muss man zumeist vor 10 Uhr verschwunden sein. Die bei den JH nachstehend angegebenen ***Öffnungszeiten*** beziehen sich auf Einzelreisende. Für ***Gruppen*** liegen sie etwas anders (zumeist länger).

Eine ***Reservierung*** ist immer zu empfehlen. Im Winterhalbjahr (1.9.-15.5.) ist sie obligatorisch. Die jeweils letzte JH erledigt das für die nächste, wenn man nett darum bittet.

Buchung

Kollektiv buchen kann man über:

- ***Danhostel,*** Tel. 33313612, ldv@danhostel.dk, www.danhostel.dk.

Seemannsheime *(sømandshjem)*

Es gab einmal eine Zeit, in der sich Seefahrer in diesen Heimen, die sie teilweise mitfinanziert haben, von ihren Strapazen ausruhen konnten. Heute darf jedermann in Seemannsheimen, kleinen „Hafenhotels", absteigen. Das trägt zu ihrer Auslastung bei. Allerdings sind die Klausen verflixt teuer geworden, so teuer (345 dkr und mehr pro Zimmer), dass die meisten Seeleute sich ihre Benutzung gar nicht mehr leisten können - denn sie genießen, bewahre, dort nicht etwa Vorzugsstatus. Zumindest ist man in den dänischen Seemannsheimen den Gästen gegenüber freundlich - was man von anderen nicht immer sagen kann.

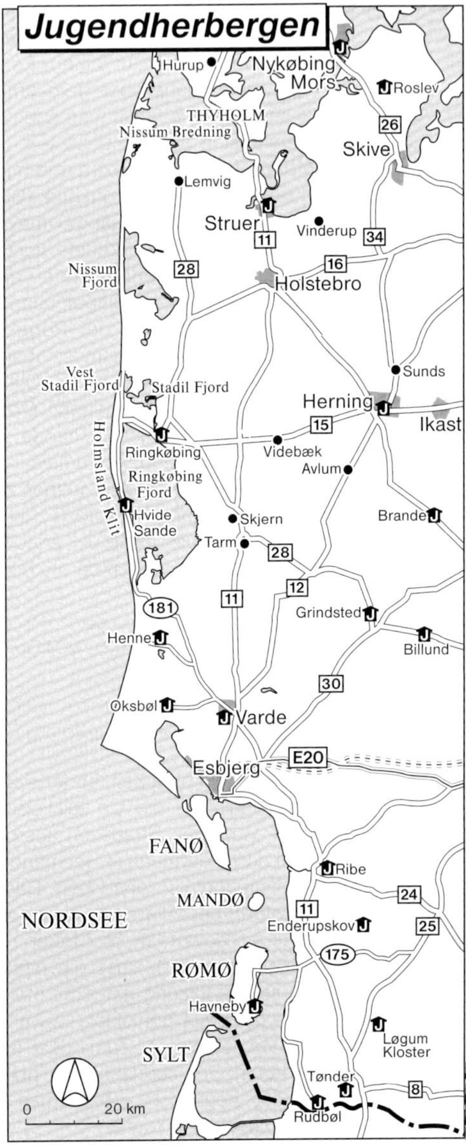
Jugendherbergen
Hurup
Nykøbing
Mors
Roslev
THYHOLM
Nissum Bredning
26
Skive
Lemvig
Struer
Vinderup
11
34
28
16
Nissum
Fjord
Holstebro
Sunds
Vest
Stadil Fjord
Stadil Fjord
Herning
Ikast
15
Holmsland Klit
Ringkøbing
Videbæk
Avlum
Ringkøbing
Fjord
Hvide
Sande
Skjern
Brande
Tarm
28
12
11
181
Grindsted
Henne
Billund
30
Oksbøl
Varde
E20
Esbjerg
FANØ
Ribe
24
MANDØ
11
NORDSEE
Enderupskov
25
175
RØMØ
Havneby
Løgum
Kloster
SYLT
Tønder
8
0
20 km
Rudbøl

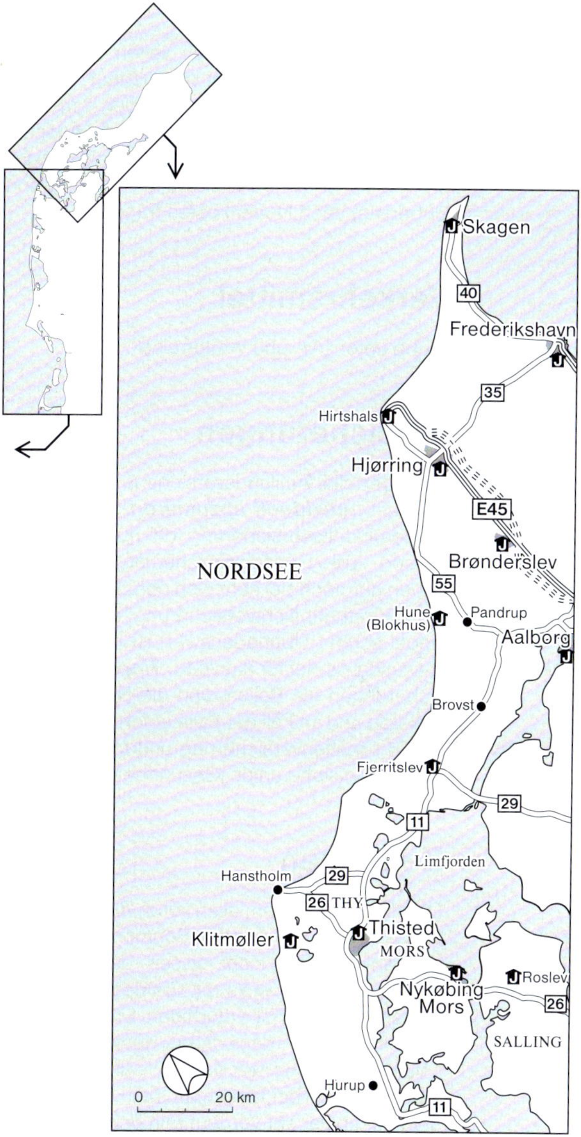
Skagen
40
Frederikshavn
35
Hirtshals
Hjørring
E45
Brønderslev
NORDSEE
55
Hune
(Blokhus)
Pandrup
Aalborg
Brovst
Fjerritslev
29
11
Limfjorden
Hanstholm
29
26
THY
Thisted
Klitmøller
MORS
Roslev
Nykøbing
Mors
26
SALLING
Hurup
0
20 km
11

Zimmer *(værelser)*

Diese Kategorie ist ziemlich selten und in den meisten Listen auch nicht verzeichnet. Wer unbedingt ein Privatzimmer haben möchte, schaue nach einem entsprechenden Aushang aus oder wende sich an die Touristeninformation. Preise beginnen bei 100 dkr pro Person. Unbedingt nach Nebenkosten fragen!

Verkehrsmittel

Siehe unter „An- und Weiterreise".

Versicherungen

Ob spezielle Auslandsversicherungen sinnvoll sind, ist ***individuell abzuklären.*** So lohnt die Reiserücktrittsversicherung oft nur bei teuren Reisen, die Gepäckversicherung zahlt inzwischen nur noch bei sehr wenigen Schäden, und eine Privathaftpflichtversicherung hat man in der Regel schon. Überlegenswert ist hingegen der Reiseschutzbrief für das Auto. ***Tipp:*** Für alle Versicherungen die Police- und die Notfallnummer notieren und im Fall der Fälle sofort anrufen!

Zur Krankenversicherung und medizinischen Betreuung siehe unter „Gesundheit".

Zeitungen

Deutsche Zeitungen, allen voran *Bild,* sind überall vertreten. Die bunten Schmonzetten muss die Omi ebenfalls nicht missen, damit sie auch im Ausland weiß, wie's mit Charles und Camilla weitergeht. Über die dürftigen Ereignisse des staubtrockenen dänischen Königshauses – *„Margrethes Hund verschollen!"* – informiert das *Billedbladet;* dabei kann man dann schon gleich sein Vokabular auf Vordermann bringen.

Die Menschen

Geschichte – Dänemark gestern

Erste Besiedlung

Ausgrabungen geben Kunde, dass sich schon ***vor über 20.000*** Jahren menschliche Wesen in der späteren Mark der Dänen tummelten. Ein hominoider Neandertaler knackte wahrscheinlich sogar ***vor 80.000 Jahren*** einen Markknochen in Ostjütland. Doch das Eis des Nordens bedeckte immer noch Teile des Landes, und die frühen Siedler zog es wahrscheinlich in wärmere Gefilde. Erst ***vor ca. 12.000 Jahren*** machte sich der Mensch wieder auf dem Landzipfel zwischen Nord- und Ostsee bemerkbar. Zunächst als Sammler und Jäger, dann, ein paar tausend Jahre später, als sesshafter Ackerbauer. Dänemark wurde schon früh zur Gänze Agrarland; heute ist kaum ein brauchbarer Quadratmeter unbebaut.

Gleichzeitig bauten die frühen Dänen die gewaltigen ***Megalithgräber,*** die in großen Teilen des Landes zu finden sind und von einem hohen Organisationsniveau der damaligen Kultur zeugen. Man hat diese, unter anderem anhand der so genannten *køkkenmøddinger* (Küchenabfallhaufen, riesiger Muschel- und Knochenhalden), ziemlich eingehend erforschen und datieren können, doch von einer Gesellschaftsform, die über das Dorf und die Sippe hinausreichte, finden sich keinerlei Spuren.

10.000 Jahre alte Einritzungen auf Auerochsenknochen – die ältesten Spuren des Menschen in Dänemark

Bronzezeit

Gegen ***1800 v. Chr.*** fand eine erstmalige Berührung mit Metall statt. Die Bronzezeit hielt Einzug, und ein recht rühriger Fernhandel setzte ein, um das kostbare Material zu beschaffen. Die interkulturellen Beziehungen mit südlichen Völkern, die auf dem Fuße folgten, führten zur Herausbildung einer verfeinerten Oberschicht, die ein reiches Erbe an vorzüglich verarbeiteten Waffen und Schmuck hinterlassen hat, auf das man in Dänemark nicht wenig stolz ist. Inspiriert wurde diese Entwicklung unter anderem durch den kretisch-mykenischen Kulturkreis, nach damaligen Verhältnissen eine mondferne Welt.

Frühe Eisenzeit

Um 500 v. Chr. begann in Skandinavien das Eisenzeitalter. Die Landwirtschaft expandierte, Behausungen wurden geräumiger und die Siedlungen größer. Mit den Geschehnissen im Innern des Kontinents, zumal der Ausdehnung des Römischen Reiches, kamen die Bewohner des am Rande Europas gelegenen Landes aber kaum in Berührung. Und umgekehrt: Die Römer hatten eigenwillige Vorstellungen von den Wilden im Norden; man wähnte sie als Kreaturen *„mit so großen Ohren, daß diese wie Kleidung den ganzen, ansonsten nackten Körper umhüllten".*

Wikinger

In der zweiten Hälfte des ersten Jahrtausends traten erstmals die Wikinger auf den Plan. Man weiß weder, was das Wort bedeutet, noch gibt es einen Fingerzeig auf einen gemeinschaftlichen Ursprung dieses zusammengewürfelten Haufens von Bauern, Fischern und Händlern ohne Anspruch auf Bezeichnungen wie „Volk" oder „Stamm". *Karl der Große* versuchte gegen das Jahr 800, die Lande im Norden seinem Imperium anzugliedern; er gelangte jedoch nur bis zur Elbe.

Sozusagen losgetreten durch seine Offensive, obwohl er selbst nicht mehr mit ihnen in Berührung kam, wurden jedoch die gefürchteten ***Raubzüge*** der jetzt in Bewegung geratenden Wikinger. Mit ihren seetüchtigen Langbooten gingen die Nordmänner auf Tour, und bald waren sie überall zu finden: Island und Grönland wurden von ihnen ***entdeckt und zum Teil besiedelt,*** und sogar in Nordamerika hinterließen die kühnen Seefahrer ihre Spuren. So ganz nebenbei wurden die Normandie und die britische Insel erobert und der Grundstein für die heutige englische Sprache gelegt. Im Süden drangen die Abenteurer bis nach Nordafrika vor; arabische Münzen waren gängige Währung unter ihnen – über 80.000 wurden allein in Schweden gefunden.

Zwar betätigten sich die Weltreisenden an fernen Gestaden gern als Händler und machten, siehe die Münzen, bestimmt gute Geschäfte. Genauso gern aber zogen sie in die ***Schlacht,*** die ihnen als das größte aller Vergnügen galt. Sie kannten weder Furcht noch Gnade; *„die Strafe Gottes"* nannte man sie, nicht zuletzt, weil sie dem Klerus besonders schwer zusetzten. In ihren ureigenen Gefilden – dem heutigen Dänemark und Südschweden – bauten sie indes eine Kultur auf, die nicht zuletzt für die finale Staatenbildung in Nordeuropa von großer Bedeutung war.

Dänisches Königreich

Entstehung

Doch bald ***nach der ersten Jahrtausendwende*** war der Glanz der Wikingerära erloschen. Mit dem nordwärts sickernden ***Christentum*** wurden die Rabauken zahm, änderten ihre Hierarchien nach kontinentalem Muster und gingen brav zur Kirche. Das ***dänische Königreich*** begann zu erblühen. Schon *König Blauzahn* schrieb sich unauslöschlich in das Buch der Geschichte ein, indem er auf dem Grabhügel seiner Eltern in Jelling (Ostjütland) einen Runenstein errichten ließ, dessen Inschrift den Regenten selbstlobend rühmte, „ganz Dänemark" vereint und die Dänen zu Christen gemacht zu haben. Diesem Stein, oft als „Taufschein des dänischen Reiches" bezeichnet, wird bis heute große nationale Ehrerbietung entgegengebracht.

Großmacht Dänemark

Unter der Regentschaft von *Königin Margrethe I.* ***(1387-1412)*** erreichte Dänemark seine ***größte Ausdehnung*** – Norwegen, Südschweden, erhebliche Teile Norddeutschlands, Island, Grönland und die Färöer gehörten damals dazu. Zeitweilig konnte sich das Land zur ***führenden Großmacht Nordeuropas*** aufwerfen, vermochte diese Position aber nicht lange zu halten.

Niedergang

Die deutsche Hanse ergriff bald die Initiative im Nord- und Ostseeraum, und jetzt pendelten die Schwergewichte des Dänenreichs mehrere Menschenalter lang zwischen Norwegen, Schweden und Deutschland hin und her. *König Christian IV.,* in der dänischen Nationalhymne als strahlender Kriegsheld besungen, verlor im ***16. Jahrhundert*** eine Schlacht nach der anderen. Trotzdem genießt der raubauzige Potentat als begnadeter Bauherr bei den Dänen bis heute größte Beliebtheit - man ist nicht nachtragend und belächelt das ***mangelnde Kriegsglück*** mit milder Ironie.

Später kam's ohnehin noch dicker. Eine bittere Auseinandersetzung mit Schweden im ***17. Jahrhundert*** kostete Dänemark das ganze Territorium östlich des Öresundes (mit Ausnahme von Bornholm) und bildete das Fundament für eine lange Feindschaft mit dem mächtigen Nachbarn im Norden. In drei weiteren Auseinandersetzungen konnte sich Dänemark, zum Teil mit niederländischer Hilfe, zwar militärisch behaupten, doch die verlorenen Provinzen erhielt es nie wieder zurück.

Als die ***Französische Revolution 1789*** losbrach, profitierte das neutrale Dänemark wegen seines lebhaften Überseehandels zunächst von den Ereignissen. Doch das Treiben missfiel den Engländern, und ***1801*** kam es zum Eklat; die Dänen wurden gedeckelt. Sieben Jahre

Blauzahn und Weicher Schleifstein

Königin Margrethe II.

Das Monogramm Margrethes, von ihr persönlich entworfen

Bis ***950 n. Chr.*** regierte *Gorm der Alte,* der erste König Dänemarks. Die Mehrzahl der dänischen Herrscher wurde mit recht poetischen, mitunter auch profanen Beinamen belegt. Diesem Brauch huldigte man ebenfalls in deutschen Landen *(Pippin der Kurze),* aber die Namen der Dänen sind witziger.

Da gab es *Harald Blauzahn* und *Svend Gabelbart, Magnus den Guten* und *Harald den „Weichen Schleifstein".* *Knud der Große* ließ angeblich seinen Thron am Meeresstrand aufstellen und befahl der Flut, nicht mehr zu steigen. *„Knud mit den nassen Füßen"* hätte er eigentlich heißen müssen, denn das Meer gehorchte ihm nicht. *Knud dem Heiligen* folgte *Oluf Hunger,* der wohl ständig Kohldampf hatte. *Eriks* gab's jede Menge: den allzeit Guten, den Denkwürdigen, den Kleinmütigen, das Geschorene Schaffell und den bei den Heiligen; der letzte war recht phantasielos der von Pommern.

1448 hörte man leider damit auf, den dänischen Königen und Königinnen Spitznamen zu verpassen. Seit 1972 regiert *Margrethe,* zweite dieses Namens und eine der populärsten Monarchinnen, die je einen europäischen Thron bestieg. Hinter ihrem Prinzgemahl *Henrik* verbirgt sich ein einstiger französischer Diplomat, der *Margrethe* in einer echten Liebesheirat (die Königin: *„Der ganze Horizont stand in Flammen!")* 1967 ehelichte.

später traten die Briten zur Endreinigung an. Ihr Seeheld *Nelson* bewies, dass er mit seinem einen Auge noch ganz gut zielen konnte, denn er bombardierte wirksam Kopenhagen und zog mit der dänischen Kriegsflotte im Schlepptau ab. Das Königreich lag am Boden. Jahre voller Armut und Dunkelheit folgten. Als ***1814*** das dänische Territorium Norwegen an Schweden fiel, stellte sich die Frage, ob das Land überhaupt als Nation Bestand haben würde. Doch die Dänen fielen letztlich auf beide Füße zurück und brachten sogar ein „Goldenes Zeitalter" in Gang - verzagen ist undänisch.

Kriege mit Preußen

Im Vorfrühling ***1848*** fegten neuerliche Revolutionen wie ein Steppenbrand über Europa hinweg. An ihm entzündete sich auch der brodelnde ***schleswig-holsteinische Konflikt,*** in dem eine Loslösung dieser Herzogtümer von Dänemark und deren Annektion durch Preußen propagiert wurde. Staatsrechtlich war dies eine ungeheuer verzwickte Angelegenheit, wenn auch mit deutlicher Begünstigung der deutschen Seite. Die Dänen glaubten angesichts ihres zerstrittenen südlichen Nachbarn jedoch, den

Trutzige Hinterlassenschaften

Schon im zweiten Kriegsjahr, 1940, sah die deutsche Wehrmachtsführung die Notwendigkeit, gegen eine etwaige alliierte Invasion ein Bollwerk zu errichten. Am so genannten ***Atlantikwall*** wurde bis zum Kriegsende gearbeitet; dann stand eine Kette von Befestigungsanlagen, die von der spanisch-französischen Grenze bis zum Nordkap reichte und in ihrer Ausdehnung von 5000 km mit der Großen Mauer Chinas vergleichbar ist.

Genützt hat diese Anhäufung abstoßend hässlicher Betonburgen bekanntlich nichts. Nach dem Krieg versuchte man die Schandmale zu tilgen - vergeblich. Spitzhacken und Sprengstoffe prallten an ihnen ab, und schließlich ließ man die Dinger stehen - wer weiß, wozu sie noch einmal gut sein sollten. Die Küsten Jütlands hatten die Deutschen, stets eine englische Landung befürchtend, besonders stark befestigt: ***7000 Bunker*** wurden hier an die Strände geklotzt, Bausand gab es ja genug.

Als alles vorbei war, tat sich die Frage auf, wer das Dreckzeug beseitigen sollte. Die *tysker* vielleicht? Rechtens wäre ein solches Verlangen schon gewesen. Gewitzt, wie sie sind, kamen die Dänen auf eine ganz andere Lösung. Sie haben aus den Bunkern ***Museen*** gemacht, feinsinnig darauf bauend, dass eine ganz bestimmte Klientel sich zu diesen Stätten hingezogen fühlen würde - die Deutschen.

Und so ist es auch. Eine gewisse morbide Faszination, die bei *Grass* - *„mystisch barbarisch gelangweilt"* - lange Passagen füllt, haftet den Betonmonstren an. Sie sind gut besucht, und manche der Besucher haben noch bei ihrem Bau mitgewirkt. Junge Deutsche ärgern sich über diesen „Kult". Doch die Dänen sehen es gelassen. Sie verdienen Geld damit, und außerdem schützen die Klötze die Küste gegen den Blanken Hans. In diesem Buch ist das runde Dutzend der größten Batterien deshalb nachstehend unter „Sehenswürdigkeiten" vermerkt - was man mir nicht übelnehmen möge.

Zu „Bunkermuseen" ausgebaute deutsche Stellungen aus dem 2. Weltkrieg

Rømø	Radarstellung Robbe
Esbjerg	Mannschaftsunterstand
Blåvand	Batterie Tirpitz
Rom	Sanitätsunterstand
Thyborøn	Batterie Thyborøn und Radarstellung „Lama"
Oddesund	Flakbatterie
Hanstholm	Batterie Hanstholm 1 und 2
Bulbjerg	Leitstand und Mannschaftsunterstand
Hirtshals	Batterie Hirtshals West
Frederikshavn	Flakbatterie Frederikshavn Nord

gordischen Knoten mit einem Kraftakt lösen zu können. ***1850*** kam es zum Tauziehen, Dänemark gewann. Das Problem war damit aber nicht aus der Welt geschafft. *Bismarck* wollte im Zeichen nationaler Erstarkung des Preußenstaates unbedingt in den Besitz der beiden abtrünnigen Provinzen gelangen, und er holte sie sich – mit Gewalt. ***1864*** erklärte Preußen Dänemark den Krieg. Der berühmte „Sturm auf die Düppeler Schanzen" bei Sønderborg dauerte im Kern nur 20 Minuten, ein Blitzkrieg im wahrsten Sinne des Wortes. An diesem Tag, dem 18. April, verlor Dänemark fast ein Drittel seines Staatsgebiets. Die Zeiten territorialer Größe waren damit ein und für allemal vorbei, obwohl im Jahre 1920 Nordschleswig (etwa zwischen Ribe und der heutigen Grenze gelegen), das an seiner dänischen Sprache und Gesinnung ohnehin festgehalten hatte, durch eine Volksabstimmung wieder an das Mutterland zurückfiel und noch heute dazugehört. Wenn uns die Dänen weiterhin nicht „ganz grün sind", so ist das wohl mehr wegen Düppel als wegen späterer Misslichkeiten, obschon ihnen die zweifelsfrei auch noch in den Knochen sitzen.

Erster Weltkrieg

Der 1. Weltkrieg bescherte Dänemark durch seinen ***neutralen Status*** gewaltige Agrarexporteinnahmen, führte jedoch auch zu politischen Wirren. Letzten Endes mündeten diese aber in eine sozialdemokratische Gesellschaftsstruktur und ebneten den Weg zum heutigen Wohlfahrtsstaat.

Zweiter Weltkrieg

Doch vorerst musste der 2. Weltkrieg noch durchgestanden werden ... Bei dessen Ausbruch, ***1939,*** befand sich Dänemark auf bewährte Weise in der unparteiischen Ecke. Um auf Nummer sicher zu sein, wiederholten die Dänen ihre Neutralitätserklärung, doch das half ihnen nichts. Im ***April 1940 marschierten die Deutschen ein,*** entschuldigten sich aber sozusagen dafür: Sie hätten

Düppeler Schanze

in Norwegen zu tun, deshalb die Unannehmlichkeiten, wir gehen hier nur mal durch. Dänemark leistete symbolischen Widerstand und zuckte dann die Achseln: Was soll's.

Mit der Besetzung Dänemarks verbinden sich weitaus weniger Erinnerungen an Kriegsgräuel als zum Beispiel in den Niederlanden, wo man die Deutschen weiterhin wenig innig liebt. In Dänemark stationiert zu sein, war seinerzeit gleichwertig mit dem „Heimatschuss". Betagte Wehrmachtslandser fahren heute noch auf Besuch zu ihren damaligen „Gastgebern", mit denen sie sich an den reichgedeckten Tischen der Agrargroßmacht prächtig verstanden hatten. Nicht wenige Besatzer kehrten seinerzeit auch mit einer Braut im Gefolge heim, und den Nazis war diese „Einnordung" nur recht.

Ab ***1943,*** als das Kriegsglück sich wendete und die Dänen Oberwasser bekamen, entwickelte sich allerdings eine zähe *Résistance*. Zwischen dieser und der Besatzungsmacht - nicht zuletzt auch deren dänischen Mitläufern - entspann sich eine blutige Vendetta; nennenswerten Schaden nahm das Land indes nicht. Im gleichen Jahr versuchten die Nazis, die „Judenfrage" in Dänemark zu lösen. Doch durch einen einzigartigen Einsatz und mit Unterstützung großer Teile der Bevölkerung gelang es der ***Widerstandsbewegung,*** innerhalb weniger Tage über 7000 Juden ins neutrale Schweden zu schaffen. Die Deutschen fassten nur 492 Personen. Diese Aktion der Dänen ist ein Ruhmesblatt, auf das sie für alle Zeiten stolz sein dürfen.

Dänemark heute

Wirtschaft und Sozialstaat

Am Beginn des 21. Jahrhunderts gehört das aus diesen vielen Turbulenzen hervorgegangene kleine - „gesundgeschrumpfte" - Land ***zu den reichsten Staaten*** der Welt. Dänemarks 5,2 Millionen Wohlstandsbürger verdienen im jährlichen Prokopfdurchschnitt gut 150.000 dkr, das Bruttoinlandsprodukt beträgt annähernd eine Billion Kronen, und die Inflationsrate stellt einen europäischen Niedrigrekord dar. Dennoch knirscht und knackt es schon seit geraumer Zeit im Sozialgefüge - viel Licht, viel Schatten. Nicht nur sind die Ausgaben für viele ehrgeizige Projekte illusionär hoch, die Zahl der öffentlich alimentierten Bürokraten kaum noch tragbar. Jeder regulär Beschäftigte zahlt jährlich mehr als einen Tausender (Euro) für den so genannten zweiten Arbeitsmarkt. Viele Dänen hat die schwere Steuerbelastung in die Grauzonen einer Schattenwirtschaft getrieben; man arbeitet kräftig schwarz. Die Probleme der Globalisierung machen vor dem hochentwickelten Dänemark nicht halt.

Der Sozialstaat hat jedoch für viele seine Schattenseiten. *Myndighed* - Vormund - heißen in Dänemark die Behörden, und *styrelse* - Steuerung, und was die Vormunde und Steuerer so veranstalten, trifft oft auf Kritik. Zudem geht viel kostbare Zeit durch bürokratische Petitessen verloren. Das sind Verhältnisse, die Deutschen vertraut sein dürften. Vielleicht war das mit ein Grund für den Wechsel zu einer für dänische Verhältnisse äußerst konservativen Regierung.

Der Streit um die EU und den Euro

Dänemark trat der EG schon 1973 bei, schloss sich jedoch dem Maastricht-Vertrag zur EU-Mitgliedschaft im Jahre 1993 nur widerwillig und im zweiten Anlauf an, zudem mit der über ein Referendum erreichten Maßgabe, vom Euro ausgeschlossen zu bleiben. Bei der Krone ist es deshalb bis heute als Währung geblieben, und das Land ist weiterhin das ***EU-kritischste*** Europas, stolz auf die Macht der Referenden und seine relative Unabhängigkeit von Brüssel.

Dänisch sprechen und verstehen

Alle in den Touristenbüros tätigen Damen - Männer treten dort kaum in Erscheinung - sind fließend dreisprachig: dänisch, deutsch, englisch. Auch wer immer sonst mit dem Fremdenverkehrsgewerbe sein Brot verdient, beherrscht die Sprachen der Besatzer. Im Sommer ist an

Dänen sind...

● ***Dänen sind geschäftstüchtig.*** In früheren Zeiten wurde für alle Schiffe, die den Öresund zwischen Dänemark und Schweden passierten, ein Wegezoll erhoben. Toleranterweise ließ man die Kapitäne den Wert ihrer Fracht selbst bestimmen – das ist echt dänisch. Nur ein ganz kleiner Haken war bei der Sache. Der König bedingte sich aus, die Frachten zum deklarierten Wert jederzeit aufkaufen zu können ...

An derlei Methoden erinnert man sich auf dem Höhepunkt der Feriensaison, wenn die Preise vielerorts schmerzhaft anziehen. Dänemark ist halt ein kleines Land, aufs Geschäftemachen angewiesen.

● ***Dänen sind Witzbolde.*** Das Komikerpaar Pat und Patachon stammte aus Dänemark, und auf den Straßen sieht man manche Figur, die ihren Rang einnehmen könnte.

Wie humorig die Dänen sind, lässt sich schon daran ermessen, dass viele von ihnen offenbar nicht dem Drang widerstehen können, das P bei einem *Postkasse* mit rotem Nagellack zu übermalen. Dadurch wird der Brief- zum Käsekasten.

● ***Dänen sind Sauberkeitsfanatiker.*** Das geht nicht nur ihr unmittelbares Umfeld an. Öffentliche Verkehrsmittel, städtische Straßen und Anlagen, das ist alles makellos. Auch auf dem ***ökologischen Sektor*** sind sie Vorreiter. Das erste Umweltschutzministerium der Welt wurde 1971 in Dänemark ins Leben gerufen, und die Ökogesetze des Landes zählen heute zu den strengsten überhaupt. Gegen AKWs haben sich die Dänen mehrheitlich ausgesprochen; es gibt keine und wird auch keine geben. Die Energieversorgung geht überhaupt diskret vor sich; sogar die hässlichen Überlandleitungen hat man, was in Deutschland scheinbar nicht gelingen will, unter der Erde verschwinden lassen. Dafür steht alles voller Windgeneratoren. Doch die sehen im Vergleich recht elegant aus, und sie drecken nicht.

Allerdings gibt's auch ein paar Flecken auf der so makellosen Weste Dänemarks. Auf der Reise nach Thyborøn am Limfjord-Eingang wird später noch die Rede davon sein.

● ***Dänen sind Traditionalisten.*** Trachtenfeste, Oldtimertreffen, Paradernärsche, Veteranenumzüge, das alles hegen und pflegen sie, und auf ihre Monarchie lassen selbst die rötesten Sozis nichts kommen.

● ***Dänen sind Nationalisten.*** Voraussagbar flattert an Sonn- und Feiertagen vor fast jedem Häuschen der ***Dannebrog*** mit seinen pittoresken rot-weißen Farben, die sich so schön gegen einen blauen Himmel abheben und die Kamera auf den Plan rufen. Wenn der deutsche Feriengast, nicht faul, daneben Schwarzrotgold hisst, kann er von seinem dänischen Nachbarn ersucht werden, das Ärgernis zu entfernen. Widrigenfalls kommt die Polizei; es besteht eine gesetzliche Handhabe.

Die patriotische Denkweise der Dänen spiegelt sich auch in erheblichem Unmut über die ***Europa-Mitgliedschaft*** wider. Zwar ist das Land bereits seit 1973 mit von der Partie, keineswegs aber mit überwältigender Mehrheit in der Bevölkerung. Der Maastrichter Vertrag war 1993 durch eine Volksabstimmung abgelehnt worden. Nach gewissen Garantien für Dänemark wurde das Papier dann doch durch ein Referendum akzeptiert, aber vielen Dänen passt die Chose immer noch nicht - siehe auch das Bild auf Seite 22. Der Widerstand richtet sich vor allem gegen wirtschaftliche Hegemonialgelüste, eingebildet oder nicht, des großen Bruders im Süden.

● ***Dänen sind gesellig.*** In allen Kreisen und querbeet durch die Gesellschaft ***duzt*** man sich mit größter Bereitwilligkeit und redet sich mit dem ***Vornamen*** an. Das ist Teil der skandinavischen Kultur. Man nehme keinen Anstoß daran, sondern mache sich diesen Brauch zu eigen, um seinen Integrationswillen zu beweisen. *De* (Sie) und *du* liegen phonetisch ohnehin so eng zusammen (und verwenden die gleichen Konjugationsformen), dass einem der Unterschied kaum bewusst wird.

Es gibt übrigens einen guten Grund, weshalb man den Vornamen dem Familiennamen vorzieht - zur besseren Unterscheidung. Zwei Drittel der dänischen Bevölkerung besitzen nämlich einen auf -sen endenden Namen. 7,7 % heißen Jensen (das ist mithin auch „der typische Däne"), 7,3 % Nielsen und 6,2 % Hansen. Danach folgen Pedersen, Andersen, Christensen, Larsen und Sørensen, und erst ganz hinten - auf dem 22. Platz - tauchen erste Nachnamen ohne -sen auf, fast schon Adelsprädikate.

● ***„Dänen sind arrogant".*** Diesen Widerspruch zum eben Gesagten habe ich als Zitat einigen deutschen Publikationen der jüngsten Zeit entnommen. Könnte es eine Art Reflex gegenüber Deutschen sein, eine Reaktion auf die manchmal dominante Art deutschen Auftretens im Urlaub? Wie man sät, so erntet man natürlich. Oder sollten es reine Trotzgesten des Kleineren sein? Jedenfalls kann ich diese Klassifizierung mit keinem einzigen Beispiel aus der eigenen Erlebnissphäre bestätigen.

Tradition ist alles

den Küsten Deutsch die *lingua franca*; selbst die Dänen schauen dann erstaunt auf, wenn ein Besucher ihre Sprache spricht.

Das Entgegenkommen geht so weit, dass auch der größte Teil touristischer Literatur, Bro-

Die „dummen" (?) Jütländer

Kommt ein Jütländer erstmals nach Kopenhagen und lässt sich im Citybus auf einen Sitz nieder. In diesem Moment sagt der Fahrer an: *„König-Frederiks-Platz!" „Oh, Entschuldigung"*, murmelt der Jütländer verlegen und steht wieder auf...

Und: Ein Kopenhagener trifft einen Jütländer mit einem Ochsen. *„Wo hast du denn dieses Prachtexemplar her?"* fragt der Städter. *„In der Lotterie gewonnen"*, antwortet der Ochse ...

So wie Deutsche über „Minderheiten" wie Ostfriesen, Bayern oder Sachsen witzeln, gibt es auch in Dänemark eine Volksgruppe, über die eine andere, sich für klüger haltend, ihre Scherzchen macht. Die Possenreißer sind in diesem Fall die Altyuppies aus Fünen und Seeland, allen voran natürlich die smarten, merkantilen Kopenhagener, und die anderen die „dummen" Jütländer Bauern.

Selbige lästern zurück, indem sie fragen: Weshalb sind wir eigentlich in Jütland? Antwort: In grauen Vorzeiten fanden die ersten Zuwanderer an den Grenzen Schilder mit der Inschrift *„Nach Jütland"* vor. Dahin gingen die Gebildeten, die lesen konnten; die anderen verteilten sich auf den Rest Dänemarks...

Dass die Jütländer und die restlichen Dänen tatsächlich irgendwann einmal verschiedene Wege gegangen sein müssen, erweist sich bereits an den jeweiligen Sprachen, die im Westen und Osten Dänemarks gesprochen werden. Hier ein paar Brocken „Jütisch". Allein mit diesen wenigen Kostproben kann man zwischen Tønder und Skagen schon schwer Eindruck schinden.

Jütisch	***Dänisch***	***Deutsch***
a	*jeg*	ich
awl	*jeg vil*	ich möchte
dawdaw („daudau")	*god dag*	guten Tag
dawwer („Dauer")	*morgenmad*	Frühstück
do	*du*	du
ett	*ikke*	nicht
faval	*farvel*	tschüß
grunker	*penge*	Geld
knæjt	*dreng*	Junge
piig	*pige*	Mädchen
unnen	*frokost*	Mittagessen

schüren und Prospekte, in deutscher Sprache vorliegt. Weil manche Dänen nun aber vermeinen, selbige perfekt zu beherrschen, hat man auf muttersprachige Übersetzer verzichtet und sich selbst an die Arbeit gemacht. Dabei stellt sich allerdings häufig heraus, dass man doch nicht so perfekt ist, denn immer wieder ergibt sich Unverständliches oder ungewollte Komik. (Ich habe es, nichts für ungut, unverzichtbar gefunden, im Verlauf des Buches ein paar Kostproben zu geben.)

Besonders gerne auch werden recht laue Anlässe als „spannend" dargestellt, wobei das dänische *spændende* Pate gestanden hat, was höchstenfalls „interessant" bedeutet. (Wirklich spannend ist in Dänemark - Kennerspott: Gähnemark - eigentlich gar nichts, außer wenn man nach guter alter Wikingermanier bei den *Hell's Angels* oder *Bandidos,* notorisch-motorischen Rockerbanden, mitwirkt.) Von einem „Abenteuer" ist ebenfalls oft die Rede; ein *eventyr* übersetzt sich aber nur als „Begebenheit", „Märchen" gar. Das Wort „Erlebnis" *(oplevelse)* wird genauso oft und gern wie im Deutschen gebraucht und im selben abgegriffenen, nichtssagenden Sinn, auf den gleichen Mangel von echten und tiefen Erlebnissen deutend. Und: Eine *„flotte"* Kirche? Wenn so etwas im Angebot ist, muss man Fünfe schon mal gerade sein lassen.

Deutsche Touristen sind als Devisenbringer zwar gern gesehen. Trotzdem geben die Einheimischen in einer schwachen Stunde zu, dass sie sich ärgern, wenn ein *tysker* ins Büro platzt und einfach auf deutsch drauflosschwadroniert: *„Sagense mal, habense kein ..."* Nicht besonders gern hören sie auch die Anmaßung, Dänisch sei doch nur „so eine Art Plattdeutsch", ein kleiner Subdialekt des großen Bruders. Es macht sich schon ganz gut, wenn man mal höflich fragt: *„Må jeg snakke tysk med Dem (dig)* - darf ich deutsch mit Ihnen (dir) sprechen?" Darauf folgt dann ein selbstbewusstes „Natürlich!", und man hat den Draht hergestellt. Auch Schüler ergrei-

Witziges Dänen-Vokabular

Jedes Volk hat seinen ***Slang,*** die Dänen nicht ausgenommen. Neues Vokabular schaffen, existierendes verdrehen - das macht ihnen großen Spaß. So wird *skinke med æg* (Schinken mit Ei) zu *enke med skæg* (Witwer mit Bart), *Pilgrimskoret* (Pilgerchor) *af Tannhäuser* zu *Tandcremskoret* (Zahnpastachor) *af Pilhäuser* und das homophile San Francisco zum versifften *San Fransivsko.* Besonders respektlos ist man in Dänemark, wie bereits an anderer Stelle vermerkt, gegenüber *Autos* - ja, sogar (unglaublich!) den glänzenden deutschen. Eine kleine Übersicht:

BMW	*Bimmer*	alles etwa: Wimmerkiste
	Bimmervimmer	
	Bimsevimse	
Fiat 127	*Dametaske*	Damentasche
Fiat 500	*Raviolibil*	Ravioli-Auto
Ford	*Fejl og reparaturer dagligt*	Täglich Schäden und Reparaturen
Kawasaki (Motorrad)	*Kawasiksak*	Kawazickzack
	Riskoger	Reiskocher
Morris Mascot	*Hundehus*	Hundehütte
Opel	*Hvalfangerbåd*	Walfangboot
Saab	*Prutorgel*	Furzorgel
VW-Käfer	*Asfaltboble*	Asphaltblase
	Folkebøffel	Volksbüffel
	Gravid rulleskøjte	Schwangerer Rollschuh
	Gravid træsko	Schwangerer Holzschuh
	Hitlercontainer	Hitlercontainer
	Hitlers krumme negl	Hitlers krummer Nagel
	Hitlerslæde	Hitlerschlitten
	Pøbelracer	Pöbelrenner
	Rugbrød	Schwarzbrot
	Rundstykke	Brötchen
Volvo	*Svensk traktor*	schwedischer Traktor
Volvo 244	*Kampvogn*	Kampfwagen

fen gern mal die Gelegenheit, ihre Deutschkenntnisse an einem Besucher zu testen.

Es gibt aber eine ganze Menge Dänen, die mit Deutsch nichts anzufangen wissen. Und alle, auch die es verstehen, freuen sich, wenn der Dänemark-Reisende ein paar Brocken der Landessprache beherrscht oder sich zumindest um ein paar Kenntnisse bemüht. Das sollte man auf alle Fälle mal versuchen, um „Schlag" bei unseren Nachbarn zu haben. Je weiter man nach Norden kommt, desto ratsamer ist es über-

Und noch ein wenig querbeet ...

Anders And	„Andy Ente"	Donald Duck
ballade (lave -)	„Ballade (machen)"	Randale machen
barnelort	„Kinderkacke"	Senf
Bløød!	„Weiiiiich!"	Toilettenpapiermarke
boreplatform	„Bohrinsel"	Bett
cancerkasse	„Krebskasten"	Raucherabteil
cand. skrub	„cand. Schrubb"	Reinmachefrau
Cheminova	Name einer Chemiefabrik	Toilette
cheminova-guf	„Cheminova-Fraß"	Nitritwurst
cremeskider	„Kremscheißer"	Konditor
dansk	„dänisch"	fader Normalsex
De Sover Bare	„die pennen nur"	DSB (Staatsbahn)
dummerkasse	„Dummenkiste"	Fernseher
fed	„fett"	großartig (Slang)
Fedtmule	„Dickmaul"	Goofy
gravko	„Grabekuh"	Bagger
gummiged	„Gummiziege"	Autokran; auch Fahrrad
isenkram	„Eisenkram"	Haushaltswarengeschäft
knallert	„Knaller"	Moped
knehøj karse	„kniehohe Kresse"	Aufschneiderei
lystbåd	„Lustboot"	Yacht*
lystfiskeri	„Lustfischerei"	Sportangeln*
othellobolle	„Othellokugel"	Mohrenkopf
panser	„Panzer"	Polizist
pølsesnak	„Wurstgerede"	dummes Zeug
regnfrakke	„Regenmantel"	Kondom
slanter	„Fleppen"	„Knete": Geld
strømer	„Stromer"	Polizist
torsk	„Dorsch"	Blödmann
tysk	„deutsch"	Sado-Sex
tørvetriller	„Torfroller"	Langweiler

*) Hiermit pochen Dänemarks viele Berufsseeleute und -fischer auf sorgfältige begriffliche Unterscheidung.

haupt, ein paar Vokabeln drauf zu haben, denn mit dem Deutschen wird's dort oben (zugunsten von Englisch) eher dünner.

Dänische Sprache

Dänisch ist von der Struktur her wunderbar einfach, ungefähr wie Englisch (das zu großen Teilen aus Jütland stammt). Dänisch ist daher leicht zu erfassen, es zu ***sprechen*** oder gar zu ***verstehen,*** das steht auf einem anderen Blatt.

Literaturtipp:
„Kauderwelsch Dänisch"
aus dem Reise Know-How Verlag.

Spötter frotzeln, dass Dänisch nur mit einer heißen Kartoffel im Mund korrekt ausgesprochen werden kann; warmer Haferbrei tut es notfalls auch. Das ist gar nicht so unwahr.

Nur mit viel Wohlwollen könnte man Dänisch als „nordisch-klares" Idiom einstufen. Gar zu viele Buchstaben, ganze Silben mitunter, werden im Alltagsgebrauch abgeschliffen und verschluckt, als dass sich die strukturell so übersichtliche Sprache als gut verständlich qualifizieren könnte. Von *„Tak skal du have* - Dank sollst du haben", der üblichen Dankesfloskel, bleibt zum Beispiel nur *„Takskaduhä"* übrig. Aber Übung macht halt auch in Dänemark den Meister.

Eine kleine dänische Sprachhilfe mit Regeln zu Grammatik und Aussprache sowie einige wichtige Vokabeln findet sich im Anhang dieses Buches.

Empfehlenswert für Lernwillige ist das Büchlein aus der Reihe Kauderwelsch *Dänisch - Wort für Wort,* erschienen in diesem Verlag, das auf leicht verständliche Weise die Grundlagen der Grammatik und einen auf das Reisen zugeschnittenen Grundwortschatz vermittelt. Wer auch noch die korrekte dänische Aussprache lernen will, kann sich den dazu passenden AusspracheTrainer auf CD kaufen. Die praktische audiovisuelle Kombination aus beidem bietet die interaktive CD-Rom *Dänisch - Wort für Wort* in der Reihe Kauderwelsch digital.

Die Nordsee

Die Umwelt

Für die Dänen ist die Nordsee das *Vesterhav,* übersetzt das Westmeer. (Der Begriff *Nordsø* existiert auch, er wird aber seltener verwendet). Dänemark blieben die leidvollen Erfahrungen weitgehend erspart, die den Anrainern der südlichen Nordsee, Schauplatz stetiger katastrophaler Sturmfluten mit Zehntausenden von Opfern, zuteil wurden. Die Gründe dafür sind in der eigenwilligen Topographie der jütländischen Halbinsel zu suchen. Sie besteht nur im Süden, etwa unterhalb Esbjergs, aus niedrigem Marschland und muss dort mit einem Deich geschützt werden.

In der Südwestecke gab es im Laufe der Jahrhunderte allerdings immer wieder Sturmflutopfer. Die „Grote Mandränke" von 1362 verschonte Dänemark nicht; auch 1436 und 1532 sind als schwarze Jahre in den Annalen der Region verzeichnet. Anno 1634 ging die Oktoberflut als schwerstes Desaster in die Lokalgeschichte ein; entlang der nordfriesischen Küsten mit Einschluss der dänischen ertranken 6000 Menschen. Das ganze 18. Jahrhundert war katastrophenträchtig; die Dezemberflut von 1717 überschwemmte die Marsch von einem Ende zum anderen. Im August 1860, mitten im Sommer, gab es wieder Alarm; 3000 Deichbauarbeiter bei Højer mussten vor der Nordsee Reißaus nehmen. 1923, wiederum im August, schafften 19 Werkmänner die Flucht nicht. Die Februarflut von 1962 stieg auf 4,36 m über Normalnull und beschädigte die Deiche beträchtlich, desgleichen jene vom Januar 1976, die noch einen halben Meter draufsetzte und unter anderem den Rømødamm in arge Mitleidenschaft zog. Die Stadt Tønder musste vorübergehend evakuiert werden. 1981 erreichte der Wasserstand 4,92 m. Mehr als 4 m werden immer häufiger verzeichnet, Folge des stetig steigenden Spiegels der Weltmeere mit dem Treibhauseffekt als hauptsächlichem Auslöser.

Das „eigentliche" Jütland nördlich von Esbjerg ist von den Sturmfluten vergleichsweise wenig betroffen, weil es sich hier größtenteils um hoch gelegene Geest, also hügeliges Terrain eiszeitlichen Ursprungs handelt. Ein weiterer Grund dafür, dass die Küste relativ unbeschadet bleiben konnte, ist im geringen Gezeitenhub der nördlichen Nordsee zu suchen, welcher, anders als die vielmeterhohen Fluten an den Gestaden Deutschlands und der Niederlande, hier lediglich 1-1,5 Meter beträgt und nördlich von Blåvandshuk immer mehr zum Erliegen kommt.

Windgenerierte Hochfluten und starke Strömungen gibt es dort aber auch weiterhin, letztere als Folge von Umschichtungen durch verschieden temperierte Wassermassen vor allem im Sommer. Diese wiederum wirken wie unterseeische Wellenbrecher, weshalb selbst starke Stürme zur Sommerzeit weniger Schaden anrichten. Dafür wummert es während der dunklen und kalten Monate umso mehr. Dass es an der exponierten jütländischen „Energieküste", wie man heute sagt, im Lauf der Jahrhunderte gewaltige Schäden in der Topographie gegeben hat, ist angesichts der Wutanfälle des Blanken Hans nur zu begreiflich. Die Dynamik der Brandungsseen allein riss immer wieder Breschen ins Land. Besonders dort, wo die Strandlinie nicht geradlinig verlief, sondern Einbuchtungen,

Wütende Nordsee

Schiffbruch an der Küste

Durchlässe und Nehrungen aufwies, mussten die Karten ständig neu gezeichnet werden, so im Bereich der Fjorde von Ringkøbing, Nissum und Thyborøn. Zu den größten Leidtragenden zählten auch unaufhörlich Seefahrt und Fischerei. Die Zahl der Unglücke, die sich zu Zeiten der Segelschiffe ereigneten, ist Legion. Schon die Langboote der Wikinger gerieten auf dem so genannten Legerwall der dänischen Aufwindküste in schwere Bedrängnis, Hansekoggen gesellten sich dazu, stolze Windjammer und später die Motorfahrzeuge der Neuzeit. Dicht an dicht liegen die Wracks entlang der Strände, von der See zur Unkenntlichkeit zerschlagen oder tief im Sand versunken - auf 40.000 wird ihre Gesamtzahl geschätzt. Eine Vorstellung gibt eine Karte aus dem 19. Jahrhundert, in der die Strandungen und Verluste vom 1.1.1858 bis zum 31.12.1882 ausgewiesen sind: Keine Stelle an der dänischen Küste, die nicht mit Wracks geradezu bepflastert wäre.

Kurioserweise haben viele alte Bauernhöfe entlang der See sehr große Wohnzimmer, fast schon „Empfangshallen". Es waren auch welche. Zur Aufnahme von überlebenden Schiffbrüchigen nämlich, die mitunter in ganzen Scharen an den Strand geschwemmt wurden und denen in den Höfen vorübergehendes Obdach gewährt wurde. Heute sind's die Touristen. Gut, dass man etwas Platz gelassen hat ...

Ein Wort noch zum Wasser, das zu Eingang des Buches so hoch gelobt worden war. Keineswegs soll das dänische Nordseenass hier prinzipiell schön- und anderes schlechtgeredet werden. Dass die in die südliche Nordsee mündenden Flüsse mit ihren enormen Schadstofffrachten primäre Verursacher der zahlreichen Krankheiten sind, an denen unser Hausmeer siecht, steht außer Frage. Und keineswegs liegen die dänischen Küsten von diesen garstigen Unratquellen unendlich weit entfernt. Im Gegenteil, die gegen den Uhrzeigersinn zirkulierende Oberflächenströmung der Nordsee trägt ein gut Teil der industriellen „Einträge" (so das euphemistische Fachwort) aus der Bundesrepublik, den Niederlanden und sogar aus Großbritannien die jütländische Westküste empor und deponiert sie letztlich im 700 Meter tiefen Skagerrak, das unter Ökologen deshalb auch den hübschen Beinamen „Schadstoff-Falle" trägt. Die Frage, ob das Skagerrak tatsächlich „Endlager" für die vielen feinen Sachen ist, bleibt zurzeit noch offen; möglicherweise zirkuliert das Zeug auch weiterhin. Wenn Dänemarks Badewasser weitaus klarer als jenes der weiter südlich gelegenen Nordseeküsten ist, so zeichnen dafür natürlich vor allem die überwiegend sandigen Gestade verantwortlich. Frei von Schadstoffen ist es indes nicht; Rhein, Maas, Elbe, Weser und Humber bringen Ferntransporte ein, auf die die Dänen wohl von Herzen gern verzichten würden. Zwar macht auch hier die Dosis das Gift; das Jütlandwasser verdient eben bessere Noten als jenes anderer Nordseeanlieger, weil die in ihm enthaltenen Schadstoffe stärker verdünnt sind als sonstwo. Sie aber zum *völligen* Verschwinden zu bringen, sollte das erklärte Ziel all jener Menschen sein, die in der See den Ursprung irdischen Lebens und nicht dessen Ende in einem industriellen Nachttopf zu sehen vermögen.

Das Wattenmeer

Miesmuschel

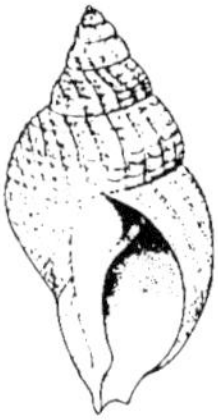

Spindel-
schnecke

Zu Dänemark gehört nur ein relativ kleiner Teil des gewaltigen europäischen ***Nationalparks Wattenmeer,*** der sich fast 500 km weit von Blåvandshuk bei Esbjerg bis zum niederländischen Den Helder hinzieht und eine Fläche von ca. 900.000 Hektar umfasst. Watten sind Flächen aus Sand und Schlick, die im Rhythmus der Gezeiten überschwemmt werden und wieder trockenfallen, Mischzonen von Land und Meer. Wasserläufe (Priele) durchziehen sie, und vielfach trennen Inseln oder Inselketten diese urwüchsigen Areale von der offenen See; landseitig sind es Marschen oder Dünenküsten.

Öde wie es auf den ersten Blick erscheint, gilt das Watt als Kinderstube für einen großen Teil des Tierlebens der Nordsee. Ebbe und Flut schaffen die Voraussetzungen für ein dynamisches ***Ökosystem*** mit hoher biologischer Primärproduktion von mikroskopisch kleinen Pflanzen und Tieren, die wiederum die Nahrungsgrundlage für eine Bodenfauna von Würmern, Muscheln und Krebstieren bilden. Jeder Quadratmeter Wattenboden wuselt von Kleinvieh dieser Art, das den Sockel der Nahrungspyramide bildet, deren Spitze Großlebewesen wie Wale, Seehunde und letztlich der Mensch einnehmen.

Wattenlandschaft bei Højer

Das Watt
bei Ebbe

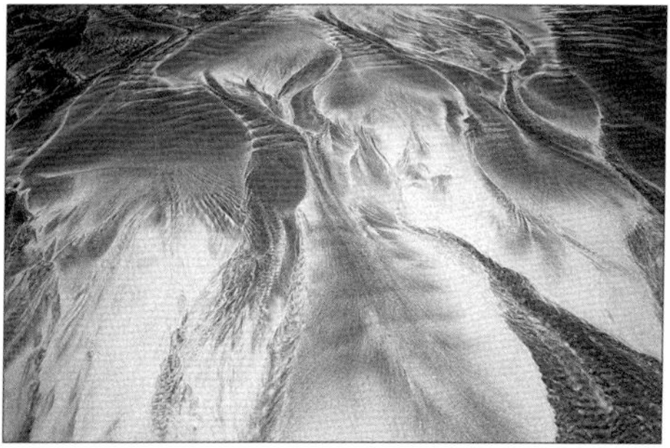

Die stark auf Fischereierträge angewiesenen Dänen wissen, wie wichtig dieses Biotop für den Proteinnachschub im Meer ist. Mit jedem Hochwasser kommt es zu einer wahren Invasion von Seegetier und vor allem Fischbrut in die Speisekammer des Wattenmeeres. Ein durch menschliche Einwirkungen - andere vergleichbar destruktive gibt es nicht - zerstörtes Watt ist gleichbedeutend mit bis auf Null reduzierten Fischbeständen - Ende der Versorgung mit einem der hochwertigsten existierenden Lebensmittel.

Dänemark erließ deshalb bereits 1939 erste ***Maßnahmen zum Schutz des Wattenmeeres,*** die bis heute immer mehr verschärft wurden, um dem Gebiet seine Eigenart als dynamischer Naturraum von hoher landschaftlicher Bedeutung und unschätzbarem Wert für die Fischbestände der Nordsee und die Vogelwelt auf ihrer ostatlantischen Zugroute zu erhalten.

Besonders im Nordteil des Schutzgebietes gibt es eine Reihe von ***Landschaftstypen,*** die anschaulicher als anderswo das Wattenmeer charakterisieren. Das Profil von der Nordsee bis zur Insel Langli in der Ho-Bucht schließt sowohl Dünen und Sandstrände als auch Marschküste mit Schlickwatten und verzweigten Prielsystemen ein - größte topographische Vielfalt auf engem Raum. Im Oberteil der Bucht ist die Mündung der Varde Å von nicht eingedeichter

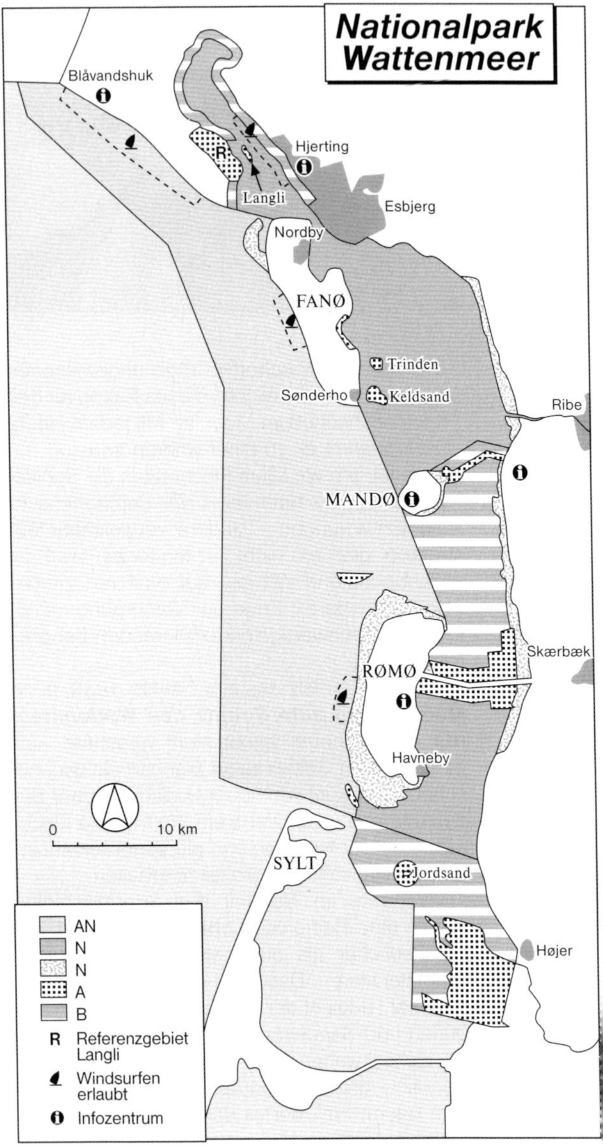
Nationalpark
Wattenmeer
Blåvandshuk
R
Hjerting
Langli
Esbjerg
Nordby
FANØ
Trinden
Sønderho
Keldsand
Ribe
MANDØ
Skærbæk
RØMØ
Havneby
0
10 km
SYLT
Jordsand
Højer
AN
N
N
A
B
R Referenzgebiet Langli
Windsurfen erlaubt
Infozentrum

Marsch und Strandwiesen eingefasst. Im gesamten Wattenmeer ist dieser Bereich wohl der am wenigsten vom Menschen beeinflusste und stellt deshalb eine wahre Fundgrube für die ökologische Forschung dar. Weil hier vergleichende Studien getrieben werden können, wird das bereits 1982 unter Naturschutz gestellte und von jeglicher wirtschaftlichen Nutzung ausgeschlossene Areal als „Referenzgebiet" bezeichnet. Der öffentliche Zugang ist auf zwei Monate im Jahr beschränkt (s.u.).

Ein ***Forschungs- und Überwachungsprogramm*** zur Beobachtung der ökologischen Entwicklung wurde ebenfalls im Südteil des Schutzgebietes ins Leben gerufen. 1984 war hier, außerhalb von Højer, nach dem Bau eines vorgeschobenen Deiches ein Koog entstanden, der vor allem die Vogelwelt ihres natürlichen Biotops beraubte. Man legte deshalb einen Salzwassersee von 260 ha an, um zumindest auf dieser begrenzten Fläche die ursprünglichen Verhältnisse wieder herzustellen, und der See ist seither Heim für üppige Vogelscharen. Vielleicht hätte man sich das Einkoogen von

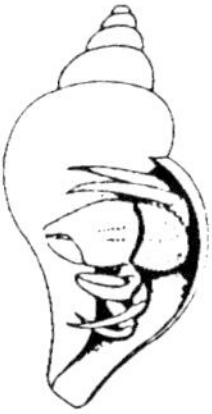

Einsiedlerkrebs

Schutzzonen

Die Wattengebiete Südwest-Dänemarks werden in folgende Zonen eingeteilt (siehe Karte):

- ***Schutzzone A:*** Betreten grundsätzlich verboten. Das Betreten des „Referenzgebiets Langli" (R) ist vom 16.7. bis 15.9. erlaubt.
- ***Schutzzone B:*** Betreten und Graben nach Wattwürmern (von Hand) erlaubt. Jagen verboten.
- ***Niedrignutzungsgebiet (N):*** Wie B, außerdem Segeln mit weniger als 10 kn Geschwindigkeit und Jagd von Booten ohne Motor erlaubt.
- In den ***„allgemeinen Nutzungszonen" (AN)*** sind die meisten Aktivitäten erlaubt. Windsurfen ist jedoch nirgendwo außerhalb der gekennzeichneten vier Areale zugelassen. Jet-Skis und Hobiecats sind überall verboten, ebenso Kfz-Verkehr außerhalb öffentlicher Straßen und Wege und einigen Strandgebieten an der Westseite von Fanø und Rømø (siehe dort). Hunde sind innerhalb des Schutzgebietes stets an der Leine zu führen.

Wenn man einen Seehund findet

Jedes Jahr werden an den dänischen Stränden wiederholt Heuler (Jungtiere) gefunden, die ihre Mutter verloren haben oder von ihr getrennt wurden. In dänischen Broschüren wird darum gebeten, in solchem Fall das nächste Naturzentrum oder Verkehrsamt bzw. die Polizei zu benachrichtigen.

Vielfach verbergen sich die Muttertiere, durch die Anwesenheit von Menschen scheu gemacht, jedoch lediglich im tiefen Wasser und warten darauf, dass der Störenfried verschwindet. Man tut den Kleinen also keinen Gefallen, wenn man sie etwa aufhebt, mit ihnen herumspielt oder, am schlimmsten, sie mitnimmt. Stattdessen mache man sich davon. Aus einiger Entfernung kann man dann die weitere Entwicklung verfolgen und entscheiden, ob eine Benachrichtigung der Behörden geraten erscheint.

Die Möglichkeit besteht, dass an den Strand getriebene Tiere krank sind. Ein forciertes Wiederaussetzen kann die gesunden Bestände gefährden. Bei den großen Seehundsterben 1988 und 2002 beschlossen die dänischen Behörden, die Dinge ihren Gang gehen zu lassen und gar nichts zu tun. Das Verfahren bewährte sich. Die heutigen Bestände sind gesünder und widerstandsfähiger denn je. In Dänemark ist die Aufzucht und Pflege von Jungseehunden deshalb nach reiflicher Erwägung der Fakten eingestellt worden.

Junger Seehund

vornherein sparen können, doch EU-Geld will ja bewegt werden...

Wer mehr zum Thema Dänisches Wattenmeer erfahren möchte, wende sich an die ***Wald- und Naturbehörde*** *(Skov- og Naturstyrelsen)* des Umweltministeriums und kann sich unter der Telefonnummer 39472000 auf ***deutsch*** informieren lassen.

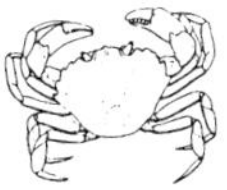
Strandkrabbe

Hinweise für Strand und Dünen

Strand

Weißer Sand, so weit das Auge reicht, Dünen von saharischen Ausmaßen. Dahinter Moore und Heiden, satte Aulandschaften und grüne Kiefernwälder. Das alles kann sich sehen lassen.

Der Sand ist eiszeitlicher Abrieb von Gesteinen, die in die Mühle der Gletscher gerieten. Große Teile des Nordseebodens bestehen aus diesem Stoff, dessen Bewegungen in Wasser und Luft eine verblüffende Eigendynamik entwickeln. Nachschub an den Stränden ist ständig vorhanden; der Sand klettert im Wortsinn an die Küste und bildet neues Land. Nicht immer ist dieses Phänomen dem Menschen willkommen - mehr zu den verheerenden Sandtreiben Jütlands an anderer Stelle. Dem Badegast kann's aber nur recht sein. Denn der „Neusand" ist von der See gründlich gewaschen; alsbald zu blendendem Weiß getrocknet erweist er sich als so blitzsauber, dass man früher die guten Stuben damit ausstreute.

Das ***Strandbild*** weicht vom deutschen etwas ab. Die Autos, leider, hatten wir schon. Andererseits: keine Strandkörbe. Die Dänen sehen in ihnen offenbar kleine häusliche Niederlassungen, und das läuft ihrem Prinzip zuwider, dass der Strand allen gehört. Verpönt, illegal sogar, ist auch das Absperren von Arealen, selbst vor dem

Jütländische Dünenlandschaft

eigenen Ferienhaus; ein schlaffes Tau genügt, um Ärgernis zu erregen.

In diese Sparte fällt ebenfalls der Bau von ***Sandburgen,*** liebste Tätigkeit der Strandgermanen, in der Fachleute sogar psychopathologische Muster zu entdecken glauben. Diese Aktivität ist in Dänemark zwar nicht überall offiziell verboten, aber stellenweise schon und im Dünenbereich immer. Es sind bestimmt nicht nur territoriale Ansprüche der Burgherren - „gehört mir!" - gewesen, die zu diesem Bann führten. Wegen des niedrigen Tidenhubs bleiben die Krümelkonstruktionen nämlich auch bei Hochwasser noch tagelang erhalten und schmücken weiterhin als Stolperfallen den Strand, nachdem der Erbauer schon längst abgereist ist. Auch machen die Dänen, gleich den Holländern, sich prinzipiell nichts aus dem Kult, und es sieht eigentlich recht doof aus, wenn man mitleidig belächelt sein einsames Kastell in die Landschaft schaufelt. Gegen Kinderbuddelei hat natürlich kein Mensch etwas. Eines darf man zumindest am Strand: ***rauchen,*** denn dort gibt es nichts Brennbares.

Dünen

Der gesamte Dünengürtel von Rømø bis Skagen steht unter besonderem ***Naturschutz.*** Zum Land hin ist dieser Bereich durch Pfähle mit einem roten K und einer Krone darüber gekennzeichnet. Vom 1. März bis 31. Oktober ist das ***Rauchen*** (Feuermachen ganzjährig) in Dünen, Waldanpflanzungen und Heidegebieten strengstens verboten. Es sind Ranger unterwegs, die Zuwiderhandelnde an Ort und Stelle mit empfindlichen Geldbußen belegen. Vielleicht ein weiterer Grund zum Abgewöhnen … Falls tatsächlich einmal ein Feuer entstehen sollte, wird vom Verursacher erwartet, dass er Manns (oder Fraus) genug ist, einen beherzten Löschversuch zu unternehmen.

Amtlich wird davor gewarnt, ***Löcher in Dünen oder Steilhänge*** zu graben und in solche Höhlen gar hineinzukriechen. Jedes Jahr werden mehrere Menschen, vorrangig Kinder, verschüttet und ersticken qualvoll unter den Sandmassen.

Verboten sind im Dünenbereich: Das Zerstören, Zertrampeln und Pflücken von Pflanzen; Reiten, Moped- und Autofahren außerhalb öffentlicher Wege; das Wegwerfen von Abfall; das Errichten von Gebäuden, Anlegen von Treppen und das Aufstellen von Bänken, Schildern und Fahnenmasten sowie das Kampieren und das Parken von Campingwagen.

Graben verboten

Thema FKK

Man sollte annehmen, dass man an den Stränden eines so freizügigen Landes wie Dänemark sogar nackicht herumlaufen *muss.* Das ist aber nicht der Fall. Im Gegenteil. Zwar ist das Baden im Lichtkleid nur an wenigen Stellen (per Ausschilderung) direkt verboten - z. B. unmittelbar vor Henne Strand und auf dem Holmsland Klit. Es ist aber nur an wenigen Stellen offiziell erlaubt. Man nehme auf seine Mitmenschen Rücksicht, sagt eine generelle Anweisung. Nicht alle finden Nacktes appetitlich oder eine Überexponierung damit wünschenswert.

Infos zu FKK beim dänische Nackten-Verband:

- ***Dansk Naturist Union,***
Fuglebakkevej 103, 2000 Frederiksberg, www.dansknaturistunion.dk

Nordseewetter

Literaturtipp: *„Sonne, Wind und Reisewetter"* aus der Praxis Reihe des Reise Know-How Verlags.

Der „atlantische Tiefausläufer" ist jedermann ein Begriff, der sich die Wettervorhersage einmal aufmerksam angehört hat. Jütland liegt, wie der gesamte Nordseeraum, im Bereich der so genannten ***Westwindtrift,*** einer Rinne vorwiegend westlicher Winde am Unterrand von ***Tiefdruckgebieten,*** die, vom Atlantik heranwirbelnd, zumeist über die Britischen Inseln und Skandinavien ostwärts ziehen. Da sich die Luftströmung, grob gesehen, gegen den Uhrzeigersinn um ein Tiefdrucksystem dreht, ist bei Annäherung eines solchen an die jütländische Küste zunächst mit südwestlichen Winden zu rechnen. Man kann in diesem Fall seine eigene Wetterprognose stellen, denn man weiß jetzt, dass ein Tief im Anmarsch ist und eine Wetterverschlechterung eintreten wird. Bei weiterem Heranzug des Tiefdrucks werden sich alsbald die Frontensysteme an seiner Bauchseite bemerkbar machen, und zwar mit mehr oder minder dauerhaftem Regen, ausgelöst durch eine

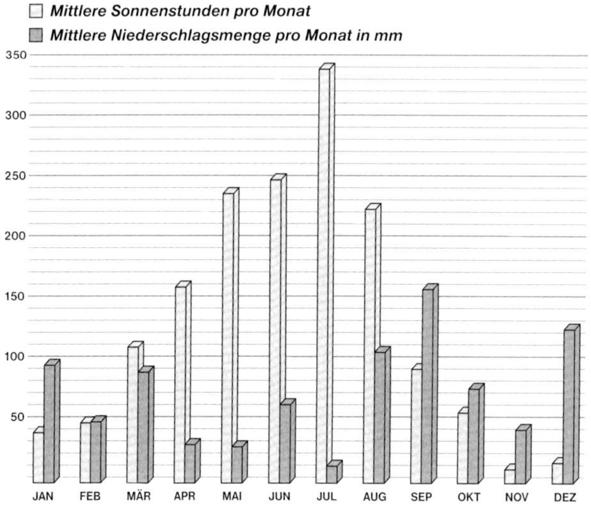
Mittlere Sonnenstunden pro Monat
Mittlere Niederschlagsmenge pro Monat in mm
350
300
250
200
150
100
50
JAN
FEB
MÄR
APR
MAI
JUN
JUL
AUG
SEP
OKT
NOV
DEZ

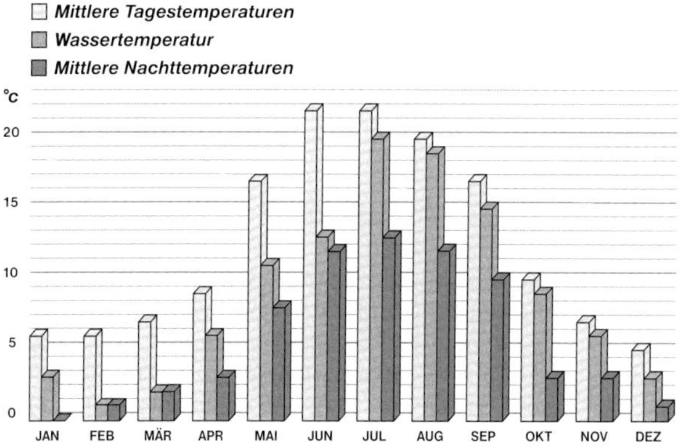
Mittlere Tagestemperaturen
Wassertemperatur
Mittlere Nachttemperaturen
°C
20
15
10
5
0
JAN
FEB
MÄR
APR
MAI
JUN
JUL
AUG
SEP
OKT
NOV
DEZ

Warmfront, und später, nach einem Windsprung auf West oder Nordwest, mit Schauertätigkeit. Gleichzeitig wird es dann klarer und kälter und „besser" - typisches Nordseewetter.

So ist jedenfalls der reguläre Gang der Dinge, auf die man mit Regenkleidung und dickem Pullover im Gepäck vorbereitet sein sollte. Es kann aber auch ganz anders kommen. In den letzten Jahren hat sich immer wieder ein dickes ***Sommerhoch*** über Nordeuropa aufgebaut und dem Nordseeraum gerade dann eitel Sonnenschein beschert, wenn man ihn am heißesten herbeisehnte. Feste Voraussagen von einem Jahr zum anderen lassen sich zwar nicht machen. Doch mit einigem Wunschdenken kann man gewisse Regelmäßigkeiten erkennen, die, womöglich im Gefolge einer allgemeinen Erderwärmung, dort zu immer schöneren Sommern führen, wo einst dauernd die Petersilie verhagelte.

Wettervorhersage

- Unter der (deutschen) Telefonnummer 0190-116053 gibt's von April bis Oktober das ***Wassersportwetter;*** die ***normale Vorhersage*** für Dänemark ist das ganze Jahr unter 0190-116026 zu hören (beide kostenpflichtig).
- In Dänemark ist unter der Nummer 38383663 (0,62 €/Min.) das ***Wetter mit Fahrwasserberichten*** und den weiteren Aussichten für fünf Tage in deutscher und englischer Sprache abrufbar.
- Dänische Wetterberichte werden auf MW 1062 und LW 243 kHz täglich um 15 Minuten vor 6, 9, 12, 18 und 23 Uhr ***gesendet***.
- Internet: www.wetterspiegel.de, www.wetteronline.de

Sonne und See

In dänischen Prospekten findet man nicht das hohe Lied von der ach so gesunden See, das von den weiter südlich lebenden Völkern unermüdlich gesungen wird. Weil die Dänen samt und sonders dicht am Meer wohnen, müssten sie ja alle, streng genommen, vor ***Gesundheit***

Wind und See

Für die Geschwindigkeit des Windes und die daraus resultierende Bewegung und Höhe der See dient international die so genannte ***Beaufort-Skala*** (Bft) als übersichtliche Messlatte. Sie wird auch in Wetterberichten benutzt und gibt mit jeweils nur einer Ziffer eine kompakte Vorstellung von den tatsächlichen Verhältnissen.

Bft	***km/h***	***Wind***	***Zustand der See***
0	< 1	Stille	Spiegelglatt
1	1-5	Leiser Zug	Leicht gekräuselt
2	6-11	Schwache Brise	Kleine, kurze Wellen mit glasigen Kämmen
3	12-19	Leichte Brise	Kämme beginnen zu brechen; mitunter treten kleine weiße Schaumköpfe auf
4	20-28	Mäßige Brise	Wellen werden länger und Schaumköpfe häufiger
5	29-38	Frische Brise	Wellen mäßiger Höhe, aber schon von ausgeprägter langer Form. Überall weiße Schaumköpfe, vereinzelt etwas Gischt
6	39-49	Starker Wind	Wellen bauen sich auf; Kämme brechen und hinterlassen größere weiße Schaumflächen; etwas Gischt
7	50-61	Steifer Wind	Die See beginnt sich zu türmen. Der weiße Schaum der Brecher legt sich in Streifen zur Windrichtung
8	62-74	Stürm. Wind	Mäßig hohe Wellenberge mit langen Kämmen. Gischt beginnt abzuwehen. Ausgeprägte Schaumstreifen in Windrichtung
9	75-88	Sturm	Hohe, „rollende" Wellenberge mit dichten Schaumstreifen in Windrichtung. Beginnende Sichtbeeinträchtigung durch Gischt
10	89-102	Schwerer Sturm	Sehr hohe Wellenberge mit langen, überbrechenden Kämmen. Schweres, stoßartiges Rollen der See. Sichtbeeinträchtigung durch Gischt
11	103-117	Orkanartiger Sturm	Außergewöhnlich hohe Wellenberge. Durch Gischt herabgesetzte Sicht
12	118-133	Orkan	Luft mit Schaum und Gischt angefüllt. See völlig weiß. Jede Fernsicht hört auf

geradezu bersten und dürften nie krank werden. Sie werden es aber. Das Seeklima bringt viele günstige Voraussetzungen mit sich und tut bestimmt dem menschlichen Immunsystem über diverse Anregungen gut, ein Allheilmittel ist es aber nicht. Deshalb wird in Dänemark kein Meerwasser teuer verkauft, von dem man ja jederzeit einen Schluck am Strand nehmen kann, und die einzigen Inhalationsapparaturen für die herbe Seebrise sind die eigenen Lungen, ebenfalls franko. Der Kult mit der ***Kur*** ist den Dänen fremd; überhaupt gibt es ja nirgendwo auf der Welt etwas mit dem öffentlich finanzierten und neuerdings zunehmend in die Schusslinie geratenen deutschen Kurwesen Vergleichbares. Man wird sich deshalb vergeblich nach kostentreibenden Einrichtungen wie Kurhaus, Kurhalle und Kurmittelanstalt umsehen.

Sonne, See und saubere Luft, alles gratis, lassen Allergiker aufatmen, von denen es allein in

Sicherheit zu jeder Zeit

Jedes Jahr ereignen sich an der Nordsee ***Badeunfälle.*** Vielfach, weil Schwimmer ihre Kräfte überschätzen oder mit den Gegebenheiten vor Ort nicht vertraut sind. Das Wasser ist kalt, und es entzieht dem Körper ständig Wärme. Wer auf die offene See hinausgetragen wird, hat in Badekluft selbst im Hochsommer nur ein paar Stunden Überlebenschancen. Lediglich an einer Handvoll dänischer Strände überwachen ***Rettungsschwimmer*** das Badegeschehen, und das auch nur in der Hochsaison. Auf einen „Bademeister" kann man sich ebenfalls nicht berufen; dieser Beruf – das Wort allein! – ist zwar urdeutsch, aber undänisch. Wer wollte 500 km Strand schon gegen Schwimmunfälle sichern? Stattdessen sieht man des öfteren Schilder mit der Aufschrift *Pas på* – pass auf! Auf dich selbst nämlich. Denn das ist in Dänemark viel öfter das Motto als in Deutschland, wo man die Verantwortung für ein Unglück stets bei anderen sucht.

An manchen Stränden, selbst mitten in der Einöde, stehen dreieckige Boxen mit ***Rettungsringen*** und ***Schwimmwesten.*** Man mache Gebrauch davon, wenn Not am Mann ist! Nicht dort baden, wo Schilder (immer dreisprachig) ein ausdrückliches ***Verbot*** aussprechen oder wo ein ***rotes Fähnchen*** flattert! ***Gefährliche Strömungen*** – ganz besonders tückisch an der Nordspitze von Skagen – können den Schwimmer auf Nimmerwiedersehen in tiefes Wasser entführen. ***Kei-***

Deutschland 15 Millionen geben soll. Ganzheitliches **Wohlbefinden** wird durch das Zusammenwirken dieser Elemente erreicht, die manches Hormönchen aus der Reserve locken und somit eine allgemeine Anhebung der guten Laune und, nicht zuletzt, der Libido nach sich ziehen und dieserart eine Kettenreaktion in Gang setzen: Wer *happy* ist, hat schon mal viel für seine Gesundheit getan. Außerdem produziert das ultraviolette Licht der Sonne im Körper lebensnotwendiges Vitamin D, das nach neuesten Erkenntnissen vor Brust- und Dickdarmkrebs schützt – in ausgesprochenen Sonnenländern treten diese Krankheiten kaum auf. Andere Vitamine werden durch Sonnenlicht stabilisiert, mit erhöhter Leistungsfähigkeit des Menschen im Gefolge. Die Strahlung unseres Zentralgestirns ist überdies ein höchst effektives Mittel gegen die Schuppenflechte, an der Millionen von Betroffenen leiden.

ne Luftmatratzen, Aufblastiere und Gummibötchen! Sie segeln mit ablandigem Wind auf die hohe See hinaus und machen erst in England oder Norwegen wieder halt. ***Brandungsbaden*** ist eine feine Sache, doch die Turbulenz einer Brechsee drückt den Ungeübten nach der Faustformel „Wellenhöhe in Meter durch drei = Minuten" immer wieder und zunehmend atemlos unter Wasser und lässt ihn womöglich knochenknirschend auf den Strandboden krachen. Bei ***Wadenkrampf*** im kalten Wasser das betroffene Bein ausstrecken und die große Zehe nach oben ziehen.

Kontakte mit ***Quallen*** sind bei manchen Arten sehr schmerzhaft; allergische Reaktionen machen sie sogar gefährlich. Das Wasser schnellstens verlassen und eventuell anhaftende Tentakelnreste mit spitzem Finger entfernen (nicht mit Sand oder Handtuch abreiben). Die beste Abhilfe schafft Essig – man sollte vielleicht immer ein Fläschchen im Sturmgepäck haben. Auch Urin wirkt lindernd – keine falsche Scham. Ein guter Schutz vorher ist Sonnenöl oder -lotion, dick aufgetragen.

Ein ***unterkühlter,*** bibbernder und blaugesichtiger Schwimmer gehört möglichst umgehend unter eine heiße Dusche. Nicht „Warmlaufen" – dabei gehen weitere Kalorien verloren –, sondern dick einpacken. Auf keinen Fall Alkohol in jeglicher Form verabreichen. Die Ansicht, dass der Stoff von innen her Wärme verbreite, hat sich längst als Mär erwiesen. Das Gegenteil ist der Fall: Alkohol erweitert die Poren und lässt verbliebene Körperwärme geradezu „verdampfen".

Allzuviel ist indes ungesund. Zwar gibt es im Nordseeraum kein „Ozonloch", das der Definition nach ohnehin erst existiert, wenn der Schild aus diesem Stoff zu mehr als seiner Hälfte zerfressen ist. Doch die aktuellen Messwerte geben keinen Anlass zu Sorglosigkeit auf diesem Sektor. Mehr ***schädliche ultraviolette A-Strahlung*** denn je erreicht in unseren Breiten die Erdoberfläche und mithin die ungeschützte menschliche Haut. Die Folge sind tiefsitzende Zellschäden, die zerknitterte Greisengesichter entstehen lassen und eines Tages in Gestalt bösartiger Hauttumoren zum Ausbruch kommen können. In Deutschland werden jährlich rund 30.000 Menschen, Tendenz steigend, vom malignen Melanom befallen, der tückischsten Erscheinungsart des Hautkrebses, mit nicht sehr guten Heilungsaussichten.

Besonders gefährdet sind Kinder wegen ihrer dünneren Haut. Je öfter ein Kind einen ***Sonnenbrand*** bekommt, desto höher ist die Wahrscheinlichkeit einer späteren Erkrankung, die oftmals erst nach Jahrzehnten zum Ausbruch kommt. Anteilig gilt dies natürlich auch für Erwachsene im Spätstadium.

Den so genannten ***Lichtschutzmitteln*** wird ein Blockierungseffekt der schädlichen Strahlung zugeschrieben. Man möge sie dick auftragen; perfekte Immunisierung bieten sie nach Aussagen von Dermatologen jedoch keineswegs. Dieser kommt man eher nahe, wenn man sich zumindest während der intensivsten Strahlungsstunden (von 11 bis 15 Uhr) im Schatten aufhält, auch beim Baden ein T-Shirt trägt und – selbst wenn alles grinst – öfters unter einem Sonnenschirm Zuflucht sucht. Auf diese Weise wird eine allmähliche Konditionierung erreicht, die den besten Schutz darstellt. Der Mahnruf „heute rot, morgen tot!" der Pessimisten hat zwar keine unmittelbare Berechtigung – eine übertragene schon.

Von der deutschen Grenze bis Esbjerg

Überblick

Die Küste zwischen Højer unmittelbar oberhalb der Grenze und Esbjerg, rund 60 km weiter, ist landschaftlich wenig anziehend. Östlich vom Deich dehnt sich die platte ***Marsch,*** seeseitig das größtenteils naturgeschützte ***Watt,*** noch platter. Einen Strand, ein Strändchen eher (4 km x 150 m), mit grobem Sand und seichtem Wasser gibt es bei Emmerlev Klev/Hjerpsted. Wegen der Lage am Nationalpark ist Windsurfen dort verboten.

Geschichtsträchtiges Land; lange wurden hier Grenzen hin- und hergeschoben. Davon merkt man heute nicht mehr viel. An den Heerstraßen von einst reihen sich ***Dörfchen,*** in denen der agrarische Alltag Dänemarks seinen Lauf nimmt; saubergefegte, aber auch, um ehrlich zu sein, nicht sonderlich aufregende Nester. Hier und da gibt es eine Kirche zu inspizieren, deren Turm man sich zum Ziel setzt, womöglich auch ein Schloss, Schackenborg bei Møgeltønder zum Beispiel, wo einst *Prinz Joachim* und seine *Alexandra* glücklich waren (und jetzt geschieden sind), ist sehenswert, aber nicht öffentlich zugänglich. Dann wieder steht vielleicht ein Karton mit Äpfeln am Straßenrand: *Ta' og spis* - nimm und iss. Man muss derlei Charme en miniature lieben - oder lieben lernen –, um sich schon mal auf den Rest Jütlands einzustimmen. Denn weiter oben auf der Halbinsel sieht's jenseits der quirligen Touristik überall so aus: ländlich-sittlich.

„Nimm und iss!"

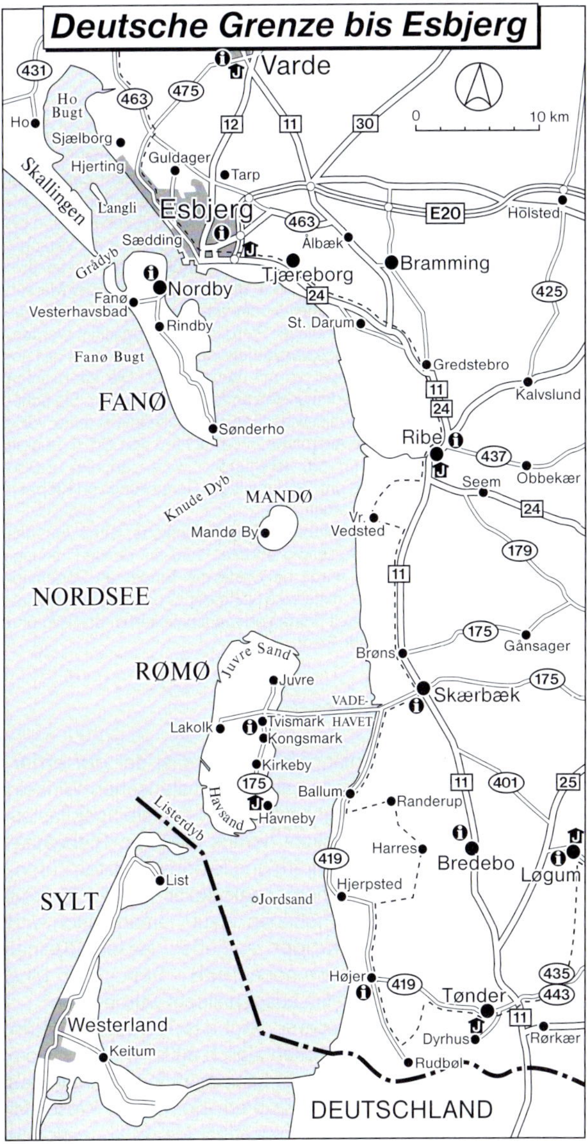
Deutsche Grenze bis Esbjerg
Varde
Ho Bugt
Ho
Sjælborg
Hjerting
Skallingen
Guldager
Tarp
Langli
Esbjerg
Sædding
Grådyb
Ålbæk
Tjæreborg
Bramming
Holsted
E20
Nordby
Fanø Vesterhavsbad
Rindby
St. Darum
Fanø Bugt
FANØ
Gredstebro
Kalvslund
Sønderho
Ribe
Seem
Obbekær
Knude Dyb
MANDØ
Mandø By
Vr. Vedsted
NORDSEE
RØMØ
Juvre Sand
Juvre
Brøns
Gånsager
Skærbæk
VADE-HAVET
Lakolk
Tvismark
Kongsmark
Kirkeby
Ballum
Randerup
Havsand
Havneby
Listerdyb
Harres
Bredebo
Løgum
List
SYLT
Hjerpsted
Jordsand
Højer
Tønder
Westerland
Keitum
Dyrhus
Rørkær
Rudbøl
DEUTSCHLAND
0
10 km

Tønder

Geschichte

Die dänische Aussprache ist „Tönner", und auf deutsch hieß die Stadt, eine solche seit 1243, früher mal Tondern. Den Dänen macht's nichts aus, wenn man das immer noch sagt. Tønder wird „die Hauptstadt der Marsch", auch „Dänemarks ältester Marktflecken" genannt und erlebte zwischen Mittelalter und Renaissance als Verschiffungsort landwirtschaftlicher Produkte eine ausgesprochene Blütezeit. Doch die Überschwemmung der Marsch stellte den Ort immer wieder vor Probleme. Durch Eindeichungen konnte dieser Pferdefuß zwar beseitigt werden, doch in der Folge versandete der Hafen Tønders allmählich, und aus war es mit dem Handel. Die strebsamen Bürger der Stadt mussten andere Wege gehen. Sie schufen mit der schleswigschen Klöppelindustrie eine völlig abweichende Alternative und brachten den Ort zu neuem Wohlstand. Im 18. Jahrhundert waren an die 12.000 Frauen in und um Tønder mit der Herstellung von Klöppelspitzen beschäftigt.

Der langanhaltende deutsch-dänische Streit um das Herzogtum Schleswig endete 1920 mit dessen Teilung. Zwar fiel die nördliche Hälfte mit Tønder an Dänemark zurück. Die unmittelbare Nähe der Grenze und eine deutsche Minderheit prägen aber auch weiterhin das Bild und das Leben der Stadt.

Sehenswertes

Aus der Anfangszeit Tønders ist der ***gut erhaltene Ortskern*** mit vielen malerischen Winkeln und Gassen geblieben. Die kopfsteingepflasterte ***Uldgade*** sticht heraus mit ihren Giebelhäusern, urigen Erkern und feingeschnitzten Türen, und nicht minder spektakulär ist die ***Spikergade,*** gleich nebenan. Kaum jemand auch wird sich den ***Pranger*** entgehen lassen (Kleiner Markt), auf dem noch 1965 - nein, 1865 eine Diebin öffentlich ausgepeitscht wurde.

Wie alles begann, zeigt das ***Tønder Museum*** (Kongevej 55, offen täglich außer Mo), und vom ***alten Wasserturm*** kann man noch einmal alles von oben nachvollziehen. Bei klarem Wetter ist aus der luftigen Höhe sogar die 45 km entfernte

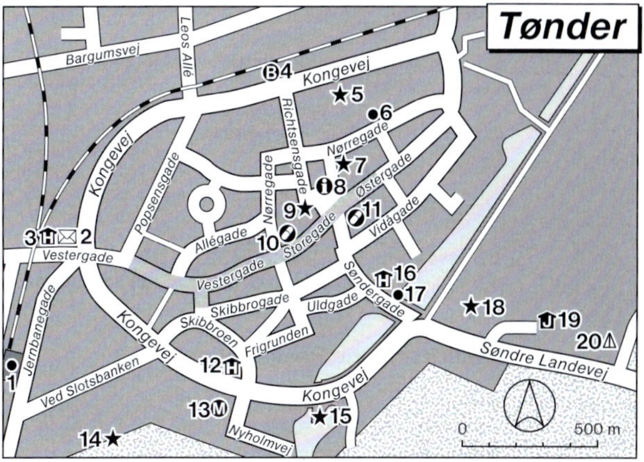

1	Bahnhof	12	Hotel Tønderhus
2	Post	13	Tønder Museum und Sønderjyllands Kunstmuseum
3	Motel Appts.	14	Festplatz
4	Busstation	15	Visemøllen
5	Liebestempel	16	Hostrups Hotel
6	Polizei	17	Leihboote
7	Touristeninformation	18	Tønder Fritidscenter
8	Kristkirke	19	Jugendherberge
9	Pranger	20	Campingplatz
10	Apotheke		
11	Det Gamle Apotek		

Ostküste zu sehen. Einen weiteren Aussichtspunkt, die ***Vongshøj*** mit 62 Metern, gibt es bei Løgumkloster (nordöstlich von Tønder). Auf dem Weg dahin passiert man den ***Draved Skov,*** einen richtigen Urwald, den einzigen in ganz Dänemark mit unverhältnismäßig reichem Vogelleben.

Im unweit gelegenen ***Møgeltønder*** gibt es außer dem erwähnten ***Schloss Schackenborg*** mit „Dänemarks schönster Dorfstraße" und „Dänemarks ältester Dorfkirchenorgel" (1679) zwei lokale Superlative, die man gewiss nicht verpassen sollte. Und auch mal nach der schleswigschen Mettwurst fragen, die absolute Spezialität der Region.

Auskunft

- ***Touristeninformation,*** Torvet 1, 6270 Tønder, Tel. 74721220, Fax 74720900, www.visittonder.dk
Altes Haus aus dem Jahre 1643. Geöffnet Mo-Fr 9-16, Sa 9-12 Uhr, im Sommer etwas länger.

Verkehrsanbindung

- ***Busse*** von und nach Niebüll (D), ca. 1,5 Std.
- ***Bahn*** von und nach Niebüll (ca. 0,5 Std.) und Esbjerg.

Unterkunft und Restauration

Hotel/ Motel

- ***Bowler Inn*** (Motel)€, Ribelandevej 56, Tel. 74720011.
- ***Hostrups Hotel***€€€, Søndergade 30, Tel. 74722129.
- ***Tønderhus***€€€, Jomfrustien 1, Tel. 74722222.

Jugendherberge

- ***Tønder Vandrerhjem „Kogsgården"***€-€€€, Sønderport 4, 6270 Tønder, Tel. 74723500, Fax 74722797. 124 Betten. Offen 1.2.-20.12.
- Eine ***weitere JH*** liegt landein in Løgumkloster.

Camping

- ***Tønder Camping*** am Fritidscenter, 500 m von der Ortsmitte, Tel. 74721849. Auch Hütten.
- ***Møgeltønder Camping,*** Tel. 74738460. Auch Hütten.

Zimmer

- Mehrere Zimmer vermittelt das ***Touristenbüro.***

Gastronomie

- ***Bellissimo,*** Østergade 40. Spezialitäten aus Pizzaland.
- ***Christie's,*** Østergade 52. *J. P. Kolbeck,* einstiger königlicher Hofkoch, wartet Mo-Sa mit königlichen Gerichten auf.
- ***Kino Bar,*** Fußgängerzone. Fastfood.
- ***Kvickly,*** Plantagevej. Fastfood.
- ***Stig's,*** Sønderlandevej 3, von Montag bis Samstag *Christie's* Konkurrenz um Platz 1 in der Stadt.
- ***Torvets Restaurant,*** Storegade 1. Fleisch, Fisch und Salate.
- ***Victoria,*** Storegade 9. Steaks vom Lavagrill und Salate.

Sport

Allgemeines

- ***Tønder Fritidscenter,*** Søndre Landvej 6. Zahlreiche Sportarten einschl. Schwimmen.

Angeln

- Angeln in der Vidå (Wiedau) und ihren Nebenläufen, einem von Dänemarks wasserreichsten Fluss-Systemen. Saison: Mitte Januar bis September. Info: Verkehrsamt.

Golf ●***Tønder Golfklub,*** Tidsholmvej 6, Tel. 74724314. 18 Löcher, Greenfee erfordert die Mitgliedschaft in einem Golfklub.

Kanu ●***Bootsverleih,*** Kanufahren auf der Vidå, *Tønder Kanoudlejning,* Tel. 74724250.

Schwimmen ●***Tønder Hallenbad,*** *Fritidscenter,* Søndre Landevej 6. Dort kann man auch Tennis spielen.

Tauchen ●***Tauchklub Tønder,*** Tel. 40532873. Jeden zweiten Sonntag im Juni und Juli Tauchgänge im Kleinen Belt. Rechtzeitig anmelden!

Wandern ●Im Umfeld der Stadt lassen sich schöne Naturwanderungen unternehmen. Info über Arrangements beim ***Verkehrsamt.*** Begehbar ist auch der Nordseedeich, der sich für eine ausgedehnte Fußtour bis Esbjerg oder kleinere Etappen anbietet.

Unterhaltung

Feste/ Veranstaltungen ●***Antiquitätenmesse:*** 1. April- und 3. Novemberwoche.
●***Tønder Festival,*** Internationales Folkmusic- und Jazzfestival in der Visemøllen (Wassermühle von 1598). Letztes Wochenende im August. Immer gut besucht; mindestens 25.000 Musikfans finden sich alljährlich ein.
●*Det Gamle Apotek* (Die alte Apotheke), Dänemarks größte ***Weihnachtsausstellung:*** 1.10.-31.12.
●***Weihnachtsmarkt:*** 16.11.-14.12.

Touren

Rundflüge ●***Karlog Air,*** Tønder Flugplatz, Tel. 74722655. Mo-Fr 10-20, an Wochenenden 10-18 Uhr.
●Von Zeit zu Zeit Fahrten mit der uralten ***Dampfeisenbahn*** auf der wieder in Betrieb befindlichen Strecke nach Niebüll. Info: Touristeninformation.

Højer

Nach Højer (deutsch: Hoyer) kann man per Ausflugsschiff von List auf Sylt fahren, wobei man vielleicht den einen oder anderen Seehund erspäht, denn die Reise führt dicht am Naturschutzgebiet vorbei. Das Städtchen erfreut mit reetgedeckten Häusern und gepflegten Gärten, und „Nordeuropas größte Holzwindmühle" samt Mühlenmuseum muss man vielleicht auch gesehen haben (geöffnet täglich außer Fr vom 1.4.-31.10.). Aber das wär's dann auch schon.

Zur Gemeinde Højer gehört das Städtchen Rudbøl, hübsch an einem See gelegen und insofern von bescheidenem Ruhm, als hier eine der merkwürdigsten Grenzziehungen Europas stattgefunden hat. Das sagen zumindest die Dänen. Für Deutsche war es ja lange nichts Ungewöhnliches, dass eine Grenze zwischen zwei Staatsgebilden mitten durch einen Ort ging.

Auskunft

- ***Touristeninformation,*** Møllegade 12, 6280 Højer, www.visithoejer.dk, Tel. 74782993, Fax 74782893.

Unterkunft

Jugend-herberge

- Rudbølvej 19-21, Rudbøl, 6280 Højer, Tel. 74738298, Fax 74738035. Schönes altes Haus mit 54 Betten. Geöffnet 1.3.-31.10.$^{€-€€€}$

Rømø

Geschichte

Auf deutsch heißt die Insel Röm; sie ist die größte an der dänischen Nordseeküste und recht jungen geologischen Alters. Wahrscheinlich erst um das Jahr Null nahm die aus den Eiszeiten hervorgegangene Sandbank Inselgestalt an und bildete allmählich Dünenketten und einiges Marschland. Eine zögernde ***Besiedlung*** setzte im frühen ***13. Jahrhundert*** ein. Lange ernährten sich die Insulaner mühsam von der Fischerei und bescheidener Viehzucht, stark erschwert durch immer wieder auftretendes Sandtreiben, ein Naturphänomen, das die Insel stets mehr bedrohte als die See und dessen Gefahren auch heute noch nicht völlig gebannt sind. Rømø ist notorisch unfruchtbar, „eine Wüste", sagen die Dänen.

Dann kam, mit dem ***18. und 19. Jahrhundert,*** das goldene Zeitalter. Die männliche Bevölkerung verdingte sich auf überwiegend deutschen Schiffen als Seeleute, viele wurden auch Walfänger, und einige brachten es bis

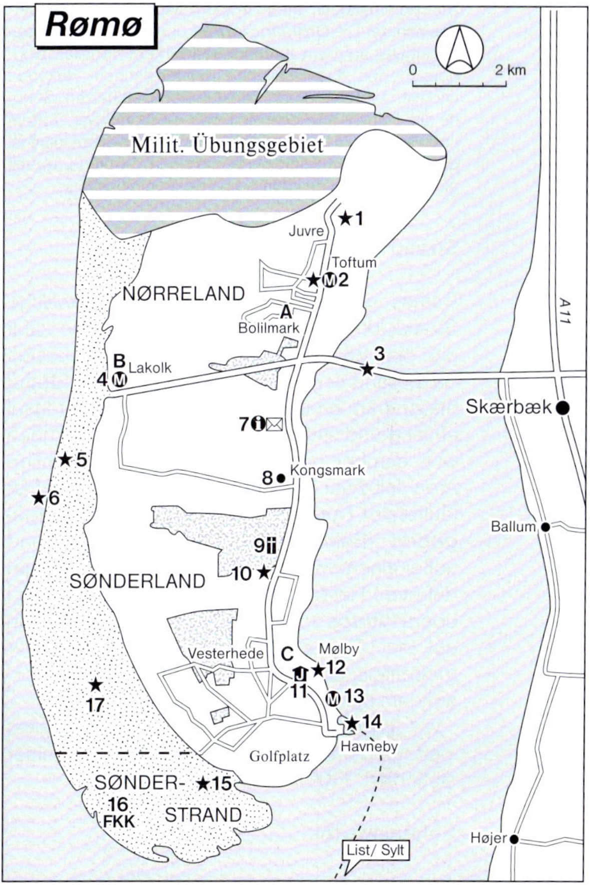

★	1	Walkieferzaun	⌂	11	Jugendherberge
★	2	Kommandørgåde,	★	12	Rømø Sommerland
Ⓜ		Museum	Ⓜ	13	Puppenmuseum
★	3	Rømø-Damm	★	14	Fähr- und Yachthafen
Ⓜ	4	Minimuseum Lakolk	★	15	Strandsegelgebiet
★	5	Autofreie Zone	FKK	16	FKK-Strand
★	6	Windsurfstrand	★	17	Buggy-Strand
ℹ	7	Besucherzentrum Tønnisgård,			
✉		Post	A		Rømø Familiecamping
●	8	Polizei	B		Lakolk Camping
‖	9	Rømø-Kirche	C		Kommandørgården
★	10	Kommandør-Grabsteine			Camping

zum Kommandeur, wie man die Kapitäne dieses Gewerbes nannte. Die ***Grönlandfahrer,*** deren pittoreske Grabdenkmäler auf dem Kirchhof von Kirkeby erhalten sind, bereicherten das Inselleben mit friesischem Kulturgut und, versteht sich, ihren wohlgefüllten Geldkatzen. Schöne alte Häuser aus jener Zeit sind heute in Juvre, Toftum und Vesterhede zu bewundern. Besonders interessant ist der so genannte Kommandørgården in Toftum (s. u.) mit einer Sammlung des dänischen Nationalmuseums.

Strand

Rømøs ganzer Stolz ist indes der gewaltige Strand, der zu den größten der Nordsee zählt und bis 1850 noch überwiegend ein separates Sandeiland war. Heute zieht sich dieser Strand bis zu 4 km breit die ganze Westküste der Insel entlang und steht an beiden Enden sogar noch weit darüber hinaus. Leider ist das prächtige Areal mit zwei kleinen Handikaps behaftet: Der (äußerste) Nordteil ist ***militärisches Übungsgebiet*** (Betreten ganzjährig verboten), und außer einem winzigen (neuerdings etwas ausgedehnten) Rechteck bei Lakolk im Mittelteil sind überall ***Autos*** zugelassen. Trotzdem findet man auf der Riesenfläche (die bei Hochwasser großenteils überflutet wird) stets ein Plätzchen, auf dem man sich allein fühlen kann.

Vor Lakolk findet die meiste Badetätigkeit statt. Im Sommer sind dort Rettungsschwimmer stationiert. FKK ist speziell zugelassen.

Sehenswertes

Ankunftshafen auf Rømø ist ***Havneby,*** ein ziemlich ödes Nest, das aus nicht viel mehr als dem betonierten Fähranleger und ein paar Fischereianlagen besteht. Die anderen Inseldörfer sind etwas ansprechender, verschwinden aber vielfach hinter Dünen und in Wäldchen; kaum erkennt man, wo eines beginnt und aufhört. Der gesamte ***Inselkern*** steht unter Naturschutz. Rømø ist rustikal und ein angenehmer Gegenpol zum eiligen Sylt im Süden, dessen Hauptort

Westerland in einem Rømø-Büchlein sogar als *„mahnendes Beispiel für die Touristenchefs, die behaupten, daß der Tourismus nicht die Landschaft in Mitleidenschaft zieht"*, sehr negative Erwähnung findet.

Bunkeranlage

52 Bunker bauten die Deutschen im Krieg auf Rømø. Die wichtigsten standen – stehen immer noch – getarnt im Tvismark-Wald und tragen zum Teil anheimelnde Namen: Blegs Bunker, Tobruk Nord und Süd, Freyafundament, der gesprengte Bunker, Tropfsteinbunker, Sonnenfleck, Notausgang, zum Kronenjäger, Heidemarie, Gut Versteckt, Düne, Sandflügel, Mammut und Achteck. Im Bereich der befestigten Anlage erhob sich im Krieg das Mammut- und See-Elefant-Frühwarnsystem, ein Funkmessgerät mit über 100 m hohen Antennenmasten, mittels derer u. a. der Einschlagsort von V2-Raketen in England auf den Kilometer genau kontrolliert werden konnte.

Das Betreten der Bunker ist nur im Rahmen von ***geführten Touren*** (über das *Naturzentrum Tønnisgård,* s. u.) möglich.

Hoftüren

Ein Bauernhof ist an und für sich ein recht profanes Objekt. Doch die auf Rømø, vor allem die an der Ostküste, muss man gesehen haben. Als besonders augenfällig wiederum erweisen sich die Türen der Höfe, fast schon „Portale" zu nennen, die in stilistischem Aufwand miteinander wetteifern und in einen lokalen Klassizismus gipfeln, der sich um die Mitte des letzten Jahrhunderts heranbildete. Eine interessante Aufgabe für Hobbyfotografen: Türen knipsen.

Im Nordosten von Juvre kann man auch eine ***Hofumzäunung aus Walknochen*** bestaunen. Holz war früher Mangelware auf der Insel.

Kommandørgården

Dieser Hof aus dem Jahre 1748 zeugt von dem Wohlstand, den der Walfang damals mit sich brachte. Zwar sehen die vornehmen Stuben mit ihren Delfter Kacheln wie möblierte Badezimmer aus, aber geflieste Wände schätzte man damals

Typisches Rømø-Haus

halt. Das Haus ist täglich außer Mo vom 1.5.-31.10. geöffnet.

Gleich daneben steht Dänemarks kleinste ***Zwergschule*** von 1784.

Museen

Im ***Mini-Museum*** in Lakolk lässt sich die Entstehungsgeschichte der Insel verfolgen, allerdings nur im Sommer.

Das ***Mechanische Puppenmuseum*** (Mølby, nahe der JH) zeigt allerlei Puppiges aus 150 Jahren. Ganzjährig ab 10 (Winter 11) Uhr geöffnet. Unorthodox: *„Besucher dürfen sehr gerne mitgebrachtes Essen verzehren!"*

St.-Clemens-Kirche

Die St.-Clemens-Kirche Kirkeby stammt aus ungefähr dem Jahr 1200, wurde im 17. Jahrhundert ausgebaut und weist einige schöne ***Schiffsmodelle*** aus der Zeit des Walfangs auf - „hübsche Kirchenschiffe", sagt die dänische Broschüre. Sehenswert auch der ***Kirchhof*** mit den alten Kapitänsgräbern und denen von deutschen und englischen Piloten, die im Krieg fielen. Die Besichtigung der Kirche (Di-Fr 8-16 Uhr) ist kostenlos. Di und Do finden im Sommer ***Konzerte*** statt, jeweils um 20 Uhr.

Auskunft

- ***Touristeninformation Rømø,*** Havnebyvej 30, 6792 Tvismark, Tel. 74755130, Fax 74755031, www.romo.dk, ganzjährig geöffnet, im Sommer auch sonntags.

In der Kirche von Rømø

- Dasselbe Haus beherbergt das ***Naturzentrum Tønnisgård,*** Tel. 74755257.

Verkehrsanbindung

Anreise

- Man erreicht Rømø entweder per Auto oder Bus über den 1948 fertiggestellten, 9 km langen ***Festlandsdamm.*** Kundige Automobilisten nutzen diese Route, um nach Sylt zu fahren, denn sie ist billiger und unkomplizierter als der Autozug nach Westerland.

  Ausgangspunkt für Rømøfahrer im ***Bus*** ist der Ort Skærbæk, und von dort gibt es wiederum Verbindungen nach Åbenrå/Rødekro sowie eine Eisenbahnstrecke nach Esbjerg.
- Eine andere Alternative, zumindest für Nichtautomobilisten, ist die Anreise per ***Fähre von Sylt.*** In der HS gibt es bis zu 14 tägliche Abfahrten von List. Infos dort unter Tel. 04651/870475 oder romo-sylt@post12.tele.dk.

Fortbewegung auf Rømø

- ***Busse*** verkehren auf der Längsachse der Insel und nach Skærbæk, dort gibt es eine Bahn nach Esbjerg oder Tønder.
- Sehr zu empfehlen sind ***Leihräder.***
- Die weitgehend im Naturzustand belassenen ***Wanderwege*** auf Rømø sind für Rollstuhlfahrer und Kinderwagenschieber nicht geeignet.

Unterkunft und Restauration

Hotels/ Pensionen

- ***Færgegården***€€€€, Havneby, Tel. 74755432.
- ***Feriecenter Danland Rim***€€, Havneby, Tel. 74755775. Appartements.
- ***Feriecenter Rømø Strand***€€€, Havneby, Tel. 74755066. Appartements.

- ***Ferienanlage Genz***€€€, Kongsmark, Tel. 74755401.
- ***Hotel Lakolk***€€, Lakolk, Tel. 74755145.
- ***Hotel Rømø***€€, Kongsmark, Tel. 74755214.
- ***Kommandørgården***€€€€, Mølby, Tel. 74755122. Wohnungen.
- ***Motel West***€€€€, Havneby, Tel. 74755109.
- Außerdem gibt es fünf Hotels in ***Skærbæk.***

Bed and Breakfast

- ***Bauernhöfe***€€: über die Touristeninformation.
- ***Garni***€, Nørre Frankel 15, Tel. 74755480.
- ***Hos Inger og Bent***€, Havnebyvej 110, Tel. 74755106.

Ferienhäuser

Etwa 1300 Einheiten gibt es auf Rømø.

- ***Rømø Turistbureau,*** Tel. 74755130, Fax 74755031.
- ***DanCenter,*** Skærbæk, Tel. 73753011.
- ***Dansk Familieferie,*** Tel. 74755566.
- ***Rømø Holidays,*** Tel. 74755275.

Camping

- ***Kommandørgården,*** Havnebyvej 201, Mølby; Tel. 74755122. 550 Stellplätze, 13 Hütten; Wohnwagen. Solarbeheizter Pool, Tennis, Minimarkt und -zoo, Kinderdisko, Spielplätze. An der Wattenmeerseite gelegen.
- ***Lakolk Camping*** (Lakolk), Tel. 74755228. Auch Hütten und Wohnwagen. Unmittelbar am Strand gelegen; kinderfreundlich. Offen 22.3.-20.10.
- ***Rømø Familiecamping,*** Vestervej 13 (Toftum), Tel. 74755154. 300 Stellplätze. Auch Hütten (16 Einheiten für je 4 Personen). Naturschönes Gebiet im Norden der Insel. 3 km vom Strand. Offen 22.3.-29.10.

Jugendherberge

- ***„Poppelgården"***€-€€€, Lyngvejen 7, 6792 Havneby, Tel. 74755188. Umgewandelter Bauernhof mit 91 Betten. Recht gemütlich. Offen 15.3.-30.10.

Gastronomie

- ***Bella Italia,*** Lakolk. Rømøs erster Italiener im Alphabet. Suppen, Steaks, Eis.
- ***Buena Sera,*** Lakolk. Der zweite Italiener, Pizzen und vieles mehr.
- ***Café Midtpunkt,*** Lakolk. „Spannende" Gerichte, darunter „gebratene Rippe nach altem Rezept".
- ***Europa,*** Havneby. Der dritte Italiener. Pizzeria und griechische Spezialitäten.
- ***Jette:*** Im *Havneby Kro.* „Leichte moderne Küche mit ausgesuchten Weinen". Bar *Edvin,* dazugehörig, wurde Stück für Stück aus Frankreich importiert.
- ***Kommandørgården, Mølby***. Barbecues, Lamm, Seafood. Freitags großes Fischbuffet. Minizoo und Kinderdisco.
- ***Otto & Ani's Fisk,*** Havneby. Am Hafen. Fisch satt.

• ***Restaurant Fisk Bøf,*** Vestergade 6, Havneby. Wie der Name sagt: Fisch und Beef.
• ***Restaurant Rømø,*** Kongsmark. Spannende Menüs in spannender Umgebung! Preiswerter Mittagstisch.
• ***Rim,*** Vestergade 159. Auch hier spannende Menüs und (in der HS) „unwahrscheinlich populäres Essen"!
• ***Rømøpigernes Fiskerestaurant,*** Havnevej 1. Das „Fischrestaurant der Rømø-Mädchen" heißt das, und damit ist schon alles gesagt.

Sport

Angeln

• ***Auf der Insel:*** Angeln an der Wattenmeerküste ist untersagt (außer von der Hafenmole in Havneby), weil das Gebiet unter Naturschutz steht.
• ***Um Skærbæk:*** Brede Å, Brøns Å und Renbæk Angelsee.
• ***Info und Angelscheine*** gibt es auf den Verkehrsämtern Rømø und Skærbæk.

Golf

• ***Platz mit 18 plus 9 Löchern,*** Skansen 12, Havneby, Tel. 51507202.

Reiten

• ***Rømø Isländer Center*** im Kommandørgården, Havnebyvej 201, Tel. 74755122, www.kommandoergaarden.dk
• ***Rømø Ranch,*** am Strand von Lakolk, Tel. 74755411, www.romoranch.dk, April bis Oktober.
• ***Thomsens Pferdepension,*** Vråbyvej 9, Tel. 74756880.

Schwimmen

• ***Feriecenter RIM,*** Vestergade 159. Täglich 9-18 Uhr.

Segeln

• Der einzige ***Yachthafen*** ist Havneby, wo es an Schwimmstegen Plätze für Gastboote gibt. Ortskundige Segler sind von diesem eckigen Betonbecken nicht sehr begeistert.

Strandsegeln

• Nur erlaubt auf dem ***Südstrand*** (unterhalb der Zufahrt). Eine Pfahlreihe bildet die Grenze. Besonders beliebt ist auf Rømø auch das Fahren mit ***Drachen-Buggies.*** Manche Sportfreunde reisen mit schwerem Gerät an, um auf dem Strandsegelgelände schirmgetrieben loszubrettern.

Weiterhin vorgeschrieben: Haftpflichtversicherung ggü. Dritten, Fahren nur bei Tageslicht, nicht näher als 20 m vom Wasser, kein Parken in den Dünen.

Tennis

• ***Ferienzentren*** *Rim* und *Rømø Strand* (Havneby).
• ***Hotel Kommandørgården*** (Mølby).
• ***Tennisklub Skærbæk*** auf dem Festland.

Windsurfen

• Nur zugelassen innerhalb des kleinen Areals südlich der autofreien Zone.

Unterhaltung

Tanzen

- ***Disco Make Up,*** Lakolk. 22.30-4 Uhr (Sommer).
- ***Disco Pink Cadillac,*** Lakolk. 22-3 Uhr (Sommer).
- ***Kinderdisco,*** Mi und So im Kommandørgården Mølby.

Sonstiges

- ***Sommer- & Badeland;*** großformatiger Amüsierbetrieb in Mølby.

Fest

- ***Drachenfestival;*** 1. Septemberwoche.

Touren

- Das ***Naturzentrum Tønnisgård*** geht rund 350mal im Jahr auf ***Tour:*** Wattwanderungen, Bunker-, Pferdewagen-, Fahrrad-, ornithologische und andere Unternehmungen zum Preis von 20-40 dkr pro Teilnehmer sind im Programm. Oder wie wär's mal mit einer spannenden Fischdissektion: „Wir schneiden einen Fisch auf und sehen, woraus er besteht" - siehe das Angebot der Woche!
- Die ***Rømø-Sylt-Linie*** bietet im Sommer einiges an ***Tagesfahrten*** und ***Abendprogrammen***. Info Tel. 73755303.

Gestrandete Wale

Im ***März 1996*** kam es auf Rømø zu einem ungewöhnlichen Ereignis. 16 riesige ***Pottwale*** trieben im nördlichen Bereich des Strandes an. Die Tiere, allesamt jung und männlichen Geschlechts, maßen zwischen 12 und 13 Metern und wogen bis zu 25 Tonnen pro Exemplar. Sie waren schon mehrere Tage tot.

Es war die größte Walstrandung in der Geschichte Dänemarks und die zweitgrößte in Europa, nur übertroffen von 18 Pottwalen, die 1723 in der deutschen Elbmündung aufs Trockene gerieten. (Es handelt sich jedoch keineswegs um die größte der Welt. Diese fand 1946 im argentinischen Mar del Plata statt, als 835 Tiere strandeten.)

Auf Rømø fanden sich Scharen von Schaulustigen ein, zum Teil von weither. Die meisten fuhren mit dem Auto vor, auf Rømø darf man's ja, und begutachteten das Spektakulum vom Spontanparkplatz am Strand aus. Auch wurden viele Safaribilder gefertigt - Fuß auf dem zerfließenden 25-Tonnentier, dahinter kühn der Geländewagen -, bevor man die Kadaver zerlegte und einer Verbrennungsanlage zuführte. Ein Skelett und ein Schädel verblieben auf der Insel; sie sind heute - im Kommandørsgård bzw. im Naturzentrum Tønnisgård zu besichtigen.

Weshalb genau ***Wale stranden,*** ist nicht bekannt. Schon *Aristoteles* zerbrach sich den Kopf darüber, kam aber zu keinem rechten Schluss. Bei den Rømø-Walen vermutete man, dass sie „höchstwahr-

Mandø

Knapp 10 km nördlich von Rømø liegt dieses originelle Robinson-Inselchen einsam im Wattenmeer. Mandø (Manö auf deutschen Karten) ist 7,5 qkm groß und von 75 Einwohnern besiedelt. Ein Damm von 6 km Länge führt hin; dieser *Låningsvej* ist jedoch so niedrig, dass er bei Hochwasser überflutet wird. Ein Stückchen südlich verläuft parallel dazu der *Mandø Ebbevej,* nur eine Trasse im Sand. Auf dem *Låningsvej* bei Niedrigwasser mit dem Auto hinüberzufahren, ist zwar möglich, wird aber weder empfohlen noch gern gesehen. Außerdem hat das winzige, von einem 8 km langen Seedeich umgebene Eiland kaum Platz für Kraftwagen.

Man kann zu Fuß hinüberwandern oder sich dem *Mandø-Bus* anvertrauen, einem bedächtigen Traktor mit hochbeinigem Anhänger.

scheinlich die Orientierung im flachen Gewässer nordwestlich der Insel verloren und starben". Aber so einfach machen es sich rechte Walforscher nicht.

Unklar ist, warum Wale immer an Stränden anlanden und nie an anderen Küsten. Sollte Absicht dahinterstecken? Der amerikanische Wissenschaftsautor *Richard Ellis* hält es für einleuchtend, dass kranke Tiere flache Strände aufsuchen, um dort ohne die Qual des Ertrinkens zu verenden. Die Herde folgt dem sterbenden Tier, entweder um es zu „trösten" oder zu beschützen und geht dabei, gewollt oder ungewollt, selbst zugrunde.

Persönlich befürworte ich eine andere Möglichkeit, die eine ausschließliche Anlandung an Stränden erklärlich machen könnte. Das „Verlieren der Orientierung" spielt dabei in der Tat eine Rolle. Bei manchen Meerestieren hat man nämlich beobachtet, dass das Eindringen von Sandkörnern in gewisse Kopforgane unter bestimmten Bedingungen zu Beeinträchtigungen der Navigationssysteme führt. Nicht durch mechanisches Versperren à la „Sand im Ohr", sondern durch die Bewegungen der Körner im System. Vielleicht ist es bei den Walen auch so. Keineswegs will ich damit eine Hypothese in die Welt setzen - nur die Überlegung möchte ich mal im Raum stehen lassen.

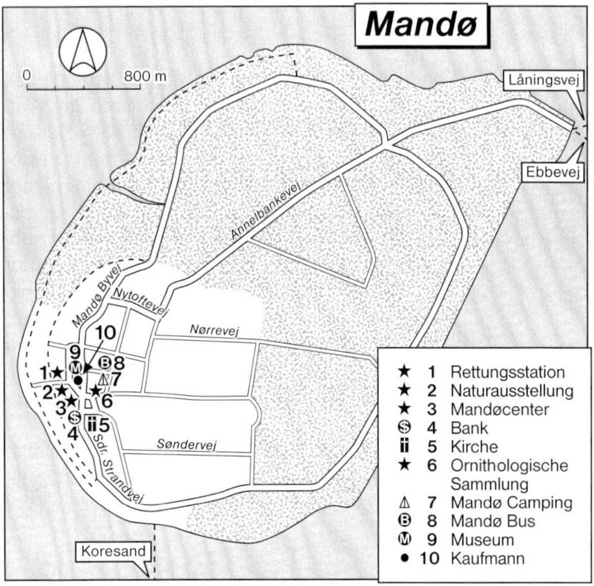

Trotz dieser eher schwierigen Bedingungen ist auf Mandø so ziemlich alles vertreten, was das Herz und andere Organe begehren - sogar eine öffentliche Toilette, ganz zu schweigen von Post, Bank, Arzt, Kaufmann und Restauration. Auch an Leihfahrräder hat man gedacht.

Auskunft

- ***Touristeninformation Ribe*** (s.u.), auch Tidenkalender, wichtig!
- ***Postadresse:*** Mandø, 6760 Ribe.

Verkehrsanbindung

- Der ***„Mandø-Bus"*** verkehrt vom 1.4. bis 30.9. nach festem Fahrplan über den *Ebbevej* mit dem Festland, ansonsten nach Absprache. ***Startpunkt:*** Vester Vedsted bei Ribe; ***Kosten:*** Erw. 60 dkr, Kinder (bis 12 Jahre) 30 dkr für Hin-und Rückfahrt; ***Info:*** Æ Towt 16, Tel. 75445107, www.mandoetourist.dk

Unterkunft

Ferienwohnung ●***Mandø Kro***€€, Tel. 75446083.

Pension ●***Pension Mandøcentret***€€€, 12 DZ, Tel. 75445354.

Ferienhäuser ●***Mandø Brugs,*** Tel. 75445102.
●***DanCenter,*** Tel. 74756181.

Camping ●***Mandø Camping,*** Tel. 75445102. Vorbestellung wegen des begrenzten Platzes unbedingt erforderlich.

Touren

●***Wattwanderungen*** und ***Touren zum Koresand*** südwestlich der Insel: Tel. 75446161 oder -5157.

Ribe

Geschichte

Lange galt Ribe als Dänemarks älteste Stadt. Dann fand man bei Bauarbeiten Münzen aus dem Jahre ***705 n. Chr.*** - und flugs wurde die Stadt zur ältesten ganz Skandinaviens ausgerufen! Ob das auch seine Richtigkeit hat, sei dahingestellt, aber auf jeden Fall war Ribe bereits vor der ersten Jahrtausendwende der ***wichtigste Handelsplatz im südjütländischen Küstenbereich,*** dessen Wert sogar die Wikinger zu schätzen wussten, denn sie verhielten sich dort artig. Im ***12. Jahrhundert*** blühte Ribe mächtig auf und entwickelte sich, so die Annalen, zu „Dänemarks Tor nach Westeuropa". Nach der Reformation verblich der Glanz jedoch. Erst gegen die ***Mitte des 17. Jahrhunderts*** fanden Handel und Wandel andere Routen. Der Fluss, der Ribe bis dahin mit der Nordsee verbunden hatte, begann zu versanden, und es war vorbei mit der Pracht. Aus dem Mittelalter sind nur noch wenige Bauten erhalten, darunter die beiden Kathedralen. Die meisten Gebäude Alt-Ribes stammen aus dem 17. Jahrhundert; sie wurden neu gebaut, nachdem ein ***Großfeuer 1580*** die Stadt eingeäschert hatte. Der Grundriss Ribes blieb jedoch der alte, und auch das Rathaus von 1496, Dänemarks ältestes, steht noch. Heute ist das im 16. Jahrhundert renovierte Gebäude ein Museum (geöffnet 13-15 Uhr).

Ribe
RIBERHUS SLOTSBANKE
Erik Menvedsvej
Grønnegade
Slotsgade
Sct. Clemens Gade
Kongensgade
Sct. Laurenti Gade
Korsbrødregade
Præstegade
Albert Skeelsgade
Grydergade
Nygade
Gråbrødregade
Skolegade
Skovgade
Sønderportsgade
Holmevej
Sviegade
Puggårdsgade
Gravsgade
Kirkegårds Allé
Tøndervej
Ringvejen 11 - 24
Damvej
Stampemøllevej
0
200 m
Haulundvej
Vester Vedsted Mandø
Haderslevvej 24
Ribe Vikingecenter 1 km
3

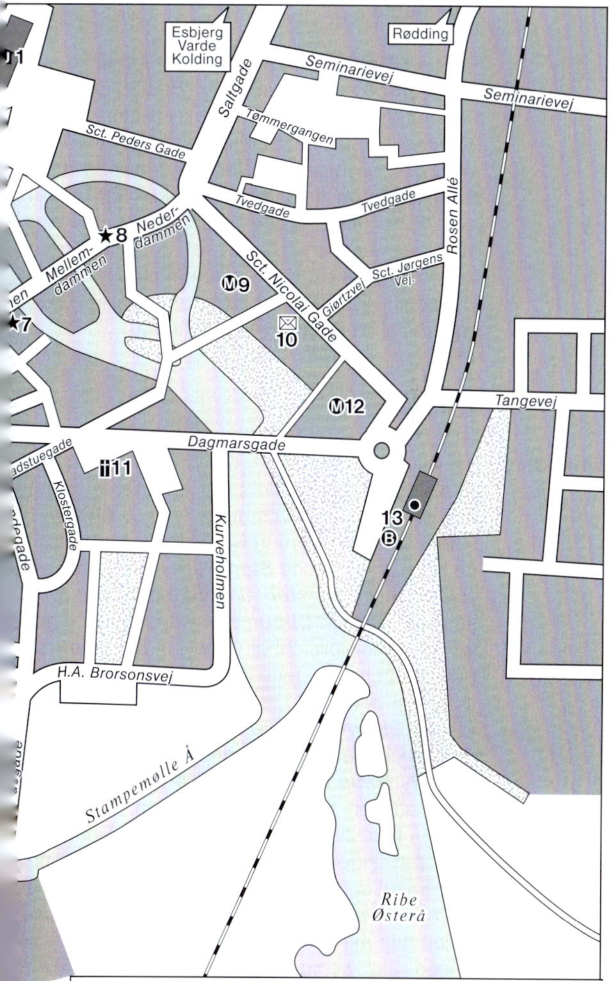

1	Jugendherberge	
★	2	Sturmflutsäule Skibbroen
3	Dom von Ribe	
4	Touristeninformation	
★	5	Rathaus von 1600
6	Hotel Dagmar	
★	7	Quedens Gård
★	8	Fußgängerzone
9	Kunstmuseum	
10	Post	
11	Sct. Catharinæ Kirke	
12	Wikingermuseum	
13	Bahnhof und Busstation	

Bis Esbjerg

Ribe heute

Schon 1899 begann man in Sicht auf späteren Fremdenverkehr mit der Pflege des Stadtbildes. Die Rechnung ist aufgegangen. Als eine der mit Abstand schönsten Städte ganz Nordeuropas mit ***über einhundert denkmalgeschützten Baulichkeiten*** (nur Kopenhagen hat mehr) zieht Ribe heute große Besucherscharen an. Auch wer nur nach Jütland reist, um sich an den Strand zu packen, sollte einen Abstecher in die idyllischen Gassen und Fachwerkhäuser Ribes unbedingt ins Programm aufnehmen.

Sehenswertes

Innenstadt Ich will es mir versagen, die einzelnen Baulichkeiten Ribes im Baedekerstil aufzulisten, denn der Besucher der Stadt möge auch noch etwas zu entdecken haben. In weniger als einer Stunde ist der malerische ***Stadtkern*** bewältigt, man wird ***Fisker-, Kloster-*** und ***Skolegade*** sowie auch die ***Kølholt Slippe*** besonders hübsch gefunden, sich vielleicht ein wenig in die ***Skibbroen*** verliebt haben, eine Kaianlage aus alter Zeit. Dort, bei der Nr. 19, steht übrigens die so genannte ***Sturmflutsäule*** und dokumentiert eindrucksvoll die Wasserstände früherer Landunter. Das ***Haus der „Hexe" Maren Spliid*** darf man natürlich auch nicht verpassen. Aber trotz großen touristischen Andrangs in den Sommermonaten findet man an der ***Vesterå,*** die Ribe durchzieht und dann zur ***Østerå*** wird, immer ein Plätzchen, wo man sich von der Kulturtour ausruhen und mit der mittelalterlichen Szenerie vor Augen ein wenig ins Tagträumen versinken kann.

Schön wär's nur, wenn es den Einheimischen eines Tages gelänge, den alten Stadtkern gänzlich von Kraftfahrzeugen zu befreien, damit die Tagträume auch wirklich authentisch bleiben. Es gibt zwar eine Fußgängerzone; sie ist jedoch

Dom von Ribe

nur in der Hauptsaison eine solche, und um den alten Dom brummt der Verkehr das ganze Jahr hindurch - dänisches Freiheitsbewusstsein am falschen Ende.

Kirchen

Der gewaltige ***Dom von Ribe*** beherrscht Ribes Panorama. Schon aus der Ferne auffallend ist der eigentümliche, flache „Bürgerturm", 52 m hoch und besteigbar. Der „Zwilling" dieses Turms kollabierte im Dezember 1283. Zahlreiche Teilnehmer der Weihnachtsmesse starben unter den Trümmern; man baute den Turm danach nicht wieder auf. Mit der Konstruktion des fünfschiffigen Doms, des einzigen dieser Art in Dänemark, wurde gegen die Mitte des 12. Jahr-

Riberhus Slotsbanke

hunderts begonnen; Material dafür schaffte man vor allem aus der Vulkaneifel herbei. Im Innern der Kirche befinden sich die Grabmale von einigen der wichtigsten Persönlichkeiten des dänischen Reiches und der älteste Nachruf Skandinaviens aus dem Jahre 1231.

Zugang zur Kirche und zum Turm (5 dkr) nur, wenn keine Andachten stattfinden.

Anno 1228 entstand das wuchtige Bauwerk der ***Sct.-Catharinæ-Kirche,*** stürzte jedoch einige Zeit später ein - der Untergrund war zu weich. Das heutige Kirchengebäude stammt aus dem 15. Jahrhundert.

Riberhus Slotsbanke

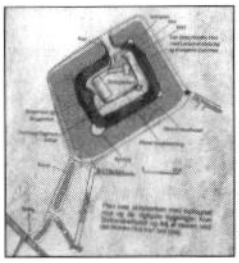

Die königliche Burg stammt aus dem 16. Jh. wurde jedoch im 17. Jh. wieder geschleift. Erst Anfang der 1940er Jahre ließ man die beeindruckende Anlage, die nordwestlich vom Dom, am Rande der Altstadt liegt, archäologisch aufarbeiten und restaurieren. Dabei wurde Ribes mittelalterliche Geschichte besonders hervorgehoben.

Markttag

Im Sommer jeden Mi 9-15 Uhr an der ***Skibbroen,*** stets eine sehr farbige Angelegenheit.

Museen

•***Kunstmuseum,*** Sct. Nicolaigade 10. Klein, aber fein. Ribes Kunstmuseum gilt unter Kennern als Perle unter den vielen Museen dieser Kategorie in Dänemark. Die Exponate umfassen

An der Skibbroen

Werke aus zwei Jahrhunderten (1750-1950), wobei in Sicht auf die damalige politische Situation auch deutsche und französische Einflüsse spürbar sind. Gut vertreten ist das als Goldenes Zeitalter der dänischen Kunst bezeichnete Biedermeier der ersten Hälfte des 19. Jahrhunderts. Das Kunstmuseum ist ganzjährig außer im Januar geöffnet.

•***Quedens Gård,*** Overdammen 10, ist ein vierflügliges Fachwerkhaus von 1583; der Anbau ist 200 Jahre jünger. In ihm stellt das ***Stadtmuseum*** u. a. aus, was seinerzeit zum Leben eines gutsituierten Kaufmanns gehörte. Täglich, im Winter nicht am Mo, geöffnet.

•***Ribes Vikinger,*** Odins Plads (dicht beim Bahnhof): Alles über das Leben zu Zeiten der Wikinger einschließlich eines kompletten Lang-

Beschauliche Gassen

bootes. Außerdem ein Querschnitt durch die Geschichte des mittelalterlichen Ribe und ein Shop mit *Tourist Art.* Ganzjährig täglich (außer Mo im Winter) geöffnet. Eintritt 50 dkr (Kinder 20 dkr), nach Wikingermanier.

• ***Ribe Vikingecenter,*** Lustrupvej 4: Ein regelrechtes Wikingerdorf mit allem Drum und Dran ist 2 km südlich der Stadt entstanden. Auf dem Marktplatz, dem Jahre 720 nachempfunden, trifft man auf olle Handwerker und im Gutshof daneben sogar auf richtige Sklaven und, kaum zu glauben, auf eine „lärmende Gans"! Weitere Teile werden noch gebaut, und man kann den Werkmännern dabei zusehen. Das kostet genauso viel wie im Museum, also nicht wenig. Das Dorf ist von Anfang Mai bis Mitte Oktober geöffnet.

• ***Spielzeugmuseum,*** Von Støckens Plads 2: Entwicklung von Spielzeug von der Mitte des 19. Jahrhunderts bis zur Neuzeit; mehrere tausend Exponate. Hier ist endlich mal ein Museum, in dem man nicht nur Geld los wird: Ribes *Legetøjsmuseum* kauft auch alte Spielsachen auf, selbst beschädigte, und zahlt richtige Kroner dafür! (Tel. 75411440). Im Sommer täglich geöffnet, im Winter Fr-Sa geschlossen.

Im Wikingerdorf

Auskunft

● ***Touristeninformation,*** Torvet 3-5, 6760 Ribe, Tel. 75421500, Fax 75424078, www.ribetourist.dk; in der HS täglich, sonst Mo-Sa 9-18 Uhr offen.

Verkehrsanbindung

● ***Busse und Züge*** nach Esbjerg und Tønder.

Unterkunft und Restauration

Hotels

● ***Backhaus***[€€€], Grydergade 12, Tel. 75421101. Kleines, altes Hotel mit nur 9 Betten.
● ***Dagmar***[€€€€€], Torvet 1; Tel. 75420033. Ribes erstes Hotel am Platze und Skandinaviens ältestes (aus dem Jahr 1581). 100 Betten. Familienzimmer[€€€€€].
● ***Den Gamle Arrest***[€€€€], Torvet 11; Tel. 75423700. Früheres Gefängnis (1893-1989); heute ist die Brautsuite besonders beliebt; karges Ambiente.
● ***Fru Mathies***[€€€€], Saltgade 15; Tel. 75423420. Gemütlicher Altbau (12 Betten) 150 m von Ribes Fußgängerzone. Familienzimmer[€€€€€].
● ***Kammerslusen***[€€€], Bjerrumvej 30 (am Seedeich); Tel. 75422932. Kleiner Hotelkomplex (8 Betten) direkt am Wattenmeer.
● ***Weis Stue,*** Torvet 2; Tel. 75423420. 9 Betten. Preise auf Anfrage.
● Mehrere ***weitere Hotels*** in näherem Umkreis Ribes.

Ferienhäuser

● ***Storkesøen,*** Haulundvej 164; Tel. 75410411. 18 Nurdach-Häuser, 1,5 km außerhalb der Stadt.
● ***Ribe Byferie,*** Tel. 79887988. Originelles Ferienhauskonzept mitten in der Stadt (5 Minuten vom Dom). 94 Einheiten auf engem Raum.

Camping

● ***Ribe Campingplads,*** Farupvej 2; Tel. 75410777. 210 Stellplätze; auch Hütten (16 Einheiten) und Wohnwagen. Ruhige Lage, ca. 1,5 km zur Stadt.
● ***Villebøl Kongeå Camping**,*** Villebøl; Tel. 75437104. Am Fluss, 12 km von Ribe. 40 Stellplätze plus Hütten. Offen 7.4.-22.10.

Jugendherberge

● Sct. Pedersgade 16, 6760 Ribe, Tel. 75420620, Fax 75424288, www.danhostel-ribe.dk; 152 Betten,geöffnet 1.2.-30.11.[€-€€€]
● Eine weitere JH liegt landein in Enderupskov (Gram).

Gastronomie

- ***Café Grillen,*** Saltgade 7. Lunch und Dinner zu zivilen Preisen.
- ***Café Nikolai,*** Sct. Nicolaigade 6. *Hyggelig gammel have ned til åen:* „Gemütlicher alter Garten unten an der Au", heißt das.
- ***Firenze,*** Skolegade 6. „*Exiting restaurant in Ribe* - auslaufendes Modell", sagt ein hübscher Schnitzer in Ribes englischsprachiger Broschüre. Aber die Pizzeria „mit 74 Gerichten" bleibt der Stadt wohl erhalten.
- ***Kvickly's,*** Seminarievej 1. Nomen est omen: Fastfood.
- ***Peking Grill,*** Nederdammen. Ribes Chinese mit vernünftigen Preisen.
- ***Pinocchio,*** Overdammen 7. Auch hier 74 italienische Gerichte - Zufall?
- ***Strygejern*** („Bügeleisen"), Dagmarsgade. Lustiger Pub.
- ***Sælhunden,*** Skibbroen 13. Im „Seehund" gibt's natürlich vor allem Fisch, aber auch prima Bratkartoffeln mit Krabben und Rührei.
- ***Vægterkælderen,*** Torvet 1. Keller des Hotels *Dagmar.* Feine Fisch- und Fleischgerichte und edle Weine.

Sport

Angeln

- Zahlreiche Möglichkeiten im nahen Umfeld Ribes: Vesterå, Gelså, Kongeå, Sneum Å und Holsted Å. ***Info*** und ***Angelkarten*** (ca. 350 dkr/Woche) beim Verkehrsamt und bei *Ribe Sport* am Nederdammen.
- Alljährlicher ***Angelwettbewerb*** am 2. Septemberwochenende in der Vesterå mit Preisen von 20.000 dkr.
- ***Angeltouren*** auch mit *Allan Dinesen,* Tel. 75424409.

Golf

- ***Ribe Golf Klub*** (18 Löcher) in Rønnehavegård, 6 km östlich der Stadt. Tel. 75441454.

Schwimmen

- ***Ribe Svømmebad,*** Seminarievej 25.

Tennis

- ***Ribe Fritidscenter,*** Simon Hansensvej.

Unterhaltung

Feste

- ***Wikingermarkt:*** 1. Maiwoche
- ***Wikinger-Festspiele:*** letzte Juniwoche.

Heiraten

Ist Heiraten „unterhaltsam"? Aber immer! Vor allem in Dänemark, wo man auch gleichgeschlechtlich freien darf.

Was ist mit Ribe und Königin Dagmar?

Valdemar II., „der Siegreiche", war von 1202 bis1241 König von Dänemark. Er unterwarf die Slawen an den Ostseeküsten und eroberte per Kreuzzug sogar das heidnische Estland. Anno 1205 ehelichte er *Dagmar*, die Tochter König *Ottokars I. von Böhmen*. Doch bereits drei Jahre später starb diese noble Buhle, womöglich im Wochenbett. Der Tod *Dagmars* beschäftigt die Ribenser bis auf den heutigen Tag, mit besonderem Niederschlag in der Volkshymne *Hvad er det med Ribe og Dronning Dagmar?* Das Lied, einsehbar in Riber Literatur, zieht sich über 22 Strophen dahin. Hier nur die erste und die letzte:

Dronning Dagmar ligger udi Ribe syg,
Til Ringsted lader hun sig vente;
Alle de fruer i Danmark er,
Dem lader hun til sig hente.

Krank liegt Königin Dagmar von Ribe,
Zu Ringsted tut sie verweilen;
Ruft alle Frauen in Dänemark,
Nach dort an ihr Lager zu eilen.

Auch die hohen Frauen können die Königin nicht retten. Der König wird gerufen; von fernher hetzt er heran, seinem Gefolge weit voraus. Die schon totgesagte Dagmar erhebt sich noch einmal und erbittet die Begnadigung gewisser Gefangener. Doch dann kommt das Ende. Ihre letzten Worte sind:

Nu er det tid, jeg farer herfra,
Jeg må ikke længer lide;
nu ganger himmerigs klokker for mig,
Guds engle efter mig bide.

Jetzt ist es Zeit, ich fahre dahin,
Nicht länger muss ich leiden;
Jetzt läuten die Glocken des Himmels für mich,
Gottes Engel heißen mich scheiden.

Vorzulegen (auch von Heteros) sind dem Standesamt Pass, Geburts- und ggf. Scheidungsurkunde sowie eine Aufenthaltsbescheinigung vom heimischen Meldeamt. Dann geht's ganz fix, schneller als in Deutschland, wenn auch mindestens vier Behördenarbeitstage anzusetzen sind. Info gibt das Fremdenverkehrsamt der Stadt.

Ribe ist wegen seines mittelalterlichen Gepräges als Austragungsort für Heiratswillige aus Deutschland ganz besonders populär. Vielleicht auch, weil sich Ribe so schön auf „Liebe" reimt …?

Tanzen

- ***Disco Alexandra,*** Nederdammen 36. Fr/Sa abend.

Touren

- Von Mai bis Mitte September kann man jeden Abend um 20 bzw. 22 Uhr den ***Riber Nachtwächter*** (gratis) auf seinem Rundgang begleiten. Treffpunkt ist vor dem Hotel *Dagmar.*
- ***Domführungen:*** Juli und August Mo-Fr 11 Uhr. 20 dkr.
- ***Stadtführungen:*** Juli und August Mo-Fr 12.30 Uhr. 20 dkr. Diese und diverse andere (wechselnde) Sommertouren werden durch das Verkehrsamt arrangiert, z.B. die spøgelsestur (Geistertour) Juli/Aug. Mi. 21-22 Uhr.
- ***Naturwanderungen:*** Ribe Amt (Kreis) mit *Klaus Melbye,* Tel. 75446161; *Bent Jakobsen,* Tel. 752794021; *Finn Hansen,* Tel. 75383866.
- ***Wattwanderungen:*** *Vadehavscentret,* Okholmvej 5, Vester Vedsted, Tel. 75446161.

Esbjerg

Man mag versucht sein, den Namen dieser schönen Stadt mit „Eisberg" zu übersetzen. „Berg" ist schon richtig. Er bezieht sich auf eine 40 m hohe Düne, die sich früher an der Küste erhob und später den Hafenanlagen weichen musste. Aber die Vorsilbe hat etwas anderes zu bedeuten. An der bewussten Düne bestückten die Frauen damals Fischhaken mit Würmern – *ese* nennt sich dieser Vorgang auf Jütländisch.

Esbjerg ist mit 83.000 Einwohnern die ***größte Stadt an der dänischen Nordsee*** und Nummer fünf in Dänemark. Sie ist aber eher eine große Klein- als eine kleine Großstadt. Vor rund 150 Jahren war das jetzt so quirlige Küstenzentrum noch ein Dorf, in dem, eben, Fischhaken bewurmt wurden. Die wichtigsten Ausfuhrhäfen an der Westküste waren Fanø und das 700 Jahre alte Hjerting in der Ho-Bucht; in Esbjerg rührte sich nicht viel. Doch das sollte sich bald ändern.

Ab ***1868*** entstanden immer mehr ***Hafenanlagen,*** und nachdem vor der Jahrhundertwende ein urbanes Gemeinwesen in eckigem viktorianischen und Jugendstil erblüht war, ging es rapide bergauf mit dem einstigen öden Kaff. Der Fisch spielte weiterhin eine Rolle, jetzt aber nicht mehr im mickrigen Stil von einst, sondern als gewichtiges Fangprodukt einer zuletzt 2200 Trawler umfassenden Flotte. Heute ist Esbjerg der ***führende Fischereihafen Dänemarks*** und - nach Grimsby und Bremerhaven - der drittgrößte Europas mit jährlichen Anlandungen von über 60.000 Tonnen Fisch. Ein paar Pfund davon sollen auch die Touristen abhaben. Je-

Christian IX.

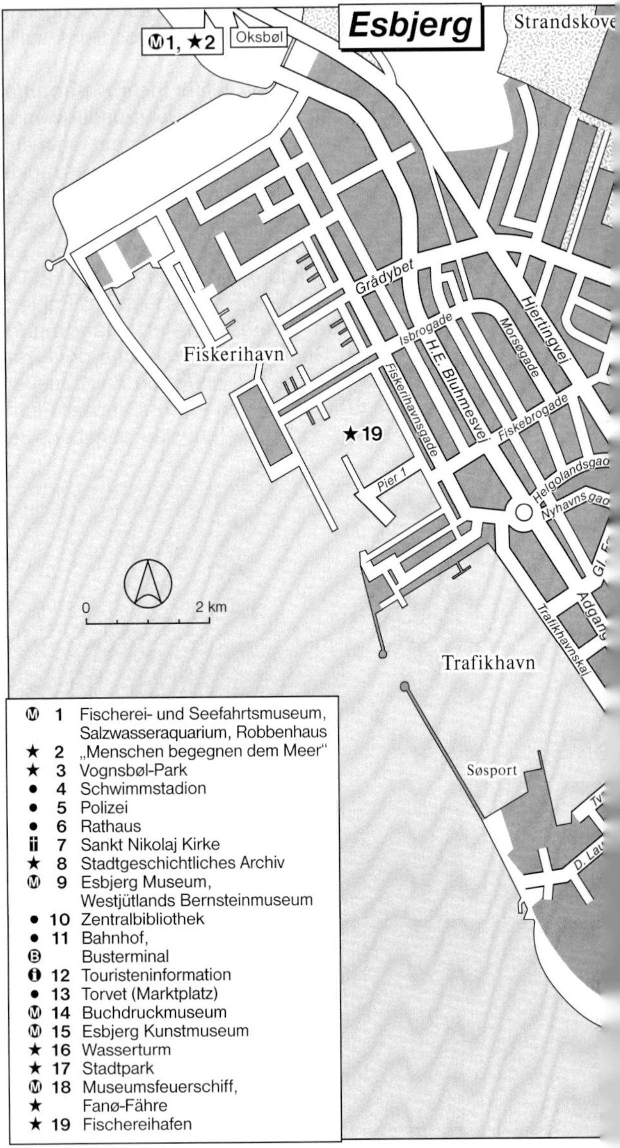
Esbjerg
Ⓜ1, ★2
Oksbøl
Strandskov
Grådybet
Isbrogade
H.E. Bluhmesvej
Morsøgade
Hjertingvej
Fiskerihavn
Fiskerihavnsgade
Fiskebrogade
★19
Pier 1
Helgolandsgad
Nyhavnsgad
Trafikhavnskaj
Trafikhavn
Søsport
0
2 km
Ⓜ 1 Fischerei- und Seefahrtsmuseum, Salzwasseraquarium, Robbenhaus
★ 2 „Menschen begegnen dem Meer“
★ 3 Vognsbøl-Park
• 4 Schwimmstadion
• 5 Polizei
• 6 Rathaus
7 Sankt Nikolaj Kirke
★ 8 Stadtgeschichtliches Archiv
Ⓜ 9 Esbjerg Museum, Westjütlands Bernsteinmuseum
• 10 Zentralbibliothek
• 11 Bahnhof,
Ⓑ Busterminal
ⓘ 12 Touristeninformation
• 13 Torvet (Marktplatz)
Ⓜ 14 Buchdruckmuseum
Ⓜ 15 Esbjerg Kunstmuseum
★ 16 Wasserturm
★ 17 Stadtpark
Ⓜ 18 Museumsfeuerschiff,
★ Fanø-Fähre
★ 19 Fischereihafen

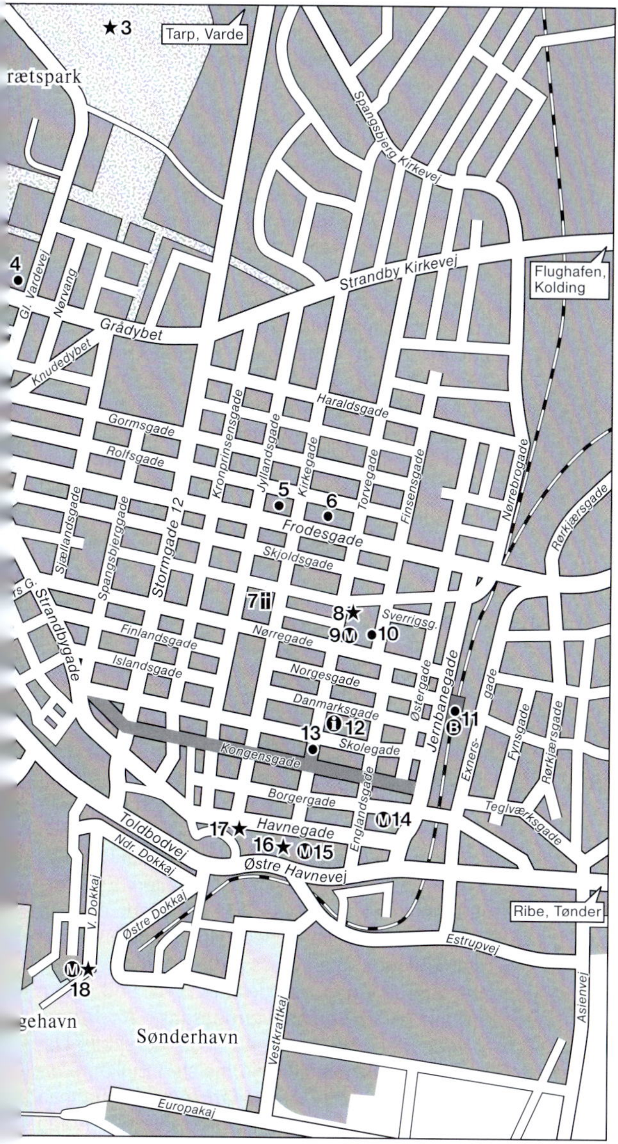
★3
Tarp, Varde
rætspark
Spangsbjerg Kirkevej
4
Gl. Vardevej
Nørvang
Strandby Kirkevej
Flughafen, Kolding
Grådybet
Knudedybet
Haraldsgade
Gormsgade
Rolfsgade
Kronprinsensgade
Jyllandsgade
Kirkegade
Torvegade
Finsensgade
Nørrebrogade
Rørkjærsgade
5
6
Frodesgade
Skjoldsgade
Sjællandsgade
Spangsbjerggade
Stormgade 12
Strandbygade
7
8★
Sverrigsg.
9Ⓜ
10
Finlandsgade
Nørregade
Islandsgade
Norgesgade
Danmarksgade
Østergade
Jernbanegade
Exners-gade
Fynsgade
Rørkjærsgade
13
ⓘ12
11
Ⓑ
Skolegade
Kongensgade
Borgergade
Englandsgade
Teglværksgade
Ⓜ14
17★
Havnegade
Toldbodvej
16★ Ⓜ15
Ndr. Dokkaj
Østre Havnevej
Ribe, Tønder
V. Dokkaj
Østre Dokkaj
Estrupvej
Ⓜ★
18
Asienvej
gehavn
Sønderhavn
Vestkraftkaj
Europakaj

Bis Esbjerg

den Sommer arrangiert die Fremdenverkehrsvereinigung Esbjerg spezielle Mini-Auktionen für sie. Mindestens eine weitere halbe Million Tonnen Seegetier werden jährlich zu Industrieprodukten wie Fischmehl verarbeitet - Anlass zu teilweise bitteren Kontroversen mit anderen Nordseeanrainern, die gefährliche Überfischungstrends ausmachen, bestimmt nicht zu Unrecht. Involvierte Organisationen wie *Greenpeace* werden von dänischen Fischern heiß und innig geliebt.

Außer der Fischerei siedelte sich in Esbjerg vor allem die ***Schiffbauindustrie*** an, und die ausgedehnten Hafenanlagen riefen Firmen auf den Plan, die den Container- und RoRo-Umschlag alsbald zu wichtigen Rädern im städtischen Getriebe machten. Zur Verschönerung des Hafens trugen sie allerdings nicht bei.

Der ganz große Boom kam jedoch in den sechziger Jahren mit der Entdeckung von ***Erdöl*** und später ***Erdgas*** vor der jütländischen Küste. Esbjerg wurde zur Versorgungsbasis für das ständig expandierende Offshore-Gewerbe und ist seither nicht schlecht dabei gefahren. Heute hat Dänemark in Bezug auf Öl und Gas Autarkie erlangt, und wenn auch der Niedergang von traditionellen Industrien wie Schiffswerften offenbar nicht mehr aufzuhalten ist, so kann man sich immerhin an diese Rettungsanker klammern. Und da Esbjerg sozusagen an der Quelle sitzt, hat das einstige Wurmdorf eigentlich nur beste Zukunftsaussichten.

Die über die Weltkriege hinweg intakt gebliebenen und gepflegten Baulichkeiten Esbjergs nehmen den Besucher für die Stadt ein. An echten architektonischen Höhepunkten mangelt es indes; man muss sich mit dem Vorhandenen begnügen. Auf der mit 1047 und einem halben Meter penibel vermessenen ***Kongensgade,*** „der zweitlängsten Fußgängerstraße Dänemarks", lassen sich die meisten Einkäufe erledigen; auf dem *Torvet* ***(Marktplatz)*** kann man sich, während man das Reiterstandbild König

Christian IX. und einige ansprechende Architektur in der Runde bewundert, von den Strapazen des Shopping erholen. Und wenn man noch etwas Geld übrig hat, so lässt sich selbiges vielleicht am unteren Ende der ***Skolegade*** (zwischen *turistbureau* und Bahnhof) verbraten, wo es interessant anrüchig aussieht - nun, so anrüchig wie in Dänemark etwas aussehen kann.

Sehenswertes

„Menschen am Meer" *(Mennesker ved havet)*

Neun Meter hoch, aus kaltem Weißbeton gegossen und den Riesenfiguren der Osterinsel nicht unähnlich, hocken sie am Ufer von Esbjergs Vorort Sædding, unmittelbar nördlich des Fischereihafens. Was wollen die vier weißen Männer sagen? Sie symbolisieren, führt ihr Erbauer *Svend Wiig Hansen* aus, die Begegnung des Menschen mit der Natur. Wo See, Himmel und Erde in einem Punkt konvergieren, wird ein Kind geboren. Wenn wir selbst handeln zu müssen glauben, geht alles furchtbar in die Hose. Eine Möwe kommt geflogen. Sie lässt etwas auf die Steinmänner fallen. Es macht nichts.

Foto: Esbjerg Turistkontor

„Menschen am Meer"

Die Esbjerger lieben - nach einiger Eingewöhnung - ihre Kaventsmänner. Sie sind auch wirklich sehenswert, und unübersehbar allemal.

Museen

• ***Die Historische Sammlung der Besetzungszeit,*** Torvegade 45, Tel. 76100318, Di, Do 10-12 Uhr, Do auch 13-18 Uhr, Eintritt frei.

• ***Esbjerg Museum,*** Torvegade 45: Stadt- und vorzeitliche Geschichte, große Bernsteinausstellung. 30 dkr Eintritt sind ziemlich happig, auch wenn es eine mumifizierte Spinne zu bestaunen gibt. Vom 1.9. bis 31.5. am Mo geschlossen.

Fischerei- und Seefahrtsmuseum

• ***Fischerei- und Seefahrtsmuseum*** *(Fiskeri- og Søfartsmuseet),* Tarphagevej 2: Querschnitt durch die Geschichte der dänischen Fischerei, Einblicke in die Meeresbiologie und Schaubilder zum Thema der Offshore-Ölförderung, auf denen es sauber aussieht wie in der Apotheke. Freiluftausstellung mit Seefahrzeugen und Schiffswracks. Renovierter deutscher Unterstand aus dem Krieg. Seewasseraquarium und Robbenbecken (Fütterung 11 und 14.30 Uhr). Ganzjährig ab 10 Uhr geöffnet. Eintritt satte 70 dkr, Kinder 35 dkr. Aber es lohnt sich.

• ***Kunstmuseum,*** Havnegade 20 (am Stadtpark): Moderne dänische Kunst von 1920 bis heute. 1994 erfuhr das Kunstmuseum Esbjerg internationale Beachtung, als jemand sechs zusammengenähte tote Schweine als Kunstwerk ausstellte. Auch damit sollte bestimmt etwas Wichtiges ausgesagt werden, es ist jedoch nicht überliefert. Leider sind die Schweinekadaver mangels Haltbarkeit heute nicht mehr da; man muss sich für den Genuss eines vergleichbaren Anblicks schon in ein Fleischereigeschäft auf der Kongensgade bemühen. Eintritt 40 dkr, Rentner und Studenten 30 dkr, Kinder frei, tgl. geöffnet.

• ***Museumsfeuerschiff*** *Horns Rev,* beim Fährhafen: Weltweit das einzige Schiff dieser Art (hölzerner Rumpf), seit 1984 stillgelegt. Besichtigungen von Mai bis September Mo-Fr 10-16 Uhr. Eintritt 20 dkr, Kinder 10 dkr.

• Im Sommer gibt's bei der Touristeninformation verbilligte Verbundkarten für Hafenrundfahrten und Besuche aller Museen ***(„Esbjerg-Pass",*** Erw. von Mai bis Aug. 160 dkr, sonst 135 dkr, Kinder 4-15 J. 90 bzw. 80 dkr).

Wasserturm

Das eigenwillige Bauwerk aus dem Jahre 1897, Wahrzeichen der Stadt, erhebt sich an der Havnegade beim Dockhafen. 36 m ist der Turm hoch, und man kann ihn von 10-16 Uhr besteigen, im Sommer täglich, im Winterhalbjahr nur am Wochenende, um von oben einen prächti-

Esbjergs Wasserturm

gen Ausblick über die Stadt und die Küste zu genießen. Für die 15 dkr Eintritt erhalten Wasserturm-Enthusiasten zusätzlich Informationen über weitere Baulichkeiten dieser Art in Europa.

Auskunft

- ***Touristeninformation,*** Skolegade 33 (Torvet), www.visitesbjerg.com, Tel. 75125599, Fax 75122767; offen Mo-Fr 9-17, Sa 10-13, im Sommer auch So 9-17 Uhr.

Verkehrsanbindung

Bahn/Bus

- Verbindungen in alle Richtungen des Festlandes. Tägliche ***Direktbusse*** (via Grindsted, Herning, Viborg und Ålborg) nach Frederikshavn, Info Tel. 70100030.

Flüge

- Nach ***Stavanger:*** Danish Air Transport, Tel. 75181422.
- Nach ***Aberdeen:*** British Midland, Tel. 76121416.
- Nach ***London-Stansted:*** www.ryanair.com

Fähren

- ***Autofähre nach Fanø:*** im Sommer etwa alle 20, im Winter alle 45 Minuten vom Færgehavn (beim Feuerschiff).

12 Min. Fahrt, 27 dkr retour, Auto und Caravan (bis zu 9 Insassen) 360 dkr, Sa jedoch 620 dkr. ***Platzreservierung*** für Autos ist zumindest im Sommer empfehlenswert: *Scandlines,* Tel. 33151515.

• ***Überseeverbindungen: Harwich*** *(DFDS Scandinavian Seaways,* Tel. 79177917).

Unterkunft und Restauration

Hotels

• ***Ansgar***€€€, Skolegade 36; Tel. 75128244. Mitten in der Stadt.

• ***Britannia***€€€€, Torvet; Tel. 75130111. Großes Viersterne-Haus modernen Stils im Stadtzentrum.

• ***Guldager Kro***€€€, Stationsvej 104; Tel. 75167008. 100 Jahre alter Gasthof, ca. 8 km NO vom Zentrum.

• ***Hjerting***€€€€, Strandpromenaden 1 (Hjerting); Tel. 75115244. Direkt am Ufer der Ho-Bucht; Badestrand.

• ***Kikkenborg***€€€, Storegade 2 (Bramming, östlich der Stadt, Richtung Ribe); Tel. 75173100. Schönes altes Gebäude. Fr und Sa Abend Disco *Mimama.*

• ***Palads/Cab Inn***€€€€, Skolegade 14; Tel. 75181600. Schönes klassisches Gebäude im Zentrum, renoviert.

• ***Scandic/Olympic***€€€€€, Strandbygade 3; Tel. 75181188. Modernes Hotel im Herzen der Stadt.

• ***Tarp Kro (Tarp)***€€, Tel. 75167011. In Tarp, 6 km nördlich der Stadt (Richtung Varde).

Camping

• ***Sjælborg Camping,*** Sjælborg Strandvej 11, Hjerting (an der Ho-Bucht), 10 km nördlich von Esbjerg; Tel. 75115432. 500 Stellplätze. 14 Hütten für 5-7 Personen. 1 km vom Strand. Offen 12.4.-15.9.

• ***Ådalens Camping,*** Gudenåvej 20, Sædding; Tel. 75158822. 200 Stellplätze, 5 Hütten. Spielplatz, Café, Minimarkt. Offen 1.4.-1.11.

Zimmer

• ***Touristeninformation*** Esbjerg (ab 125 dkr/Ü).

Seemannsheim

• Auktionsgade 3, Tel. 75120688.

Jugendherberge

• Gl. Vardevej 80, 6700 Esbjerg, Tel. 75124258, Fax 75136833. Stattliches Gebäude mit 124 Betten.€-€€€ Offen 1.2.-20.12.

Gastronomie

Mehr als 80 Speisestätten gibt es in Esbjerg. Hier nur eine kleine Teilübersicht:

• ***Den Grimme Ælling,*** Kirkegade 21. Typisch Dänisches; Frühstücks- oder Lunchbuffets ab 60 dkr.

● ***Dronning Louise,*** Torvet 19. Laut Werbung „spannende Fischmenüs" und andere feine Gerichte. Auch ***Bar*** und ***Nachtclub.***
● ***Havnens Fiskehus,*** Fiskerihavnsgade 13. Frisch- und Räucherfisch sowie kleine, warme Gerichte und Fischburger.
● ***Il Fabbro,*** Smedegade 11. Italienisches Restaurant, das sich *„Dänemarks größte Speisekarte mit italienischen Spezialitäten"* rühmt.
● ***Jensen's Bøfhus,*** Kongensgade 9. Preiswerte Steaks und Fastfood, günstiges Frühstück.
● ***Jernekro,*** Fredensgade 28. Seafood-Mittagstisch.
● ***Jungle Jim,*** Torvet. Steaks, Spareribs und Exotisches.
● ***Munkestuen,*** Smedegade 21. Fischrestaurant, Sonntag geschlossen.
● ***Papa's Cantina,*** Torvet. Mexikanische Küche.
● ***Parken,*** Søvej 9. Preiswerte Hauptgerichte ab 49 dkr.
● ***Sand's,*** Skolegade 60. Dänische und internat. Küche.

Sport

Angeln

● ***Damsmark Lystfiskersø,*** Richtung Guldager Kirkeby, Tel. 75117170. Angelkarten für die Flüsse weiter nördlich sind im Verkehrsamt erhältlich.

Golf

● ***Breinholtgård Golf Club*** (3 x 9 Löcher), Kokspangvej 17, Tel. 75115700.
● ***Esbjerg Golf Club*** (18 + 9 Löcher), Sønderhedevej 11 (Marbæk), Tel. 75269272.
● ***Kaj Lykke Golf Club*** (18 Löcher), Kirkebrovej 5 (Bramming), Tel. 75102246.

Reiten

● ***Ridning Sjelborg,*** Tel. 75115419.
● ***Tjæreborg Reitschule,*** Tel. 75175803.
● ***Veldbæk Rideklub,*** Måde Industrivej 95, Tel. 75453791.

Schwimmen

● ***Svømmestation Danmark, Esbjerg Idrætspark,*** Gl. Vardevej 82, Tel. 75459499. Täglich 6-21 Uhr. Eintritt 50 dkr, Kinder (3-15 Jahre) 25 dkr.

Segeln

● Sowohl im ***Yacht-*** als auch im ***Fischereihafen*** gibt es Plätze für Gastboote. Die Versorgung ist gut; Duschen findet man im nahen Seemannsheim (siehe Unterkünfte). UKW-Ruf: Kanäle 12, 13, 16.

Tennis

● ***Esbjerg Idrætspark,*** siehe unter „Schwimmen".
● ***Veldtofte Idrætspark,*** Sportsvej 17, Tel. 75132599. Freiluftanlage. Gästekarten in der Touristeninformation.

Windsurfschule

●***Surf & Ski,*** Skolegade 69, Tel. 75123055. Vom 1.5. bis 15.10. am Sædding Strandvej 184, Hjerting.

Touren

●Die Touristeninformation arrangiert im Sommer fast täglich ***Stadt- und Fanøtouren,*** sowie ***Natur-*** (bei Marbæk) und ***Wattwanderungen*** (bei Sædding).
●***Hafenrundfahrt:*** Bei der Fanø-Fähre, Mo-Fr 2-3 Touren. Erw. 35, Kinder 17 dkr.
●***Rundflüge:*** *Karlog Air,* Esbjerg Lufthavn, Tel. 75160585. Auch Flugschule.

Unterhaltung

Festivals und Musik

●Kultur wird in Esbjerg ganz groß geschrieben. Immer wieder werden auch Jazz- und Rockfestivals abgehalten, die man, für Ruhebedürftige wohl etwas fragwürdig, „in der ganzen Stadt hört". Im Sommer jagt eine Fete die andere; vor allem jeden Mittwoch ist der Bär los.
●Spezifisches Zentrum allabendlicher musikalischer Action ist das ***Multihus Tobaksfabrikken,*** ein spektakulärer Musiktempel in der Gasværksgade (Tel. 75180000). Im Stadtpark im Herzen der Stadt ist in jüngster Zeit *„Nordeuropas schönstes Theater- und Musikhaus"* (Eigenwerbung) entstanden, um Esbjergs Platz auf der kulturellen Landkarte endgültig zu sichern.
●Wer zusätzliche Auskünfte über die Szene benötigt, wende sich an das ***Kultur- und Freizeitdezernat*** der Stadt, Tel. 75452200.

Bars und Pubs

●***Café Christian IX,*** Torvet. An manchen Tagen Live-Musik.
●***Flannigan's,*** Torvet. Täglich geöffnet 11-23, Fr-Sa 11-6 Uhr.
●***James Bond,*** Skolegade 31. Internationales Tanzrestaurant mit Bar. Offen Do-Sa 21-8 Uhr.
●***John Wayne,*** Skolegade 31. Western Saloon und Bar.
●***Paddy Go Easy,*** Skolegade 42. Musik-Pub.
●***You'll never walk alone,*** Kongensgade 10. Irischer Pub.

Tanzen

●***Disco Crazy Daisy,*** Skolegade 46. Täglich 12-5 Uhr.
●***Disco James Dean,*** Torvegade 10. Fr-Sa 23-5 Uhr.

Fanø

Die Insel Fanø, 56 qkm groß, ist gleich Rømø ein Watteneiland. Rechts, im Osten, dehnt sich trockenfallendes Schlickwatt gegen Esbjerg, und die Marschküste wird mit einem Deich gegen die See geschützt. Der Westen ist ein einziger Strand, ein 14 km langes Ablagerungsdepot westjütländischer Sände, von Sturmfluten und Gezeiten hierhertransportiert, und zum Inselinnern hin von einer Dünenkette umgürtet. Dahinter wiederum erstrecken sich Heidegebiete und Kiefernwäldchen, großenteils naturgeschützt.

Geschichte

Anno ***1231*** wurde Fanø erstmalig erwähnt. Bis ***1741*** waren die Insulaner von Fanø dem König von Dänemark zur

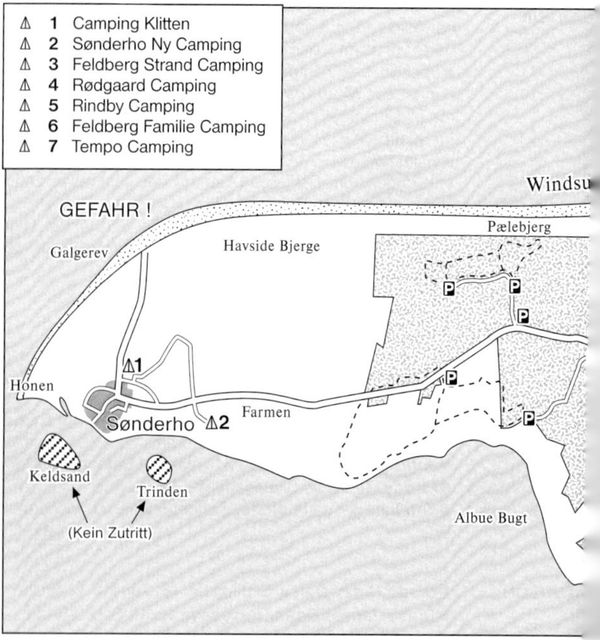

Pacht verpflichtet. In diesem Jahr bot *Christian VI.*, chronisch knapp bei Kasse, das Eiland auf einer öffentlichen Auktion in Ribe zum Verkauf an. Im Gegensatz zu ihrem Chef besaßen die Riber Kaufleute dicke Konten, und die Fanøer sorgten sich deshalb, dass die Insel in die Hände dieser Pfeffersäcke geraten würde. Man wäre dann vom Regen in die Traufe geraten und hätte womöglich noch mehr Steuern zahlen müssen als zuvor.

Am Vorabend der Auktion ließen die Insulaner deshalb ihre schönsten Maiden auf die potenziellen Käufer los, um sie zu umgarnen und zum Trinken zu animieren. Das funktionierte reibungslos, und die beduselten Riber wurden eingeschlossen. Am nächsten Morgen begab sich eine rein aus Fanøern bestehende Delegation zum Rathaus und bestach die Stadtdiener, die Rathausuhr eine Stunde vorzustellen. Die Auktion begann, und die - es kam schon zur Sprache - so gern für beschränkt gehaltenen Jütländer ersteigerten ihre eigene Insel für die lächerliche Summe von 70.000 Reichstalern oder 140.000 Kronen.

Als Bonus gab's das Recht, Schiffe zu bauen, zu besitzen und damit freien Handel zu treiben. Die Fanøer mach-

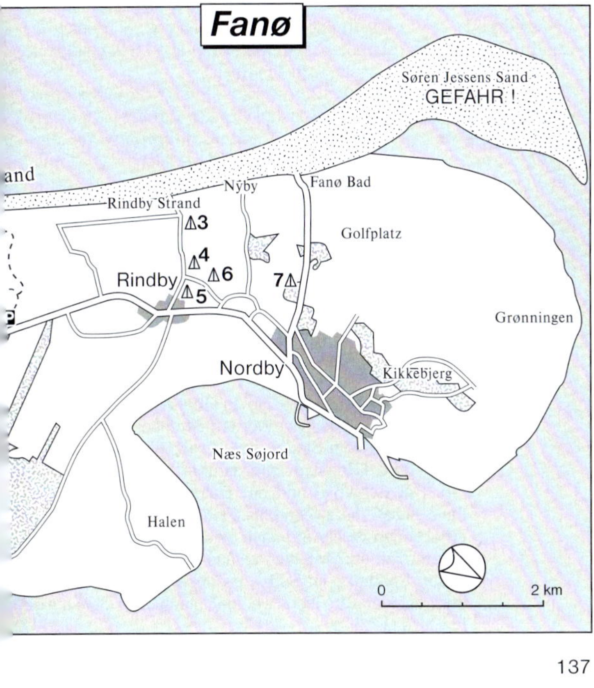

Gold des Nordens

Bernstein, das Millionen Jahre alte, „versteinerte" Harz fossiler Nadelhölzer, war schon den pharaonischen Ägyptern ein Begriff. Besondere Beliebtheit genoss das „Gold des Nordens" bei den Phöniziern, Griechen und Römern, die gefahrvolle Expeditionen bis in den Nordseeraum nicht scheuten, um in den Besitz der begehrten Kostbarkeit zu gelangen. Die Germanen an den Küsten der Nordmeere trieben ein schwunghaftes Geschäft damit.

Einige Menschenalter später indes erlosch die Begeisterung mit der Erkenntnis, dass es sich bei den goldfarbenen, roten, weißen und schwarzen Brocken nicht um „Steine", und schon gar nicht um edle Steine handelte. Im Mittelalter machte man aus Bernstein zwar noch Perlen, vornehmlich für Rosenkränze. Das 17. Jahrhundert sah seine Verwendung als populären Zimmerschmuck höfischer Kreise, doch hundert Jahre danach diente das Gold des Nordens allenfalls noch als Werkstoff für Pfeifenmundstücke. Fischer an Nord- und Ostsee benutzten es sogar als Feuermaterial für ihre Krabbenkochtöpfe – es war eben nichts anderes als ein Harz, wenn auch ein uraltes, und es brannte ausgezeichnet.

Erst in jüngerer Zeit hat man die Schönheit des Bernsteins wiederentdeckt. Kaum ein Badeort an Dänemarks Westküste ohne eine Bernsteinschleiferei und eine oder mehrere Boutiquen, in denen das verarbeitete Produkt feilgeboten wird. Man kann auch Selbstentdecktes schleifen lassen, das kostet natürlich was.

Vielfach wird geglaubt, dass Bernstein aus dem Nordseeraum von Wäldern stamme, die dort einst rauschten. Die Brocken, bis zu brikettgroß, sind jedoch fast ausschließlich ***nordosteuropäischer Herkunft.*** Sie tropften im Eozän vor 35 bis 55 Millionen Jahren von Baumriesen im heutigen Finnland und Russland; die eiszeitlichen Gletscher transportierten sie südwestwärts. In manchen wurden Insekten und Spinnen eingekapselt, Skorpione, Blätter, Frösche und Eidechsen gar. Solche Stücke können, je nach so genanntem ***Inklusen,*** von erheblichem Wert sein. Allein der Gedanke, einen 50 Millionen Jahre alten, perfekt erhaltenen Organismus sein eigen zu wissen, ist bestimmt reizvoll.

ten von dem Privileg ausgiebig Gebrauch. Von ***1741 bis 1898*** liefen auf den vier Werften der Insel gut eintausend Segelschiffe vom Stapel, deren vorzügliche Eigenschaften in ganz Dänemark und darüber hinaus bekannt waren. Der Schiffbau und der Betrieb von Reedereien – Fanø besaß die zweitgrößte Flotte des Landes – zogen erheblichen Wohlstand nach sich, der noch heute in den vielen reich ausgestatteten Häusern seinen Widerschein findet. Sønderho im Süden der Insel ist insofern besonders spektakulär; nicht weniger als siebzig denkmalgeschützte Gebäude gibt es hier.

Man falle aber nicht auf täuschend echt aussehende ***Imitate*** aus Plastik herein, die vornehmlich osteuropäische Händler auf den Markt bringen. Bernstein erzeugt eine zarte, aber tiefe Vibration, wenn man ihn leicht gegen die Zähne stößt, und in der Hand fühlt er sich warm an.

Bernstein wird an der gesamten jütländischen Küste gefunden. Am Strand der Insel Fanø scheint er besonders häufig zu sein. Das Gold des Nordens ist ein spezifisch leichter Stoff, die üblichen Strandsteine sind dreimal so schwer. Man ***sucht*** es am besten im Tangstreifen, der die tägliche Hochwassergrenze markiert, nicht unten an der Ebbelinie. Besonders günstig ist ein Zeitpunkt bei ablandigem Wind, weil eine Unterströmung die Brocken dann eher freilegt. Kleine, schwarze, wasserdurchtränkte Holzstücke - so genannte Bernsteinstäbchen - sind ein verheißungsvoller Indikator, denn sie haben die gleiche Dichte wie das gesuchte Urharz. Im Winter sind die Fundaussichten größer, weil kaltes Wasser schwerer ist und einen besseren Auftrieb bewirkt. Auf Dänisch heißt Bernstein übrigens *rav*, gesprochen „rau".

Mit dem Ende der Ära der Segelschiffe lief auch die Zeit der dicken Kartoffeln auf Fanø ab. Um die ***Jahrhundertwende*** begann das nahe Esbjerg jedoch aufzublühen, und viele Fanøer fanden dort neue Beschäftigung.

Fanø heute

Man darf Fanø wohl „Esbjergs Hausinsel" nennen, denn sie liegt ja sozusagen vor der Tür der Stadt. Zahlreiche Fanøer arbeiten heute in Es-

Altes Fanø

bjerg und pendeln täglich hinüber; viele Esbjerger, andererseits, haben ihr ständiges Domizil auf der Insel.

Die meisten Menschen, die man auf Fanø sieht, sind indes Besucher von außerhalb. Das Eiland mit seinen erstklassigen Stränden, den schönen Waldgebieten und dem urbanen Hinterland in Gestalt von Esbjerg genoss schon zu Kaisers Zeiten bei den Deutschen Popularität, wenngleich das junge Pflänzchen des ***Tourismus*** auch damals noch von den Erinnerungen an den deutsch-dänischen Krieg überschattet wurde. Heute zählt Fanø bis zu 1,5 Millionen jährliche Besucher. Denn wer „reif für die Insel" ist, findet hier die letzte Möglichkeit entlang der Jütlandküste - nördlich von Fanø dehnt sich nur noch Festlandsstrand.

Sehenswertes

Bernstein Es gibt mehrere ***Bernsteinschleifereien*** auf Fanø, wo die urzeitlichen Harzbrocken besonders häufig angeschwemmt werden. Auch mal selbst am Strand Ausschau halten; vielleicht hat man Glück!

Galionsfigur Über einem Haus am Bjerrevej in Sønderho ist die Galionsfigur der 1847 in Quebec gebauten Bark *Lord Palmerston* angebracht. Der Segler erlitt im Mittelmeer Schiffbruch, und die Figur wurde 1851 in - nanu? - Sønderho an den Strand gespült. Also, das müsste man sich wirklich mal erklären lassen ...

Museen

• ***Fanø Kunstmuseum,*** Nordland 5, Sønderho: Die Lichtverhältnisse in diesem Bereich der Nordseeküste und die eigenwilligen Motive auf der Insel lockten schon zu Anfang des 20. Jh. zahlreiche Kunstmaler nach Fanø. In Sønderho entstand eine richtiggehende Künstlerkolonie. Was in jenen Tagen und bis in die Neuzeit hinein die Leinwände füllte, ist in diesem hübschen Museum zum Teil ausgestellt. Täglich, im Winter nicht am Freitag geöffnet.

Diverse ***Gemäldegalerien***, die Tradition fortführend, bieten auf Fanø ebenfalls ihre Werke an.

• ***Fanø Museum,*** Skolevej 2, Nordby: Einblicke in das Inselleben im 18. und 19. Jahrhundert werden in diesem 300 Jahre alten Haus dargeboten, dessen anspruchsloses Äußeres nicht über das liebevoll und stilsicher aufgemachte Innere hinwegtäuschen darf. Im Sommer täglich außer So, im Winter werktags geöffnet.

• ***Fanø Schifffahrts- und Trachtensammlung,*** Hovedgaden 28, Nordby: Querschnitte durch die große Zeit der Fanøer Seefahrt, Schiffsmodelle. Die Trachten setzen sich vor allem aus der damaligen Kleidung der insularen „Strohwitwen" zusammen, deren Männer den größten Teil ihres Lebens auf See verbrachten. Das Museum ist im Sommer täglich, im Winter werktags geöffnet.

• ***Fliesensammlung,*** Nanas Stue, Sønderho: Delfter Kacheln aus vergangenen Jahrhunderten. In der Saison täglich, im Winter Fr-So ab 11 geöffnet.

• ***Hannes Hus,*** Sønderho: Schifferhaus aus der letzten Hälfte des 18. Jahrhunderts. Im Sommer täglich 15-17 Uhr offen.

• ***Internationales Spielzeugmuseum*** *(Legetøjsmuseum),* Herluf Trollesvej 1, Nordby: Spielzeug im Wandel der Zeiten. Offen täglich außer Dienstag von 10 bis 17 Uhr.

•***Rettungsmuseum,*** Strandvej, Sønderho: Station aus dem Jahre 1889 mit Pferderettungsboot und Schaubildern damaliger Einsätze. Offen im Mai und Juni sonntags 15-17 Uhr.

•***Sønderho Mühle:*** Alte Bockmühle aus dem Jahre 1895. Im Sommer an Wochenenden von 15 bis 17 Uhr offen.

Kirchen

•***Nordby Kirke:*** Baujahr 1622. Das Taufbecken - aus Erz - ist wahrscheinlich ca. 150 Jahre älter. Marcussen-Orgel von 1845; mehrere schöne Schiffsmodelle. Draußen „die schiefe Mauer" von Nordby. Im Juli und August jeden Di Kirchenkonzerte.

Nordbys „Schiefe Mauer"

•***Sønderho Kirke:*** Kanzel von 1661, Barockaltarbild von 1717, Empore mit den Originalfarben von 1782 und die meisten auf eine Kirche vereinigten Schiffmodelle Dänemarks, nämlich 15. Von Mitte Juli bis Mitte August donnerstags Gitarrenfestival.

Vogelkojen •*Fuglekøjer* nennt man auf dänisch in Teichen ausgebrachte ***Fanganlagen für Wildenten.*** Zur Beringung und Aufzucht, also strikt im Rahmen des Naturschutzes, sind die Vogelkojen in Albue und Sønderho noch in Betrieb und lassen sich besichtigen.

Auskunft

•***Touristeninformation,*** Havnepladsen, Nordby, 6720 Fanø, Tel. 75162600, Fax 75162903, www.fanoeturistbureau.dk
Geöffnet Mo-Fr 8.30-17.30, Sa 9-13 (im Sommer auch nachmittags sowie sonntags 10-17 Uhr).

Verkehrsanbindung und Fortbewegung

Autos Per Fähre (siehe Esbjerg) kann man das eigene Gefährt mitbringen und damit sogar den Strand (außer im Süden und Norden) entlangdüsen, allerdings nur mit Tempo 30. Die Fanøer bitten jedoch darum, das Mobil auf der Insel möglichst wenig zu benutzen - es riecht nämlich.

Auf dem Strand von Fanø chauffierte übrigens der Engländer *Malcolm Campbell* bereits 1924 ein Donnermobil zu einem frühen Weltrekord von 240 km/Std.

Busse •Busse verkehren (im Sommer halbstündlich, im Winter stündlich) zwischen Nordby und Sønderho. Weitere Routen nach Fanø Bad und Rindby.

Taxi •Tel. 75166200.

Rad •***Leihräder*** in Nordby, Fanø Bad und Rindby.

Unterkunft und Restauration

Hotels •***Fanø Badeland***€€€€, Strandvejen 52, Fanø Bad; Tel. 75166000; große Badeanlage, geöffnet 7.2.-31.10.
•***Fanø Krogård***€€, Langelinie 11; Tel. 75162052.
•***Feriehotel Vesterhavet,*** Strandvejen 61, Fanø Bad; Tel. 33630200, Preise auf Anfrage.

- ***Golfparken,*** Golfstien 5, Fanø Bad; Tel. 75162600. 34 Appartements, Preise auf Anfrage.
- ***Kellers Hotel***€€, Strandvejen 48, Fanø Bad; Tel. 75163088; geöffnet 21.2.-1.11.
- ***Kromanns Hotel***€€€€, Sønderland 7, Sønderho; Tel. 75164445.
- ***Nørby Kro***€€€€€, Strandvejen 12, Nordby; Tel. 75163589. Geöffnet ab Mitte Februar.
- ***Sønderho Kro***€€€€€, Kropladsen 11, Sønderho; Tel. 75164009; im Winter zeitweilig geschlossen.
- ***Bed and Breakfast***€€-€€€, Nordby; Lars Boutrup Groth, Buegangen 1, Tel. 75162434; Villa Drømmeland, Hovedgaden 95, Tel. 75161106; Rindbyhus, Kirkevejen 11, Tel. 75162619.

Ferienhäuser

- ***Danibo Sommerhusudlejning,*** Langelinie 9b, Nordby, Tel. 75163699.
- ***Fanø Turistbureau,*** Færgevej 1, Nordby, Tel. 75162600.
- ***Fanøspecialisten,*** Landevejen 63, Sønderho, Tel. 75164399.
- ***Novasol,*** Vestertoft 2a, Rindby, Tel. 75163344.

Camping

- ***Camping Klitten,*** Strandvej, Sønderho, Tel. 75164065.
- ***Feldberg Familie Camping,*** Kirkevejen 7, Rindby, Tel. 75163680, www.feldbergcamping.dk.
- ***Feldberg Strand Camping,*** Kirkevejen 37, Rindby Strand, Tel. 75162490, www.feldbergcamping.dk. 85 Stellplätze, Hütten; 700 m zum Strand; offen 9.4.-31.10.
- ***Rindby Camping,*** Kirkevejen 18, Rindby, Tel. 75163563.
- ***Rødgård Camping,*** Kirkevejen 13, Rindby, Tel. 75163311.
- ***Sønderho ny Camping,*** Gammeltoft Vej 3, Sønderho, Tel. 75164144. Wattenmeerseite.
- ***Tempo Camping,*** Strandvejen 34, Nordby, Tel. 75162251. Gemütlicher Familienplatz mit viel Grün. Einkaufszentrum, Vergnügungshalle. Ca. 1 km zum Strand.
- ***Übersichtsprospekt*** zu allen Campingplätzen in der Touristinfo erhältlich.

Gastronomie

- ***Fru Pille Ville,*** Hovedgaden, Nordby. Pommes, Burger, *pølser* und Huhn vom Grill.
- ***Den Grimme Ælling,*** Feriehotel Vesterhavet. Satte Buffets zu zivilen Preisen.
- ***Fanø Restaurant,*** Rindby Strand. Steaks, freitags Spanferkel.
- ***Nørby Kro,*** Strandvejen 12, Nordby; in der Saison Mittwochabend Fischbuffet.

●***Strandens Perle,*** Strandvejen 60, Fanø Bad; Fisch und Steaks.
●***Søhesten*** („Seepferd"), Kirkevejen 36, Rindby; laut Eigenwerbung „Fanøs bestes Restaurant".
●***Sønderho Kro,*** Kropladsen 11, Sønderho; edles Ambiente im ältesten Haus (1722) des Ortes.
●***Sormas,*** Kirkevejen 37 C, Rindby; jede Menge Pizzen.

Sport

Angeln ●Außerhalb der geschützten Wattenmeerküste ist Angeln überall möglich. Wer an der Fahrrinne von Sønderho, einem beliebten Revier, angelt, sollte die Leine einziehen, wenn Boote im Anmarsch sind, denn sonst kommt es zur Kollision.

Golf ●Im Nordteil von Fanø Bad. Golfvejen 5, Tel. 75161400. Dänemarks ältester Golfplatz, 18 Löcher.

Reiten ●***Baun,*** Rindby (Juli und Aug.), Tel. 75163743.
●***Digegården,*** Rindby, Tel. 75166137.
●***Farmen,*** Sønderho, Tel. 75164161.
●***Sønderho Ponyridning,*** Tel. 75164056.

Schwimmen ●***Hotel Fanø Badeland,*** großes tropisches Aquadrom. Mitte des Winters geschlossen.
●***Rindby Vandland,*** Kirkevejen 13, 800 qm großes Aquadrom. Im Januar geschlossen.

Segeln ●***Nordby*** hat ein kleines, kahles Yachtbassin 500 m südlich des Fähranlegers. Clubhaus, WCs und Duschen, alles da. Mit Booten sehr geringen Tiefgangs kann man auch durch das Knudedyb südlich Fanøs bis nach Ribe fahren.

Tennis ●***Fanø Bad*** und ***Farmen Sønderho*** (nur im Sommer).

Windsurfen ●Nur im ca. 3 km langen dafür vorgesehenen Gebiet erlaubt. Das gleiche gilt für Buggyfahren am Strand.

Unterhaltung

Feste ●***Drachenfestival:*** Mitte Juni.
●***Sønderhodag:*** 3. Juliwoche. Trachten und Volksmusik. Trachtenfeste werden auf Fanø im Sommer auch öfter außer der Reihe anberaumt.

Pub ●***Hjørnekroen,*** Hovedgaden 14, Nordby.

Tanzen ●***Disco Chaplin,*** Postvejen 19, Rindby.

Ein Wort der Vorsicht

Im äußersten Nordwesten Fanøs erstreckt sich der ***Søren Jessens Sand,*** ein herrliches Strandgebiet, das zu stundenlangem Umherstreifen oder zu Wanderungen an die Nordspitze des Geländes am Grådyb einlädt. Von der Insel selbst wird die riesige Sandbank, denn um eine solche handelt es sich im Grunde, zum Teil durch das ***Hamborgerdyb*** getrennt, einen tiefen, keilförmigen Einschnitt.

An der Nordsee kann urplötzlich ***Nebel*** aufkommen, und dann ist es aus mit der Orientierung. Nicht den Kopf verlieren! Der Søren Jessens Sand wird auch bei Hochwasser nicht von der Flut überspült, so dass man risikolos den Weg zurück ertasten kann. Auf keinen Fall versuchen, das Hamborgerdyb zu durchqueren! Bei Ebbe setzt hier eine reißende Strömung seewärts ein.

Anders ist die Situation am ***Galgerev*** an der Südspitze der Insel. Dieses Sandgebiet gerät bei Flut bis zu 1,5 m unter Wasser. Dabei wird das der Küste nächstgelegene Gelände zuerst überschwemmt, so dass der Rückweg abgeschnitten ist. Zudem bricht der Strand nach Süden hin rasch in das über 3 m tiefe, strömungsreiche ***Galgedyb*** ab. Wer sich auf dem „Galgenriff" bei Nebel verläuft, ist in ernster Gefahr! Also gar nicht erst darauf ankommen lassen.

Das Betreten der Sønderbo vorgelagerten ***Sandbänke Keldsand und Trinden*** empfiehlt sich aus den gleichen Gründen nicht; vom 1.4. bis 16.9. ist der Zugang eh untersagt.

Von Skallingen bis Ringkøbing

Überblick

Die Küste nördlich von Esbjerg geht zunächst in das weite Rund der ***Ho-Bucht*** über. Zwischen Hjerting und Marbæk, einem schönen, 1300 ha großen Wandergebiet am Ostufer der Bai, findet sich auf 6 km Länge der erste Strand, großenteils steinig und grobsandig. Das Wasser ist sauber; es darf gesurft werden. Zu den urigen Landschaftsformen im Nordteil der Bucht und dem Referenzgebiet Langli ist bereits im Abschnitt „Wattenmeer" einiges gesagt worden.

Die ***Halbinsel Skallingen,*** die das Gebiet zur Nordsee hin abgrenzt, zieht sich bis ***Blåvandshuk,*** Dänemarks westlichstem Punkt, mit eindrucksvollen Dünen und dem feinsandigen Strand Høje Knolde 8 km lang dahin. Bis zu einigen Parkplätzen darf man mit dem Auto fahren, darüber hinaus nicht. Vom 1.3.-31.10. ist das Rauchen in den Heiden und Wäldern der Region verboten. Gleichfalls darf man vom 1.5. bis 1.9. keine Hunde mit nach Skallingen nehmen, nicht an der Leine und auch nicht im Auto.

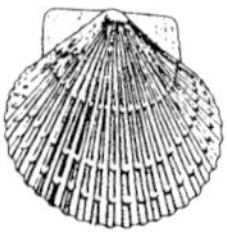

Kamm-Muschel

An der Huk geht's im rechten Winkel um die Ecke, und jetzt kommt nur noch Strand, Strand, ***Strand.*** Bei Vejers, 10 km die Dünenküste hoch, dürfen erstmalig wieder Autos ans Meer, wenn auch nur auf einem 1,4 km langen Sektor. Außerdem kann das Gebiet im Rahmen von Militärübungen gesperrt werden, allerdings kaum in der HS. Die Strände von Grærup, Børsmose und Kærgård schließen sich an. Auch hier darf das Auto auf 1,4 km mitgenommen werden. Henne, Houstrup und Nymindegab letztlich gehören zu den beliebtesten Badestränden dieses ganzen Küstenstrichs. Bei Nymindegab ist es offiziell erlaubt, sich im Lichtkleid zu tummeln. Gleichzeitig gibt es hier ebenfalls ein militärisches Übungsgebiet - wie immer sich das mit FKK vereinbart.

Nördlich von Nymindegab setzt sich die Küste mit feinem bis grobem Sand fort und bildet das fast 40 km lange ***Holmsland Klit,*** einen

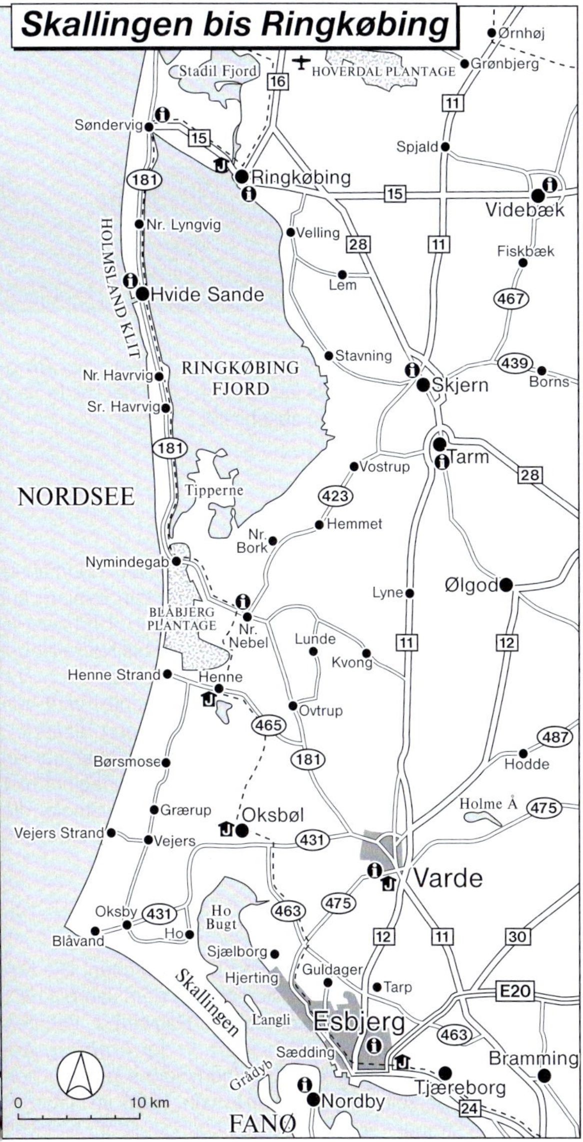

Bis Ringkøbing

Landschaft an der Ho-Bucht

Dünendamm, der die riesige Lagune des ***Ringkøbing Fjords*** (außer dem Loch bei Hvide Sande) zur See hin abschließt.

Varde

An Varde kommt zumindest der Bahnfahrer nicht vorbei, denn in Richtung von Esbjerg auf die Küste muss er hier umsteigen. Und zwar in einen lustigen Oldtimerzug, der bis Nørre Nebel (via Oksbøl) dahinwackelt. Wer jetzt nach Nymindegab (via Lønne) weitermöchte, wird von einem noch betagteren Veteranen erwartet. Dieses bemooste Eisenross fährt aber nur an Sonntagen im Hochsommer. Auch beginnt hier die Landstraße Nr. 181, die bis Hanstholm die Küste hinaufführt und von viel Sehenswertem begleitet wird.

Sehenswertes

Varde ist ein hübsches altes Städtchen. Die ***Kirche Sct. Jacobi*** stammt aus dem Jahre 1150; andere bemerkenswerte Bauwerke datieren aus dem 18. Jahrhundert. In der ***Arnbjerg-Anlage,*** in der eine Rentnerkolonne unermüdlich werkelt, wird das Varde von 1860 im naturgetreuen Maßstab 1:10 nachgebildet: weltweit

„die einzige korrekt gebaute Ministadt". Die Dänen lieben solche Verkleinerungen, man begegnet ihnen immer wieder.

Das ***Varde-Museum*** am Lundvej zeigt täglich von 12 bis 17 Uhr einiges aus der Lokalgeschichte, verblasst jedoch vor dem Stolz der Stadt, dem ***Artilleriemuseum*** mit allerlei Waffen aus der Historie des bekannt grimmig-martialischen Dänenvolkes (Vestervold 11, geöffnet Feb.-Okt. 11-17 Uhr).

Auskunft

- ***Touristeninformation,*** Skansen 4, 6800 Varde, Tel. 75223222, Fax 75223327, www.visitvarde.dk

Unterkunft und Restauration

Hotels

- ***Arnbjerg***€€€€, Arnbjerg allé 2, Tel. 75211100.
- ***Billum Kro***€€€€, Vesterhavsvej 25, Billum, Tel. 75258200.

Zimmer

- Es gibt diverse Zimmer, die über das Verkehrsamt vermittelt werden.

Jugendherberge

- ***Pramstedvej*** 10, 6800 Varde, Tel. 75221091. Gemütliches Heim mit 48 Betten.€-€€ Offen 15.5.-1.10.

Gastronomie

- ***Big Ben,*** Torvet. Englischer Pub.
- ***Bøf & Vin,*** Østergade 1. Beefspezialitäten, Lunch 11.30-14 Uhr.

Miniaturen sind populär

●***Det Lille Apotek,*** Storegade 20. Gute Küche, Livemusik.
●***Hodde Kro,*** Vejlevej 4 (Tistrup). Traditionelle Kochkunst in ländlicher (kindergerechter) Umgebung.
●***Rav-husets Cafeteria,*** Torvet. Kleine Gerichte. „Skinkeschnitzel" 65 dkr.
●***To-Rino,*** Torvegade 3. Familienrestaurant mit italienischer Küche; Fischspezialitäten.

Sport

Allgemeines

●***Varde Fritidscenter;*** Sportkomplex am Lerpøtvej.

Angeln

●Je ein ***Put & Take-Teich*** in Alslev, Janderup und Roust.

Golf

●***Golfclub Varde,*** (18 Löcher), Gellerupvej 111 (1,5 km vom Stadtzentrum), Tel. 75224944.

Schwimmen

●***Varde Sommerland,*** siehe bei „Unterhaltung".

Unterhaltung

Varde Sommerland

●Der riesige Amüsierbetrieb östlich der Stadt (Gallerupvej 49) ist offen von Mitte Mai bis Anfang September. „Colorado-Express" (Mini-Achterbahn), Wasserland mit Booten, Spielplätze, Reitpferde, Oldtimerzug, Trampolins, Bowling, Gokarts, Grillplatz - alles da.

Touren

●***Ausflüge*** mit dem Oldtimerbus von 1930; ***Flussrundfahrten*** und anderes können über die Touristeninformation gebucht werden.

Fest

●***Fest- und Kulturwoche,*** Anfang September.

Unglaublich untauglich

Die dänische Armee hat laut Presseberichten ein ernsthaftes Problem. Wiederholt mussten bis zu 42% der Wehrpflichtigen eines Jahrgangs als untauglich gemustert werden, „weil sie entweder zu fett oder zu dumm waren". Mit diesen Worten wird der Oberbefehlshaber der Streitkräfte, *Hans Jesper Helsø*, zitiert.

Aus: „Zivil"

Oksbøl

„Märchenland" nannte der Lyriker *Thomas Lange* im 19. Jahrhundert diese Region aus Heidegebieten (den größten Dänemarks), ausgedehnten Wäldern und nackten Dünenarealen. Aber märchenhaft ging es hier lange nicht zu. Das Leben der damaligen Bewohner des Gebiets war ein unablässiger Kampf gegen gewaltige ***Wanderdünen,*** die von Westen her ins Land zogen und es immer wieder in eine Wüste verwandelten. Erst gegen Mitte des 19. Jahrhunderts gelang es, durch Anpflanzungen von Heidekraut und massive Aufforstungen dem ***Treibsand*** Einhalt zu gebieten. Das setzte jedoch schwere Knochenarbeit voraus, wobei wohl niemandem so recht lyrisch zumute gewesen sein dürfte.

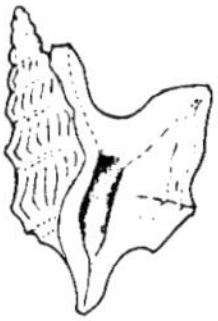

Pelikanfuß

Heute hat sich hier die ***dänische Armee*** eingenistet und ballert sehr prosaisch drauflos; beliebtes Ziel der Artillerie ist unter anderem das Hornsriff, eine Untiefe weit vor der Küste. Schon 1967 wurde das gesamte Märchenland hierfür wenig feinfühlig entvölkert. Die für Touristen relevanten ***Sperrzeiten*** (für jeweils zwei Monate) werden in der Ortsmitte von Blåvand neben den drei dort zusammenstehenden Telefonzellen ausgehängt. Zudem wird die Sperrung eines Gebiets durch eine ***rote Kugel*** (nachts rotes Licht) auf einem hohen Turm angezeigt. Weitere Infos gibt es unter Tel. 76541211.

Mittendrin liegt ***Oksbøl.*** Nomen ist hier wohl ein bisschen omen (*oxebølle* heißt im alten Dänisch „Ochsengehege"); der Ort wird niemanden vom Hocker reißen. ***Sehenswert*** ist die ***Aal-Kirche*** aus dem 12. Jahrhundert mit eindrucksvollen Malereien (im Juli jeden Di um 16 Uhr Führung). Ein Stückchen weiter findet man Besinnlichkeit auf dem ***deutschen Flüchtlingsfriedhof,*** einem der größten seiner Art. Gleich nebenan liegt die geräumige Jugendherberge, ein einstiges Armeehospital, und nahebei der *Hundeskov,* ein Waldareal, in dem Bello sich ungeleint von Baum zu Baum tummeln darf!

Die Aal-Kirche

Am Broengvej lockt dann laut Prospekt ein ***„freier Bauernhof".*** Es kostet aber 20 dkr Eintritt, irgendwie merkwürdig.

Bemerkenswert ist auch das neue ***Bernsteinmuseum*** in der Vestergade 25, geöffnet tägl. 11-17, im Winter 16 Uhr, Eintritt 35 dkr (teuer!). Das ***Panzermuseum*** am Græerup Havvej 2 ist hingegen gratis (nur im Sommer, Mo 12-15 Uhr)

Zur Gemeinde Oksbøl zählen die ***Strände*** Baunhøj, Børsmose und Græerup.

Auskunft

- ***Touristeninformation,*** Vestergade 27, 6840 Oksbøl, Tel. 75271800, Fax 75272552, www.bte.dk, dieses Büro handhabt auch die Belange von Blåvand.

Unterkunft

Hotels/ Motels

- ***Ragu-Ku***€€, Strandvejen 1, Tel. 75271110. DZ mit Bad und Kochnische.
- ***Turisthotellet***€€, Torvegade 1, Tel. 75271037.

Camping

- ***Baunhøj Camping,*** Baunhøjvej 34; Tel. 75271130.
- ***Børsmose Strand Camping****,*** Børsmosevej 3; Tel. 75277070; auch Hütten für 4-6 Personen.
- ***FDM-Camping,*** Græerup Havvej 4; Tel. 75277049. Nahe der Nordsee; Put & Take Græerup Fiskesø 200 m weiter. Spielplatz. Hütten für 4-6 Personen.

Jugendherberge

- ***Præstegårdsvej 21***, 6840 Oksbøl, Tel. 75271877, Fax 75272544, danhostel@post.tele.dk 106 große Zimmer.€-€€€ Offen 1.2.-31.12.

Das Elend mit dem Treibsand

Überall an Jütlands Nordseeküste hatten die Bewohner stets große Mühen mit dem Sand, der beweglich wie eine Flüssigkeit das Land überschwemmte und in unfruchtbare Sahelzonen verwandelte. *Langes* „Märchenland" hat bis heute unter dem Problem zu leiden, weil hier die Huk von Blåvand ein gewaltiges, sich stets erneuerndes ***Sandreservoir*** bildet, das den Westwinden unablässig Nachschub liefert. In Jütland kann man noch einige weitere Stätten kennen lernen, die der Sand ganz oder fast unter sich begrub, so Skagens alte Kirche, Dänemarks berühmtestes Mahnmal für dieses Naturphänomen (s.u. unter „Skagen" in Nordjütland).

Große Teile Nordjütlands waren zu Beginn des Mittelalters von ausgedehnten ***Waldflächen*** bedeckt; es müssen bei mildem Klima idyllische Verhältnisse geherrscht haben. Doch der Mensch holzte den Wald bald ab, Tiere in seinem Gefolge zerstörten das Unterholz, der Flugsand hatte freie Bahn. Die erste ***Wüstenbildung*** begann schon im Mittelalter. 1539 versuchte *Christian III.*, ein früher Ökologe, den Verfall der Dünenküsten durch scharfe Gesetzgebung zu unterbinden. Es war verboten, die Dünen zu beweiden oder sonstwie zu bewirtschaften. Doch die Einheimischen blieben unbeeindruckt; es war ihr Land, und sie verstanden die Erlasse des fernen Königs wahrscheinlich überhaupt nicht.

Christian VI. musste zwei Jahrhunderte später per Dekret das ***Pflanzen von Bäumen*** verordnen: *„Befehlen Wir allergnädigst, daß in den Holtz-Dörfern jede Manns-Person, so sich zu verheyrathen gedencket, schuldig und verpflichtet seyn soll, vor anzutretender Ehe 10 junge Eichen oder nach Beschaffenheit des Orts 15 junge Büchen zu pflantzen, und solche Hesters 3 Jahre lang nach Anpflantzung im Wachstum zu erhalten, oder ins dritte Blatt zu bringen."*

Ein Waldland wurde Dänemark dadurch aber nicht. Erst im 19. Jahrhundert begann man die Zusammenhänge auch seitens der Bevölkerung besser zu durchschauen, doch die Schäden waren kaum oder gar nicht wiedergutzumachen.

Das Thema Treibsand ist in Jütland vor derart hoher Bedeutung, dass man ihm am Rubjerg bei Lønstrup/Hjørring sogar ein spezielles ***Museum*** gewidmet hat, mit diversen Schaubildern, wie Treib- und Flugsand die Dünenlandschaft vor allem im Norden über die Jahrhunderte hinweg veränderten. Aber ach, Mitte 1996 musste das Treibsandmuseum seine Pforten schließen, nachdem Treibsand es unter sich begraben hatte.

Sport

Angeln

- ***Nøglehullet,*** Nørregade 11.
- ***Præstesø und Grærup:*** über die Touristeninformation.
- ***Vrøgum Fiskesø,*** Hedelundvej 15 (nördlich von Oksbøl).

Schwimmen

- ***Blåvandshuk Idrætscenter,*** Schwimmhalle mit „längster Wasserrutschbahn (auf dänisch *vandrutchebane)* Westjütlands": Strandvejen 2.

Tennis

- ***Oksbøl Idrætcenter,*** Strandvejen 2.

Unterhaltung

- ***Disco Jeanne d'Arc,*** Østergade 18.
- ***Stadtfest:*** Mitte Juli.

Blåvand

Die nicht gerade aufregenden Landstädtchen Varde und Oksbøl habe ich zuvor im Detail aufgeführt, um eine Alternative zum quirligen Blåvand zu geben. Denn hier an Dänemarks westlicher Ecke pulsiert das ***touristische Leben,*** und im Sommer schnellen auch die Preise in die Höhe. Man kann sich dann ein wenig ins Hinterland zurückziehen, wenn einem der Betrieb zuviel wird.

Sehenswertes

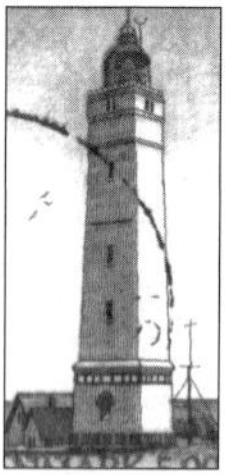
Der Leuchtturm von Blåvand

Dass Blåvand so beliebt ist, hat Gründe, die ohne weiteres nicht ersichtlich sind. Nicht zuletzt besitzt der Symbolismus, mal auf ***Blåvandshuk,*** dem ***westlichsten Punkt des Landes*** gestanden zu haben, aber wohl einen beträchtlichen Stellenwert. An Schwere gewinnt dieser bestimmt noch, nachdem man am Kiosk unweit des eindrucksvollen ***Leuchtturms*** (39 m, erbaut 1901) eine *pølse* gegessen hat, obwohl selbige Wurst angesichts des großen Ereignisses – „letzte Gelegenheit bis England!" – ganz besonders profan zu schmecken droht. Bei scharfem Westwind knirscht einem der bewusste

Blåvand

Trojanischer Bunker

Flugsand zwischen den Zähnen; das trägt zum Erlebnis bei. Und dann auch noch Kanonendonner im Hintergrund - Abenteuerurlaub!

Die touristische Action findet zumeist im Ort Blåvand selbst statt. Draußen am Leuchtturm von Blåvandshuk wird es schon viel ruhiger, auch wenn dort deutsche Drachenfans - *drageterrorister* auf dänisch - bevorzugt ihre Flieger knattern lassen.

Originell: Auf die unvermeidlichen ***Wehrmachtsbunker,*** die hier halb im Sand versunken sind, haben die Dänen Pferdeköpfe montiert. Bei Sonnenuntergang nehmen die Figuren ein geradezu mystisches Aussehen an - recht gelungen!

Die ***Tirpitz-Stellung*** an der Straße von Oksbøl ist dagegen zu einem bunten „Erlebniszentrum" umfunktioniert worden, das bestimmt nicht jedermenschs Sache sein dürfte (ganzjährig geöffnet).

Hübsch dargestellt ist einiges an Lokalkolorit im ***Blåvand Museum,*** untergebracht in der alten, reetgedeckten Schule von Oksby. Das Museum hat (überwiegend im Sommer) täglich von 14-17 Uhr geöffnet; der Eintritt ist, man höre und staune: frei.

Auch der Zugang zum ***Rettungsbootmuseum*** (Fyrvej 25) ist gratis, ebenso zur Kerzenfabrik (Blåvandvej 3).

Außerdem befindet sich unmittelbar unterhalb des Leuchtturms ein ***Naturzentrum,*** das über Fauna und Flora der Region Auskunft gibt. Die Ausstellung ist im Sommerhalbjahr geöffnet.

Information

- ***Blåvand Turistinformation,*** Blåvandvej 15, Blåvand, Tel. 75279244, Fax 75279091 und Fyrvej 106, Blåvand, Tel. 75275411, Fax 76541050.

Unterkunft und Restauration

Hotels/ Motels

- ***Klithjem***€€€, Nordvej 1 (Vejers), Tel. 75277042.
- ***Motel Garni Blåvandshuk***€€€, Fyrvej 22, Tel. 75279016.
- ***Strandhotellet***€€€, Vejers Havvej 105, Tel. 75277018; 300 m zum Strand.

Ferienhäuser

- ***Blåvand Feriehusudlejning,*** Tel. 75275222.
- ***Blåvand Sommerhusudlejning,*** Tel. 75279244.
- ***DanCenter,*** Tel. 75279500.
- ***Dansk Familieferie,*** Tel. 75279888.
- ***Dansommer,*** Tel. 75278122.
- ***Ho Ferien- und Aktivitätscenter,*** Tel. 75278788.
- ***Raaschou*** (Vejers), Tel. 75277021.
- ***Sol og Strand,*** Tel. 75278000.

Camping

- ***Blåvand Camping,*** Hvidberg Strandvej 31, Tel. 75279040.
- ***Ho Camping,*** Skallingvej 8 (Ho), Tel. 75279157.
- ***Hvidberg Strand Camping,*** Strandvej 27, Tel. 75279040.
- ***Stjerne Camping*** (Vejers), Vejers Havvej 7, Tel. 75277054.
- ***Vejers Sydstrand Camping,*** Vejers Sydstrand 3, Tel. 75277050.

Zimmer

- ***Verkehrsamt Oksbøl,*** 200-250 dkr/ Ü.

Gastronomie

- ***Acqua Blu,*** Blåvandvej 28. Der Name des Cafés ist die Übersetzung von „Blåvand". Gottlob gibt's dort aber mehr als blaues Wasser, vor allem Pizzen.

Kro in Blåvand

●***Gastronomi Café,*** Blåvandvej 35. Buffets, Bistro, Live-Musik.
●***Ho Kro,*** Hovej 34. Gerichte à la carte.
●***Strandhotellet,*** Vejers Strand. Preiswerte Tagesgerichte von 12-14 Uhr, kaltes Buffet.
●***Thora's Gaard,*** Blåvandvej 31. Familienrestaurant und Pub. Ganzjährig geöffnet.

Sport

Allgemeines
●***Blåvand Aktivitetscenter,*** Hvidbjerg Strandvej 1. Diverse Sportarten, u. a. Tennis. Schwimmbad.
●***Ho Ferie- og Aktivitetscenter*** (Ho), Hovej 4.

Golf
●***Blåvandshuk Golfbane*** (18 Löcher), Søndertoften 29 (Ho), Tel. 75278811. *„Schmalen Fairways in einem kupierten Dünengelände vom Wald umkranzt sind eine grosse Ausforderung für die Fähigkeit, genau zu spielen." Fore!*

Reiten
●***Blåvand Ridning,*** Grønnevej (nur Sommer).
●***Ho Hesteudlejning,*** Hovej 4 (Ho).

Windsurfen
●***Blåvand Surfcenter,*** Blåvandvej 39, Tel. 75278797. Verleih von Ausrüstung.

Unterhaltung

●***Blåvand Aktivitetscenter*** (s. o.). In der HS wird eine lange Reihe von Aktivitäten für Kinder, Erwachsene und Familien angeboten.

Tanzen
●***Tropic Disco,*** Vejers Havvej 97.

Touristenzeitung
●Sechs Ausgaben im Sommer, auch deutsch, gratis.

Glanz und Ende einer sündigen Stadt

Oksbøl, Oksby - diese Namen deuten auf Rindviecher. Wo heute die dänische Armee ballert, zog sich in der Tat der ***Alte Ochsenweg*** dahin, auf dem 800 Jahre lang Waren aus dem jütländischen Innern an die Küste transportiert wurden: Tongefäße, feines Salz aus Skjern, edle Fische aus den Flüssen und, eben, Ochsen. Ein *oxebølle* in altem Dänisch war ein Gehege für sie. Der Ochsenweg zog sich die ganze Küste hinab; sogar aus dem Vendsyssel im hohen Norden kamen Cowboys mit Viehherden.

Unfern des heutigen Städtchens Ho lag einst der ***Hafen Sønderside,*** von dem diese Güter nach allen bekannten Handelsplätzen an Nord- und Ostsee und bis nach Island und Grönland verschifft wurden. Ein lebhaftes Treiben herrschte hier zu Beginn des 17. Jahrhunderts, und in den Annalen der Region ist alsbald, nachdem sich der Reichtum mehrte, auch von einem ***lotterhaften Treiben*** die Rede: *„Huren, die das Geld ihrer Besucher gestohlen, oder Schüler, die von der Justiz des Schulmeisters geschwänzt hatten".* Schiffer verluden ihre Waren - schlimm, schlimm! - auf hoher See, um dem Zoll ein Schnippchen zu schlagen. Auch gab es Spielhöllen und heimliche Schänken, Mord, Totschlag und Zauberkunst; das konnte ja nicht gutgehen.

In der Nacht vom 10. auf den 11. Oktober ***1634*** zog die große ***Springflut*** herauf und machte der Gottlosigkeit ein Ende. Sønderside versank in der See, und das wenige, was noch erhalten geblieben war, wurde unter Treibsand begraben. Damals entstand die Halbinsel Skallingen, die bis dahin lediglich eine bessere Sandbank gewesen war.

Von Blåvandshuk nach Nymindegab

Die gut 30 km lange Küste zwischen diesen beiden Punkten stellt eine einzige ***Kette von Ferienhauskolonien und Campingplätzen*** dar. Das Zentrum der Betriebsamkeit befindet sich in Nørre Nebel am Fuße des ***Blåbjerg,*** Dänemarks höchster Düne mit stolzen 64 Metern. Die meiste Badeaktivität entfaltet sich in Henne Strand, ein paar Kilometer nordseewärts. Westlich von N. Nebel liegen die Blåbjerg Klitplantage, die Pugelbjerge und die Nyminde Plantage, alles zusammen ein - für Dänemark - beträchtlich ***großes Waldgebiet,*** das vor allem den Flugsand dort lassen soll, wo er jetzt ist.

Sehenswertes

Nørre Nebel hat mit einem kleinen Museum und einer Kirche aus dem Jahre 1200 aufzuwarten, ***Henne Strand*** mit nicht viel mehr als außer einer Menge Sand.

Nymindegab bietet sich als „spannender" an. Unter anderem machen die Prospekte neugierig auf das ***Walaquarium*** - das sich dann aber leider als das Skelett eines 12 m langen Pottwals in Bahnhofsnähe entpuppt. Immerhin darf man es kostenlos beäugen. Das gleiche gilt für die alten ***Fischerbuden*** am Strand, aber das ***Rettungsbootmuseum,*** nahebei, kostet schon wieder was (5 dkr).

Säbel-schnäbler

Freien Zutritt hat man vom 1.4.-31.8. an So von 5 bis 10 Uhr, ansonsten 10-12 Uhr (aber nie vor Sonnenaufgang), zum ***Vogelschutzgebiet Tipperne,*** schon seit 1898 ein solches. Das Gelände, von europaweitem gutem Ruf, liegt 9 km nördlich des Ortes. Ausgesprochene „touristische Attraktionen" sind hier also recht dünn gesät, dafür hat man umso mehr Strand und Natur. Entsprechend beliebt ist diese Gegend, und die Unterkünfte sind immer gut gebucht.

Auskunft

- ***Touristeninformation:*** *Blåbjerg Turistkontor,* Stationsvej 1, 6830 Nørre Nebel, Tel. 75288670, Fax 75288669, www.visitblaabjerg.com, Mo-Fr 10.30-15.30 Uhr

Unterkunft und Restauration

Hotels

- ***Feriegården***€€, Hennebysvej 32, Henne; Tel. 75255134. 3 km vom Strand, 2 km nach Blåbjerg. Appartements.

- ***Henne Kirkeby Kro***€€€***,*** Strandvejen 234, Henne; Tel. 75255400. Neben der Kirche, 4 km vom Strand.
- ***Henne Mølle Å Badehotel***€€€, Hennemølleåvej 6, Henne Strand; Tel. 75255028. In den Dünen in unmittelbarer Strandnähe gelegen.
- ***Henne Strand Feriehotel***€€€, Klitvej 2, Henne Strand; Tel. 75255004. 50 Appartements für 4-6 Personen.
- ***Kjærs Hotel***€€€€, Bredgade 27, Nørre Nebel; Tel. 75288010. Kleines Hotel mit 11 Betten.
- ***Klitgården***€€€, Porsmosevej 19, Henne Strand; Tel. 75255049. Pension.
- ***Lunde Kro***€€€€, Skolegade 8, Lunde; Tel. 75282002. Kleines Hotel mit 11 Betten.
- ***Nordsø Klit***€€, Hjelmevej 15, Henne Strand; Tel. 75255474. 300 m vom Strand. Ferienwohnungen.
- ***Nymindegab Kro***€€€€, Vesterhavsvej 327, Nørre Nebel; Tel. 75289211.
- ***Vesterlund Kro***€€€€, Vesterlundvej 106, Nymindegab; Tel. 75289688. Kleiner Kro mit 10 Betten.

Ferienhäuser

- ***Dan Center,*** Henne Strand; Tel. 75255500.
- ***Henne Strand Feriehusudlejning,*** Tel. 75255600.
- ***Købmand Hansen's,*** Henne Strand; Tel. 75255311.
- ***Nymindegab Feriehusudlejning,*** Nørre Nebel; Tel. 75289100.
- ***Rie's Sommerhusudlejning,*** Henne Strand; Tel. 75255111.
- ***Schultz-Houstrup,*** Nørre Nebel; Tel. 75288455.

Camping

- ***Henneby Camping,*** Hennebysvej 20, Henne; Tel. 75255163. Dicht am Wald; 3 km zum Strand. 180 Stellplätze; auch 5 Hütten für je 6 Personen und Wohnwagen. Offen Ostern bis 1.11.
- ***Henne Strand Camping,*** Strandvejen 418, Henne; Tel. 75255079. 1 km vom Strand. 209 Stellplätze plus 12 neue 6-Personenhütten. Tennis und „subtropisches Badeland" (große Anlage mit jeder Menge Wasser-Action).
- ***Houstrup Camping,*** Houstrupvej 15, Nørre Nebel; Tel. 75288340. 220 Stellplätze, 2 Hütten. Pool, Minimarkt, Tennis, Minigolf, Leihräder, Spielplatz ...
- ***Lyngbo Parken*** (FKK), Strandfogedvej 15, Henne; Tel. 75255092. 70 Stellplätze, 2 Hütten. Nur FKK!
- ***Nymindegab Økologisk Camping,*** Lyngtoften 12, Nymindegab; Tel. 75289183. 318 Stellplätze; auch Hütten (4) und Mietzelte. Beheizter Pool, Sauna. Biologisch-dynamische Lebensart; Naturkostladen.
- ***Vesterlund Camping*,*** Vesterlundvej 106, Nymindegab; Tel. 75289962. 50 Stellplätze, 6 Hütten.

Jugendherberge

●***„Solfang"***€-€€, Strandvejen 458, 6854 Henne Strand. Tel./Fax 75255075 oder 97101509. Gemütlich, 44 Betten. Nur 1.4.-1.10., keine Gruppen.

Gastronomie

●***Aladdin Café & Grillrestaurant,*** Strandvejen 456, Henne Strand. Spezialität: Grillgerichte.
●***Houstrup Grillen,*** Houstrupvej 24, N. Nebel. Mo-Fr 11-18 Uhr Grillgerichte.
●***Il Mandolino,*** Strandvejen 407, Henne Strand. Ital. Restaurant und Pizzeria.
●***Lønne Cafeteria & Pizzeria,*** Gammelgabvej 2, N. Nebel. Kleine Mahlzeiten, Pizzen.
●***Lunde Kro,*** Skolegade 8, Lunde. Solide dänische Küche.
●***Mod Vinden*** („Gegen den Wind"), Vesterhavsvej 303, Nymindegab. Fisch und Fleisch.
●***Napoli,*** Klitvej 2, Henne Strand. Pizza, Pasta, Fisch, Salate, Steaks.
●***Nymindegab Kro,*** Vesterhavsvej 327, N. Nebel. Fischspezialitäten.
●***Strandgården,*** Klitvej 5, Henne Strand. Restaurant *Fisk & Beuf* mit Fisch- und Fleischspezialitäten; *Café Sommersko* mit Kaffee und Kuchen, Steaks, Spareribs.
●***Vesterlund Kro,*** Vesterlundrej 106, Nymindegab, Dänische Küche.

Geschnittenes Reet am Fjordufer

Ringkøbing Fjord

Man darf sich unter einem dänischen „Fjord" nicht das gleiche wie unter einem norwegischen vorstellen, also einen langen, schmalen und tiefen Einschnitt in einer hohen Küste. Es handelt sich eher um eine Bucht, eine *Förde* im Norddeutschen, und jene von Ringkøbing, an der wir nunmehr angelangt sind, ist wohl am besten als ***Haffsee*** oder Lagune beschrieben. Gut 25 km dehnt sich dieses Binnengewässer, Dänemarks größtes, von einem Ende zum anderen, etwa zehn Kilometer ist es breit und - in der Fahrrinne von Hvide Sande nach Ringkøbing - maximal 3 m tief. Über lange Zeiten hinweg existierte eine Öffnung zur See hin, das Nymindegab, durch das sich ein lebhafter Verkehr mit Ringkøbing entwickelte. Dieses Loch in der Nehrung von Holmsland Klit verlagerte sich von etwa ***1650*** an jedoch ständig, und der Sandwall nahm stets neue Gestalt an. Die schwere Sturmflut vom Februar ***1825*** schlug gleich mehrere große Breschen in ihn, spülte sie aber auch schnell wieder zu. Zuletzt wanderte die Öffnung immer mehr nach Süden, und gegen ***Ende des 19. Jahrhunderts*** machte die See die Pforte ganz dicht. Der Fjord war jetzt ein Binnenmeer, und in der einst so geschäftigen Hafenstadt Ringkøbing, urplötzlich auf dem Trockenen, gingen die Lichter aus.

Schon kurz darauf grub man bei Hvide Sande einen Kanal durch die Dünen, der sich jedoch rasch zu einem Riesenloch ausweitete, das

Sport

Golf

- ***Henne Golfklub*** (18 Löcher und Par-3-Kurs), Hennebysvej 30. Tel. 75255610.

Reiten

- ***Stutteri Vestkysten,*** Hennesbyvej 62, Henneby, Tel. 75255853.

Schwimmen

- ***Henne Strand Tropeland,*** Strandvejen 418.
- ***Houstrup Camping,*** s. o.
- ***Nørre Nebel Svømmehal,*** Klintingvej 21, N. Nebel.

Tennis

- Die besten Karten hat man, wenn man mal bei den Campingplätzen vorbeischaut. Fast alle haben eine Anlage. Ansonsten:
- ***Blaabjerg Hallen,*** Idrætsvænget 29, Outrup.
- ***Lunde Stadion,*** c/o Oceka, Skolegade 3, Lunde.

Unterhaltung

Tanzen

- ***Disco Bjælkestuen/Bodega,*** Bredgade 52, Nørre Nebel.
- ***Disco Watergate*** im Restaurant *Strandgården,* s. o.

sich jeglicher Kontrolle entzog und deshalb wieder zugeschüttet werden musste. ***1931*** wurde ein neuer Anlauf gestartet, und diesmal gelang das Unternehmen. Seither ist der Fjord über ein Wehr und eine ***Schleuse*** mit der Nordsee verbunden, und sowohl Yachten als auch Fischkutter und Frachtschiffe ganz respektabler Größe können wieder bis Ringkøbing fahren.

Durch die kleine Öffnung gelangt wenig Meerwasser in den Fjord; er ist mithin ***fast ein reiner Süßwassersee.*** (Man bemüht sich gegenwärtig, den Salzgehalt etwas anzuheben, um die Algenbildung unter Kontrolle zu halten.) Ständig füllen mehrere Flüsse das flache Becken neu auf, vornehmlich die enorm wasserreiche Skjern Å, die an ihrem Ausfluss ein respektables Delta, eine wahre Mini-Camargue bildet. Entsprechend sehen die Ufer auch überall sonst aus. Vielfach sind sie schilfbestanden; stellenweise wird das Röhricht geschnitten und als Dachabdeckung verwendet. Im Süden formen Marschen und Sumpfmoore das ***Naturschutzgebiet Tipperne*** mit einer faszinierenden Vogelwelt.

Unmittelbar daneben dehnen sich ***Strände:*** Bork, Fahlen, Hemmer und Skaven, gleichermaßen beliebt als Familienbäder (flaches Wasser) und Basen für Windsurfer (viel Wind, wenig See). An die 1400 Ferienhäuschen stehen allein in dieser Ecke des Ringkøbing Fjordes. 1995 erhielt man hier einen Europäischen Umweltpreis für die gelungene Verknüpfung von Natur und Tourismus.

Auf dem Holmsland Klit bis Hvide Sande

Fast 40 km zieht sich der schmale Sanddamm des ***Holmsland Klit*** von einem Ende zum anderen dahin. Links, zur Nordsee hin, donnert die Brandung auf den Strand, in der Mitte liegen Dünen, teils recht respektabler Höhe, und zur Rechten, Richtung Ringkøbing Fjord, dehnt sich wind- und seegeschützt die touristische Infrastruktur. Dort führt auch die Straße in Richtung Norden entlang.

Bis ***Hvide Sande,*** fast genau in der Mitte gelegen, berührt die Straße die Gemeinden Bjerregård, Skodbjerge, Haurvig und Årgab, die alle davon zehren, dass man von diesen kleinen Vorposten der Zivilisation nur über die Dünenkette steigen muss, um sich in der Strandwildnis der Nordsee zu befinden.

„Weiße Sände" heißt dieser Ort auf deutsch. Und dies, in Verbindung mit Fjordeingang und Fischereihafen, lässt zweifellos romantische Vorstellungen aufkommen. Aber, ach. Hvide Sande, 3000 Einwohner, ist alles andere als ein schöner Ort, sondern ein kahles, funktionelles ***Zentrum der Fischindustrie*** mit öden Zweckbauten und einem hässlich verbetonierten Loch in der Dünenlandschaft. Die Dänen selber geben bereitwillig zu, dass man Hvide Sande keine besonders reizvolle Lokalität nennen kann.

Es ist aber ein ideal gelegener Stützpunkt, um von hier das Holmsland zu erkunden, denn nach beiden Seiten lassen sich prächtige Tagesausflüge von 10 bis 20 km unternehmen. Sowohl die Beschaulichkeit der Strände als auch ein durch die Dünen führender Naturpfad (s. u.) von Nymindegab bis Søndervig bieten sich für schöne ***Wanderungen*** an. Wenn man müde wird, kann man immer auf die Straße ausweichen und in einen Bus springen - die Haltestelle ist dort, wo man selber ist.

Sehenswertes

Hvide Sande bedeutet Fisch und nochmals Fisch. Über 200 Kutter drängen sich im ***Hafen,*** Dänemarks drittgrößtem nach Esbjerg und Hanstholm. In der engen Einfahrt ist ein ständiges Kommen und Gehen. Die Fänge werden morgens (Mo-Fr 7, manchmal zusätzlich 10 Uhr) in der Auktionshalle am Südhafen versteigert, stets eine lebendige Angelegenheit. Im Sommer dürfen Touristen mitbieten. Teils geht der Fisch auf weite Europareise, teils wandert er gleich in Hvide Sandes Geschäfte, wo er kommentarlos das Etikett „fangfrisch" verdient.

Nach Fisch riecht's ebenfalls im ***Fischereimuseum,*** zu finden in dem Mehrzweckgebäude, das auch die Touristeninformation beherbergt. Alles über die edle Fischwaid ist dort zu sehen, und im Aquarienbereich gibt's sogar ein „Streichelbecken", wo Kinder den einen oder anderen Meeresbewohner berühren dürfen, der der dänischen Gammelverarbeitung entkommen konnte. Die Ausstellung ist ganzjährig täglich (außer Mo im Winter) geöffnet.

Im ***Mini-Zoo*** in Årgab (Karen Brands Vej 138) ist das Motto: *„Erleben Sie 600 ausgestopfte Tiere und Vögel!"* Das eher makabre Erlebnis, bestimmt nicht Sache von Tierfreunden, kostet satte 30 dkr.

Auskunft

- ***Hvide Sande Turistbureau,*** Nørregade 2b, 6960 Hvide Sande, www.nordsee.dk, Tel. 97311866, Fax 97312880, ganzjährig geöffnet, im Sommer auch So.

Verkehrsanbindung

Busse

- Von Hvide Sande fahren in beide Richtungen (Ringkøbing bzw. Nymindegab) Busse.

Fähre

- Im Sommer verkehrt eine Fähre nach Ringkøbing.

Unterkunft und Restauration

Hotels

- ***Holmsland Klit***€€€, Nørregade 2, Tel. 97313155. Etwas nördlich von der Schleuse am Meer gelegen.
- ***Skodberge***€€€, Sdr. Klitvej 172, Tel. 97315024. Dicht am Meer gelegen.

Ferienhäuser

- ***Bilberg,*** Tel. 97315027.
- ***Holmsland Klit Turistforening,*** Nørregade 2b, 6960 Hvide Sande, Tel. 97311866, Fax 97312880.
- ***DanCenter,*** Tel. 97312500.
- ***Esmarch,*** Tel. 97315040.
- ***Hvide Sande Feriehuse,*** Tel. 97313334.

Camping

- ***Beltana Camping**,*** Karen Brandts Vej 70 (Årgab); Tel. 97311218. 95 Stellplätze, 16 Hütten. 200 m zum Strand, 1 km nach Hvide Sande. Offen 31.3.-20.10.
- ***FDM Camping,*** Tingodden 141 (Årgab); Tel. 97311309. Auch Hütten. Dicht am Strand.
- ***Fiskerøgeriets Camping**,*** Sdr. Klitvej 185 (Bjerregård); Tel. 97315344. 200 Stellplätze. Hütten separates Tel. 97315013. Pferde und Boote zu mieten. Am Fjord gelegen; zur Nordsee 10 Fußminuten. Offen 31.3.-31.10.
- ***Nordsø Camping/Badeland,*** Tingodden 3 (Årgab); Tel. 97311722. 295 Stellplätze, 40 Hütten. Zwischen Landstraße und Nordsee gelegen. Große Badeanlage, Supermarkt, Tennis.

● ***Nørre Lyngvig Camping,*** Holmslandklitvej 8, Nørre Lyngvig, Tel. 97311231. 584 Stellplätze, Hütten; Dünenareal in Strandnähe, geöffnet von Ostern bis Ende Okt.

Hausboote ● ***Buchung*** über das Turistbureau

Jugendherberge ● ***Hvide Sande***€-€€, Numitvej 5, Tel. 97312105, Fax 97312196, danhostel@hvidesande.dk

Seemannsheim ● ***Bredgade 5,*** Tel. 97311033, www.hssh.dk

Bauernhof ● ***Lüneborg,*** Tel. 97312200. Hof aus dem Jahre 1890 in Nørre Lyngvig, ganz oder teilweise mietbar.

Gastronomie

● ***Bella Italia,*** Parallelvej 3. Italienische Spezialitäten.
● ***La Barca,*** am Hafen. Dito.
● ***Lygten,*** Nørregade 53; Fisch satt.
● ***Sandslottet,*** Nørre Lyngvig; Familienrestaurant.
● ***Seemannsheim*** (s. o.). Hausküche mit viel Fisch.
● ***Slusen,*** Bredgade 3 (am Hafen). Fisch, Steaks und Schnitzel. Frische Hummer aus eigenem Aquarium.

Sport

Angeln

● Die ***Hafenmolen*** von Hvide Sande (innen und außen) sind erstklassige - und zugelassene - Angelreviere. Vorsicht, wenn das Peilboot im Molenbereich Vermessungen tätigt, was wegen ständiger Zusandung häufig der Fall ist. Die Angel gerät dann häufig ins Schlepptau! Köder und Ausrüstung im *sandormkiosken* an der Schleuse.
● ***Hochseefischen*** mit Kutter *Fanø* (täglich 15.6.-18.9.) oder *Silvermoon* (1.5.-15.10.). Info Tel. 97312341 oder beim „Sandwurmkiosk" (neben dem *turistbureau*).
● Am letzten Wochenende im April findet alljährlich Dänemarks größtes ***Wettangeln auf Hering*** statt. Preissumme: 30.000 dkr!

Reiten ● ***Ridecenter Vinterlejegård,*** Vesterledvej 9 (Haurvig), Tel. 97315163.

Schwimmen

● ***Hvide Sande Hallen,*** Parallelvej 2. Modernes Hallenbad, ganzjährig offen.
● ***Nordsø Camping Badeland,*** Tingodden 3 (Årgab). Täglich außer im Winter.

Segeln Bei hartem auflandigem Wind ist die ***Ansteuerung*** von Hvide Sande kein Zuckerschlecken, sagen Ortskenner.

Dafür kann man dann gleich hinter der Einfahrt im geräumigen ***Nordhafen*** Platz nehmen. Wer ***in den Ringkøbing Fjord*** hinein will, muss durch die Schleuse. Sie wird ca. alle 2 Stunden (oder auf Verlangen) geöffnet; die Benutzung ist kostenlos. Der Fjordhafen dahinter hat allerdings nur Tiefen von 1 bis 2 m. Normalerweise wird man deshalb nach Ringkøbing durchfahren, wo mehr Wasser zu erwarten und überhaupt mehr zu sehen ist.

Wandern

Der ***Naturpfad auf dem Holmsland Klit*** wurde erst vor wenigen Jahren angelegt. Er folgt den Windungen der urwüchsigen Landschaft und macht sich zum Teil die befestigten Wege in den Ferienkolonien zunutze. Man sieht auf diesem Weg zahlreiche große Höfe aus alter Zeit, Domizile der damaligen Strandvögte. Eigentümlich geformte Baken sind so genannte „Baunen", die Schiffen früher die Navigation an der merkmalslosen Küste erleichtern sollten.

Die Dünen von Holmsland Klit sind besonders empfindlich. Um schonende Behandlung wird deshalb seitens der Gemeinde freundlichst ersucht.

Windsurfschulen

- ***WestWind Nord,*** Gytjevej 15, Tel. 97312599. 3-10.
- ***WestWind Syd,*** Årgab, Tel. 97312899. 5-9.

Von Hvide Sande bis Søndervig

Weiter die Küste hinauf passiert man den ***Leuchtturm von Nørre Lyngvig,*** erbaut 1906 und stattliche 36 Meter hoch. Man kann ihn über 264 Stufen besteigen, wenn der Wärter da ist. Von oben hat man einen prachtvollen Rundblick, aber auch aus der Froschperspektive gibt es etwas zu sehen: Am Fuß des Turms zeigt ein ***Minimuseum*** in interessanten Schaubildern die dramatischen Veränderungen des Küstenverlaufs über die Jahrhunderte hinweg.

Das zuvor an dieser Landstraße gelegene große ***Bücherantiquariat*** ist mit seinen 100.000 Bänden nach Søndervig (Sølvej 2, beim Elvis-Presley-Museum) umgezogen. Dort ist im Sommer nämlich mehr los als am einsamen Highway.

Leuchtturm von Nørre Lyngvig

Søndervig

Von Ringkøbing kann man am Fjordufer entlang hinwandern; 9 km sind es, eine hübsche Tour. Kein Mensch begegnete mir auf diesem Weg, mitten in der Saison, und das einzige Zeichen von Besiedlung waren Kornfelder und der Turm der Kirche von Gammel Sogn („Alte Gemeinde") aus dem 11. Jahrhundert. Dafür ist auf der Landstraße umso mehr los.

Søndervig ist sozusagen Ringkøbings Strandbad und wurde schon vor 150 Jahren bei der Erschließung Westjütlands durch die Eisenbahn als ***Badeort*** bekannt. Nennenswerte Bebauung entstand dabei nicht, bzw. wurde zwischenzeitlich abgerissen. Der ganze heutige Ort ist bunt hingewürfelt und fasert an seinen Rändern in Ferienhauskolonien aus. Eines Tages, die Voraussetzungen dafür sind in Gestalt überall knirschenden Sandes vorhanden, wird er wahrscheinlich mal unter Wanderdünen verschwinden.

Sehenswertes

Zu seinen dürftigen Attraktionen zählt Søndervig ein Museum, das man dort kaum vermuten mag. Es handelt sich um das ***Elvis Presley Museum.*** Im Sommer, bei offenen Türen, hört man die berühmte Heulboje bis auf die Straße hinaus. Drinnen über 1000 Ausstellungsobjekte, auch „einige echte", darunter Hemd und Gürtel vom Las Vegas-Konzert 1972 - muss man gesehen haben. Und Platten, immer wieder Platten. Nachlesen kann man das Zitat eines US-Präsidenten: *„Die USA haben der Welt vier große Dinge beschert: Baseball, Micky Maus, Coca-Cola und Elvis Presley!"* Man verlässt das Museum, lichtvoll unterrichtet ob dieser Bescherung, aber tief betroffen, dass man nicht Amerikaner ist. *Elvis lives!*

Nordsøvej 4, offen vom 17.5. bis 1.11. täglich von 11 bis 18 Uhr (im Hochsommer bis 20 Uhr), Eintritt 35 dkr.

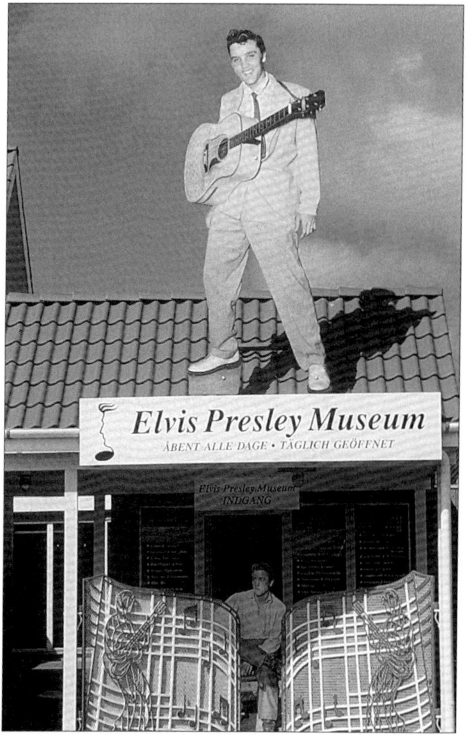

Søndervigs Heulboje

Auskunft

- ***Touristeninformation***, Lodbergsvej 73-77, Tel. 70227001, Fax 70227002, www.ringkobingfjord.dk

Verkehrsanbindung

- ***Busse*** fahren nach Hvide Sande, (häufiger) Ringkøbing.

Unterkunft und Restauration

Hotels/ Ferienwohnungen

- ***Danland***€€€, 157 Appartements mit *„Ferienpark und Badeland"*, Tel. 97339200.
- ***Strandkroen***€€€, Nordsøvej 2, Tel. 97339002; dicht am Meer gelegen, Restaurant.

Ferienhäuser

- ***Novasol,*** Tel. 97339533.
- Siehe auch die ***Unternehmen in Hvide Sande.***

Camping

- ***Søndervig Camping,*** Solvej 2; Tel. 97339034; 200 Stellplätze, auch Appartements€€; 10 Minuten zum Strand, 900 m zum Søndervig Badeland, geöffnet Ostern bis 31.10 („Zentrum für alles").

Gastronomie

- ***Brændingen,*** Lodbergsvej 38. Familienrestaurant für kleinen (Kinderteller) und großen Hunger („Doppelfleisch").
- ***Søndervig Supermarkt:*** Eisbar und Kiosk.
- ***Valentino,*** Ortsmitte, Pizzen und Steaks.

Sport

Angeln

- ***Klegod Ørredsø*** und ***Søndervig Put & Take,*** Holmslandklitvej.
- Ein ***„Wurmkiosk"*** befindet sich am Badevej.

Golf

- ***Golfplatz Holmsland Klit*** (18 Löcher), am östlichen Ortseingang, Tel. 97339801.

Schwimmen

- ***Danland Vandland,*** Lodbergsvej 245, tägl. 11-20 Uhr.

Tennis

- ***Beach Bowl,*** Lodbergsvej 36. 2 Plätze.

Unterhaltung

Tanzen

- ***Disco Bodega,*** im Restaurant *Brændingen,* ab 22 Uhr
- ***60eren,*** Lodbergsvej, ab 23 Uhr.

Tarm

Das Städtchen Tarm, im Süden des Fjords etwas landein gelegen, ist ein gemütlicher Ort, und die Umgebung in der Nachbarschaft weist viel schöne Natur auf. Sehens- und besuchenswert ist das ***Landschaftsschutzgebiet Lønborg Hede*** 7 km südwestlich der Stadt; dabei kann man dann gleich die ***Lønborg Kirke*** aus dem Jahre 1487 „mitnehmen". Die meisten Besucher wird es jedoch an die bewussten Strände ziehen, spezifisch zu den ***Wikingern,*** die dort einst einen Stützpunkt besaßen. Im ***Ökomuseum Fahl Kro*** in Hemmet findet man ihre Nachfahren und darf sogar mit ihnen auf Rudertörn gehen - sofern man gewillt ist, für die Knochenarbeit auch noch 60 dkr (Segeln 150 dkr) draufzuzahlen.

Auskunft

- ***Touristeninformation,*** Toften 2, 6880 Tarm, Tel. 97371828, www.visittarm.dk; nur vom 17.6. bis 31.12. geöffnet.
- ***Nebenstelle:*** *Det Gule Hus,* Bork Havn, Tel. 75280505. 10.6.-10.9. täglich 10-16 Uhr.

Verkehrsanbindung

- Tarm liegt an der ***Bahnlinie*** Esbjerg-Varde-Skjern-Ringkøbing. Es gibt auch ***Busse. Autofahrer*** können die A 11 benutzen.

Unterkunft und Restauration

Hotels/ Ferienwohnungen

- ***Bechs***€€€€, Tarms erstes Haus am Platz, Tel. 97372922.
- ***Bork Havn Feriecenter***€€€, Ferienwohnungen, Tel. 75280444.

Ferienhäuser

- ***Bork Havn Feriehusudlejning,*** Tel. 75280344.
- ***DanCenter,*** Tel. 75280207.
- ***Fahlen Sommerhusudlejning,*** Tel. 75280241.
- ***Skaven Sommerhusudlejning,*** Tel. 97374069.

Camping

- ***Bork Havn Camping,*** Tel. 75280037. Offen Ostern bis 1.10.
- ***Lyne Camping,*** Tel. 75250225. An der A11.
- ***Skaven Camping,*** Tel. 97374069.
- ***Tarm Camping,*** Vardevej 79, Tarm, Tel. 97373015. An der A11. Auch Hütten. Offen ab Ostern.

Jugendherbergen

- Die noch in manchen Karten und Prospekten verzeichneten Jugendherbergen in diesem Raum existieren nicht mehr.

Gastronomie

- ***Bork Kro,*** Bork. Fisch- und Fleischgerichte, Smørgåsbord.
- ***Fjordvejskroen,*** Lønborg. Aal, Forelle, Tellergerichte.
- ***La Gondola,*** Storegade 36. Tarms Italiener mit Pizzen, Pasta, Fisch und Steaks.
- ***Panorama,*** Bork Havn. Pizzen, Fastfood, preiswerte Buffets.
- ***Ship-Inn,*** Bork Havn. Dänische Spezialitäten.
- ***Skavenhus,*** Skavenvej 34, Tarm. Menüs ab 50 dkr.
- ***West-Side,*** Storegade 28. Fastfood.

Sport

Angeln

- Im Bereich Tarm gibt es ***sechs Put & Take-Teiche,*** davon drei in Hemmet. Info im Verkehrsamt.

Reiten

- ***Geysir,*** Vester Grenevej 11 (Hoven), Tel. 75343055. Ganzjährig in Betrieb.

Schwimmen

- ***Idrætscentret i Tarm,*** Skovvej 25.

Windsurfen

- ***Auto & Surf,*** Jollen 2, Bork Havn. Verleih von Ausrüstung.
- ***Bork Havn Surfcenter,*** Bryggen 1. Schließfächer für Ausrüstung.
- ***WestWind,*** Bryggen 10, Bork Havn/Hemmet, Tel. 75280180.

Skjern

Jahrhundertelang war in dieser Ecke Jütlands sozusagen der Hund begraben. Dunkle Moore und Heiden dehnten sich hier, und der ***Fluss Skjern*** führte stets derart viel Wasser, dass Rei-

Angler auf dem Skjern

sende mitunter tagelang an seinen Ufern aufs Übersetzen warten mussten.

Erst seit 1968 ist der wilde Fluss vollends reguliert. Immerhin strömen aber weiter bis zu 50.000 Kubikmeter in der Minute zu Tal, was vielen Fischarten offenbar behagt. Der Skjern mit seinen zahlreichen Auen gilt heute als eines der besten Fischwasser Europas. Die Stadt Skjern und ihr ganzes Umfeld sind auf ***Angler*** von nah und fern eingerichtet; selbst in vornehmen Klausen gibt es Tasmanian Devils und Rappala-Wobbler zu kaufen. *„Wiege der dänischen Sportfischerei"* nennt sich der Ort, seit dort 1926 der Schuhmacher *Bache* erstmalig einen Wurm wässerte.

Sehenswertes

Das etwas dröge Städtchen hat außer diversen alten (12. Jh.) ***Kirchen*** im Umland und einigen ***Windmühlen*** mit viel zu teurem Eintritt (20 dkr) immerhin noch zwei Museen zu bieten.

Museen

- ***Mineralienmuseum*** (Fredensgade 38), mit einer Menge wohlsortierten Gesteins. Offen Mo-Fr 10-17, Sa 10-14 Uhr.
- ***Ökomuseum*** (Bundsbækvej 25): Hier werden Besuche der gesamten Gegend bis zu 33 km Distanz unter ökologischem Vorzeichen koordiniert. Variierende Öffnungszeiten - man ist viel unterwegs.
- Etwas außerhalb, in Stauning, findet man die ***Dänische Veteranen-Flugzeugsammlung*** mit 40 Maschinen, davon die Hälfte flugfähig und des öfteren in der Luft. Urige Kisten aus der Frühzeit der Fliegerei sind dabei. Das „fliegende Museum" ist vom 1.5.-31.10. täglich 11-17 Uhr geöffnet, Eintritt 25 dkr. Rundflüge täglich von 10 bis 18 Uhr, ab 40 dkr/Person. Große Luftschau jedes Jahr am 8. Juni. Weitere Info: Tel. 97369333.

Windmühlenpark

Ein paar Kilometer weiter in Richtung Ringkøbing steht der ultramoderne ***Windmühlenpark von Tændpibe und Velling Mærsk,*** eine der größten Anlagen des Kontinents. Die Dänen gehören weltweit zu den Führern dieser Technologie, die dem Land über 100 MW an Windkraft liefert.

Auskunft

- ***Touristeninformation,*** Bredgade 55 (am Bahnhof), 6900 Skjern, Tel. 70227001, ganzjährig Mo-Sa geöffnet.

Unterkunft und Restauration

Hotels

- ***Astrup Hotel***€€€ (Astrup), Højevej 39, Tel. 97364015.
- ***Bundgårds Hotel***€, Borgergade 1b, (Borris), Tel. 97366400.

- ***Jægerkroen***€€€ (Stauning), Tel. 97369111.
- ***Vestjyden***€€€, Bredgade 58, Skjern, Tel. 97351311.

Ferienhäuser

- ***Dan Ferie*** (Uhre), Tel. 97187100.
- ***Touristeninformation.***

Camping

- ***Skjern Å Camping,*** Birkvej 37; Tel. 97350861. 90 Stellplätze; auch Hütten und Wohnwagen. 200 m vom Fluss. Anglereinrichtungen. Offen 25.3.-22.10.

Gastronomie

- ***Café Corner,*** Bredgade 88. Familienrestaurant. Fisch und Steaks zu vernünftigen Preisen.

Sport

Angeln

- Wie erwähnt, wird Angeln ganz groß geschrieben. Am besten, man lässt sich vom Fremdenverkehrsamt Anleitungen geben. Dort gibt es auch Angelscheine.

Golf

- ***Dejbjerg Golf Klub*** (18 Löcher), Letagervej 1, Dejbjerg bei Skjern, Tel. 97350959.

Kanufahren

- Die Skjern Å ist ein herrlicher Fluss für diesen Sport. Auskünfte gibt das Verkehrsamt.

Schienenradfahren

- Mit witzigen, pedalgetriebenen Draisinen kann man zwischen Herborg und Kongsholm (10 km) auf der stillgelegten Bahnlinie Skjern-Videbæk fahren, bis zu 3 Personen pro Fahrzeug. 60 dkr für 4 Std., 95 für 6 Std. Täglich vom 1.5. bis 31.10. Info beim Verkehrsamt Skjern.

Ringkøbing

Geschichte

Die erste Silbe des ***Stadtnamens*** hat etwas mit „rennen" zu tun, nicht mit „Ring". Der Rest bedeutet „Handelsplatz". Man hat es offenbar in früheren Zeiten dort ziemlich eilig gehabt.

Frühere Zeiten, das heißt: etwa ab der Mitte des 13. Jahrhunderts. Anno ***1443*** erhielt Ringkøbing Stadtstatus und wurde zur Hauptstadt Westjütlands, ***1599*** kam eine Zollstation dazu. Die hatte gut zu tun. Im ***17. Jahrhundert*** boomte

Ringkøbinger Altstadt

der Ausfuhrhandel. Vieh, Getreide, Butter und Speck, seit jeher traditionelle dänische Exportgüter, gingen nach Deutschland, England, Frankreich, Norwegen und den Niederlanden. Eingeführt wurden Baustoffe, Tabak und Kolonialwaren.

Während der ***napoleonischen Kriege*** nahm England schweren Anstoß an der liberalen Handelspraxis Ringkøbings. Die Briten griffen die Stadt an, kaperten die Schiffe auf der Reede und nahmen die Besatzungen gefangen. Das Städtchen rappelte sich jedoch schnell wieder hoch, nachdem der Friede ins Land gezogen war. Die Erträge des fortgesetzten Handels und Wandels schlugen sich in sozialen Einrichtungen nieder, als anderswo überhaupt noch nicht an so etwas gedacht wurde. Als erste Kleinstadt

Am Marktplatz

Dänemarks führte Ringkøbing ***1869*** den kostenlosen Unterricht an den Schulen ein, fünf Jahre später das Realexamen. Bildung an guten Schulen hat unter Ringkøbings 8500 Einwohnern bis auf den heutigen Tag einen hohen Stellenwert.

Ringkøbing heute

Vom früheren Glanz der eiligen Handelsstadt ist durchaus noch einiges erhalten geblieben. Ein Streifzug durch Ringkøbings ***alten Stadtkern*** mit seinen kopfsteingepflasterten Gassen und ragenden Giebelhäusern lässt immer aufs neue zur Kamera greifen. Dann wieder entzücken geduckte Ziegelbauten mit warmroten Dächern in den Nebenstraßen. Besonders reizvoll ist auch der ***Marktplatz,*** überragt von der ***Ringkøbing Kirke*** aus dem 14. Jahrhundert.

Ringkøbings ***Hafen*** hat leider nichts von dieser Altertümlichkeit mitbekommen, denn er wurde erst 1905 gebaut. Bis dahin lagen die Schiffe auf Reede und wurden dort geleichtert. Heute prägt vor allem die Nordseewerft mit ihren Docks und Kränen das Milieu und macht den Hafen zum Industrierevier und Gewerbegebiet. Mit dem Schiffbau ist hier allerdings Schluss, übliches Werftenschicksal. Auf dem Gelände

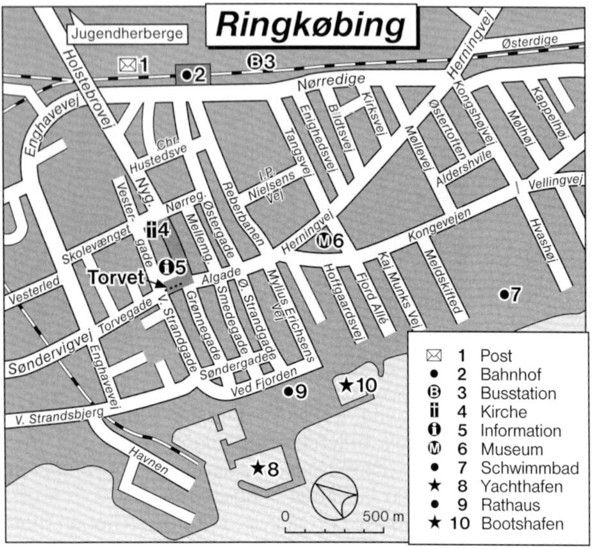

schraubt die Firma Vestas jetzt Windgeneratoren zusammen.

Umso mehr Platz haben die ***Fjordfischer,*** deren Kutter in Geschwaderstärke an die Kais gehen. Der Fisch, den sie anlanden, kommt aus den Fjorden von Ringkøbing, Stadil und Nissum. Täglich um 9.30 Uhr werden die Fänge in dem roten Holzschuppen an der Hafenkante versteigert. Es herrscht kein Mangel an Fisch, und alle möglichen Arten sind vertreten: Aal, Barsch, Butt, Forelle, Hecht, Lachs. Und alles gerät unter den Hammer. Touristen dürfen mitbieten, wenn auch nicht für einzelne Fische, sondern immer für einen ganzen Kasten. Bei den Auktionen ist regelmäßig der Bär los, und Fisch und Fischer sorgen für bunte Bilder. Gleich nebenan stehen, ebenfalls bunt, die so genannten „Indianerhütten" aus der Frühzeit der Fischerei, zum Teil, scheint es, sogar permanent bewohnt.

Sehenswertes

Hee Kirke Das Örtchen Hee liegt ein paar Kilometer nördlich von Ringkøbing, und die Kirche ist eines der eindrucksvollsten Baumonumente aus romanischer Zeit. Geöffnet werktags 8-16 Uhr.

Historische Nachtwächter Schon seit 1294 gibt es sie. Und so sieht die Rentnerzunft auch aus, die heute diesen Dienst versieht, putzig angetan in schwarzen Uniformen und mit einer martialischen Morgensternkeule bewaffnet. Im Juli und August gehen sie abends um 9 (ab Torvet) zu zweit auf Tour - aber mögliche Räuber werden die Männlein nicht abschrecken, so viel ist sicher.

„Kuben" Der Quader, zu deutsch, steht, 7 x 7 x 7 Meter Beton, inmitten eines Kreisverkehr-Rondells im Osten der Stadt und wird auch „Hesekiels Schemel" genannt.

Ringkjøbing Museum Das Museum am Østerport zeigt die Entwicklung der Küstenregion und vorzeitliche Funde vom Holmsland Klit. Nicht verpassen (oder vielleicht doch *jemandem* verpassen) wollen wird man den Keuschheitsgürtel aus dem Jahre 1600. Ein Teil der Ausstellung ist dem Forscher *L. Mylius-Erichsen* gewidmet und gibt Einblicke in seine berühmte Expedition (mit tragischem Ausgang) nach Nordostgrönland in den Jahren 1906-08. Ganzjährig täglich außer Sa geöffnet. *Ringkjøbing* ist übrigens eine alte Schreibweise des Stadtnamens, der man noch des öfteren begegnet.

Auskunft

- ***Touristeninformation:*** Torvet (am Marktplatz neben der Kirche), 6950 Ringkøbing, Tel. 70227001, Fax 97324900, www.ringkobingfjord.dk

Verkehrsanbindung

- ***Bahnen*** und ***Busse*** in alle Richtungen.

●Vom 2.4. bis 31.10. fährt die ***Personenfähre*** *Sorte Louis* („Schwarzer Louis") zwischen Ringkøbing-Hafen und Hvide Sande hin und her. Im Frühjahr und Herbst 2mal täglich Di und Do, im Sommer 3mal täglich außer Sa. 45 dkr einfache Fahrt, 80 dkr hin und zurück.
Fahrplan-Info: Tel. 97320666.

Distanzen

Ringkøbing liegt fast genau mittig in dem von diesem Buch erfassten Bereich.

Entfernungen mit dem Auto	
Deutsche Grenze (Frøslev)	236 km
Frederikshavn	236 km
Hirtshals	238 km
Kopenhagen	318 km
Skagen	277 km
Ålborg	174 km
Århus	127 km

Unterkunft und Restauration

Hotels

●***Fjordgården***€€€€€, Vesterkær 28; Tel. 97321400. Modernes Hotel mit allem drum und dran. Hervorragendes Restaurant. Badeland „Best Western".
●***Hotel Ringkjøbing***€€€, Torvet; Tel. 97320011. Romantischer Altbau am Marktplatz, vollkommen renoviert. Berühmte Küche.
●***Smedegården***€€, Jernebanegade 2 (Lem); Tel. 97341888. Alter Kro mit Familienatmosphäre.
●***Tim Kro***€€, Hovedgaden 33 (Tim); Tel. 97333550. Landgasthof, dicht am Bahnhof gelegen.

Camping

●***Ringkøbing Camping,*** Vellingevej 56; Tel. 97320838. 170 Stellplätze; auch Hütten (7) und Wohnwagen (5). Unmittelbar am Fjord gelegen; 1,8 km zur Stadt. Geöffnet 1.4.-1.11.
●***Æblehavens Camping,*** Herningvej 105; Tel. 97320420. 150 Stellplätze; auch Hütten und Wohnwagen. 5 km östlich von Ringkøbing an der 15 gelegen; 3 km zum Fjord, 14 km zur Nordsee. Offen 1.4.-30.9.

Jugendherberge

●***Ringkøbing Vandrerhjem***€-€€€, Kirkevej 28, 6950 Ringkøbing, Tel. 97322455, Fax 97324959, www.rofi.dk; als Teil des klotzigen *Rofi*-Sportzentrums etwas unglücklich integriert, ganzjährig geöffnet. Eine weitere in manchen Plänen verzeichnete Jugendherberge existiert nicht mehr.

Gastronomie

- ***Café Victoria,*** Torvet 12. Gartencafé in uriger Umgebung.
- ***Den gamle Toldbod,*** am Hafen. Schönes altes Haus mit Gartenlokal. Fischspezialitäten.
- ***Italia,*** Algade 11. Pizzen und anderes Italienisches.
- ***Slippen,*** Nygade 15. Fleisch- und Fischgerichte.

Sport

Angeln

- ***Put & Take,*** Klevevej, Lodbjerg Hede.

Schwimmen

- ***Vesterhavshallerne,*** Kongevej 52, Hallenbad mit Sauna.

Segeln

- Ringkøbings ***Yachthafen*** liegt rechts von Silo und Werft und heißt Gastlieger willkommen. Die anderen Bootshäfen am Fjord (Bork, Lyngvig, Skaven und Stavning) haben Wassertiefen von 1 bis max. 1,8 m. ***Jollensegeln*** ist prachtvoll im Ringkøbing Fjord; eventuell ist es ja im Yachtclub möglich, ein Boot zu mieten.

Tennis

- ***Ringkøbing Tennisklub,*** Kongevejen 54. Außenplatz 100 dkr/Std., Innenplatz 150 dkr/Std.

Unterhaltung

Feste und Veranstaltungen

- ***Fahrradrennen*** rund um den Ringkøbing Fjord: 1. Juni.
- ***Hafenfest:*** Mitte Juni.
- ***Johannisfest*** um 19 Uhr am Strand von Søndervig: 23. Juni.
- ***Fjordfest*** in Ringkøbing (bei Vesterkær): Ende Juli.
- ***Oldtimer-Rallye:*** Ende Juli.
- Im Sommer auch häufige ***Musikdarbietungen*** (Jazz) in der Stadt.

Familienpark, Zoo

- ***Sommerland West,*** Hovervej 56, Hee. Offen vom 16. Mai bis September.

Touren

- Im Sommer arrangiert die Touristeninformation ***Stadtrundgänge*** und ***Ausflüge in die Natur*** der Umgebung.
- ***Rundflüge:*** Vom 25.5.-1.9. täglich ab Flugplatz Tim (16 km nördlich der Stadt).

Galgenleuchtfeuer in Skagen

Mittleres Westjütland bis Thyborøn

Überblick

Nördlich von Søndervig bietet die Küste zunächst das gewohnte Bild endloser Strände. Doch schon bald, nach nur 3,5 km, tauchen wieder einmal ***deutsche Bunkeranlagen*** aus der Dünenlandschaft auf. Die Kryle-Ringelnatter-Stellung von ***Houvig Strand*** beherbergte einst eine der größten Radaranlagen Jütlands, die alliierte Flüge über 100 km Distanz zu verfolgen vermochte. Das Gelände war seinerzeit dicht mit Minenfeldern und „Rommelspargeln" (Panzersperren) bestückt, von der Wichtigkeit der Geräte zeugend. Heute stehen zwischen den insgesamt etwa 100 Betonklötzen sogar Ferienhäuser. Deren privates Umfeld, warnt eine Pfahlgrenze, möge man auf einer Bunkertour bitte nicht betreten.

Der ***Stadil Fjord,*** etwas landein von hier, hat keine Verbindung zum Meer, sondern nur (über ein Flüsschen) mit dem Ringkøbing Fjord. Ein westlicher Ableger ist ebenfalls ein reiner Binnensee und zur Gänze Naturschutzgebiet.

Venus-
muschel

Am dortigen Küstenabschnitt liegt das ***Strandgården Museum*** (Husby Klitvej 5) mit naturkundlichen (vor allem ornithologischen) Ausstellungen und Exponaten zur Lokalgeschichte und Fischerei. Offen täglich 11-17 Uhr vom 15.6. bis 31.8.

Die Küste ist hier viel einsamer als im Süden, was wohl an den kiesigen Eigenschaften des Strandes liegt; der Norden bringt eine andere Geographie. Doch das stört anscheinend niemanden. Bei ***Vedersø Klit*** brummt das touristische Geschehen schon wieder; zur Hölle mit den Steinen, außerdem gibt's immer einen Streifen Sand zwischendurch. Und nicht nur das. In Vedersø Klit „müssen alle Ferienhäuser Grundmauern und Strohdächer haben und müssen mit dem Giebel in Ost-West-Richtung liegen". Vom Deutschen lernen!

Der nächste Ferienort, von Süden kommend, ist ***Vester Husby,*** mit einer ähnlichen Bebau-

Mittleres Westjütland bis Thyborøn

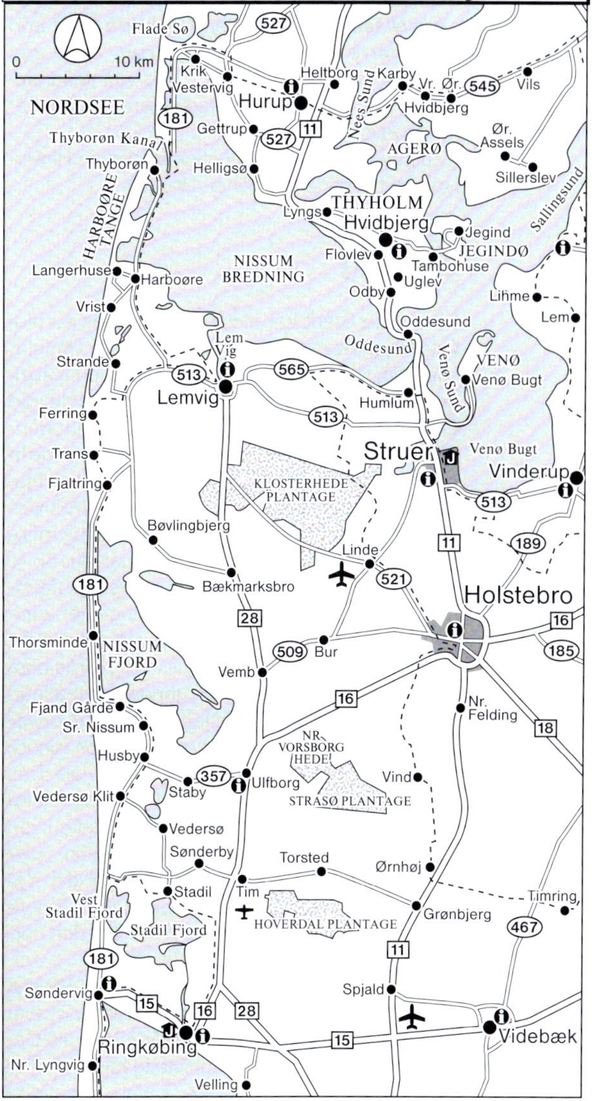

ungsordnung. Danach kommt ***Bjerghuse,*** in ferienhäuslicher Expansion begriffen.

Am ***Nissum Fjord*** liegen ***Nørhede Vest*** und ***Øst, Nørre Fjand*** und ***Skalstrup,*** samt und sonders Ferienhauskolonien, teils von Wald umgeben und wegen der ruhigen Fjordufer von Familien favorisiert.

Zuständig für all diese Action ist das im Hinterland verborgene Städtchen Ulfborg.

Ulfborg

Die kleine Stadt hat nichts Besonderes zu bieten; die gesamte Infrastruktur liegt im Umfeld, vornehmlich an der Nordsee. Nur in den siebziger Jahren des 20. Jahrhunderts machte die Gemeinde Ulfborg-Vemb einmal von sich reden. Da entstand dort nämlich die ***Reisende Hochschule Tvind,*** die sich alternativen Unterrichtsformen und deren Export in die Dritte Welt verschrieben hatte. In Dänemark ist so etwas möglich; das Projekt Tvind wurde sogar zu 85 % staatlich subventioniert. Auch deutsche Pädagogen fühlten sich angezogen. Lange lief auch alles einvernehmlich; schwierige Wegstrecken bewältigte man - noch - mit viel Idealismus. Doch der Vorrat daran war irgendwann mal aufgebraucht. Heillos zerstritten ging die *Reisende Hochschule Tvind* immer mehr den Bach hinab. 1996 kam endlich der ganz große Knall. Das Tvind-System erwies sich nach Presseberichten als riesige Betrugsmaschinerie zum Erraffen von Subventionen. Getreu seinem Wahlspruch, *„vom Leben zu lernen",* setzte sich der Initiator der *Reisenden Hochschule* in die Karibik ab. Die millionenschwere Klassenkasse nahm er mit. Um den dortigen Armen zu helfen, versteht sich.

Unweit von Ulfborg befindet sich die ***Stråsø Plantage,*** ein reizvolles ***Waldgebiet*** mit dem Aussichtspunkt Stolbjerg. Das Areal gilt als Dänemarks wichtigste Zufluchtsstätte für das seltene Birkhuhn.

Auskunft

- ***Ulfborg-Vemb Turistbureau,*** Bredgade 9, 6990 Ulfborg, www.ulfborg-tourist.dk, Tel. 96119110 und 70269596.
- ***Vedersø Klit Turistcenter,*** Havej 6-10, Tel. 97495199.

Verkehrsanbindung

- ***Busse*** von Ringkøbing und Holstebro.
- ***Oldtimerbahn*** nach Lemvig und Thyborøn.

Unterkunft

Hotel

- ***Vedersø Klit***€€€€, Vedersø Klitvej 59, Ulfborg, Tel. 97495222. 66 Zimmer, 400 m vom Strand. Gute dänische Küche.

Ferienhäuser

- ***Feriehusudlejning I/S,*** Tel. 96116100.
- ***Sdr. Nissum Feriehusudlejning,*** Tel. 97495195.
- Über die ***Touristeninformation.***

Camping

- ***Campinggården,*** Vedersø Klitvej 16-18; Tel. 97495160. 125 Stellplätze; auch Hütten (2) und Wohnwagen. Dicht an der Nordsee.
- ***Fjand Camping,*** Klitvej 16, Sdr. Nissum/Fjand; Tel. 97496011. 108 Stellplätze; auch Hütten (18), Wohnwagen und Zimmer. Pool, Sauna, Sonnenbank, Pizzeria. Knapp 1 km zum Strand. Offen Ostern bis 28.10.
- ***Rejkjær Camping,*** Holstebrovej 151, Ulfborg; Tel. 97491211. 161 Stellplätze; auch Hütten (7), Wohnwagen und Zimmer. Pool, Angelgewässer, Minimarkt, Spielplätze.
- ***Thorsminde Camping,*** Klitrosevej 4, Thorsminde; Tel. 97497056. 234 Stellplätze; auch Hütten und Wohnwagen. Direkt im Ort Thorsminde 200 m von der Nordsee gelegen. Schwimmhalle, Sauna, Solarium, Minimarkt, Golfbahn.
- ***Vedersø Klit Camping,*** Vester Husby 746; Tel. 97495202. 220 Stellplätze, 10 Hütten. Minimarkt, Tennis, Minigolf. 500 m zum Strand. Offen Ostern bis 13.10.

Sport

Angeln

Der Bereich Ulfborg-Vemb ist ein kleines Paradies für den Sportangler. Die dortigen Gewässer zählen zu den wenigen in Dänemark, in denen man schon im Frühjahr Großlachse von 10-15 kg landen kann. Das gilt ebenso für die so genannten „Grönländer" (junge Meerforellen) und später im Sommer für deren Großform. ***Gute Reviere*** sind:

● ***Thorsminde Mole und Strand:*** Hering, Makrele, Plattfische. Köder und Ausrüstung bei *Thorsminde Camping,* s. o.

● ***Tim Lystfiskersø*** (Forellensee): Tim Kirkevej 92 (Tim).

● ***Vemb Lystfiskerforening,*** Kjærsvej 10 (Vemb): Revier ist die Storå mit den eingangs erwähnten Fischarten. Saisonbeginn: 16.1.

● ***Vibholm Ørredsø:*** Skorkærvej 16 (Madum). Put & Take mit Forellen.

Reiten

● ***Vedersø Ridecenter,*** Vesterhavsvej 5, Tel. 97331510. Islandpferde „mit fünf Gängen". Ganzjährig offen.

Schwimmen

● ***Thorsminde Svømmehal,*** Klitrosevej 4.

Segeln

● Der einzige ***Hafen*** an der Küste ist ***Thorsminde,*** nicht viel mehr als ein Loch in der Dünenkette. Die Einfahrt wird, weil eng, als ziemlich haarig geschildert, vor allem bei schlechtem Wetter. Yachten finden am Südende des Fischereihafens Platz. Zum binnen gelegenen, recht romantischen alten Hafen kommen Boote mit festem Mast leider wegen der niedrigen Straßenbrücke nicht durch.

Thorsminde

Der Ort Thorsminde („Thors Gedenken") ist trotz älter anmutenden Klangwerts modernen Datums; der ***Fischereihafen*** wurde erst 1972 eingeweiht. Der Ort selbst hat wenig zu bieten.

Sehenswertes

Strandungsmuseum

Aber halt - es gibt *doch* ein Filetstück! Nämlich das neue „Strandungsmuseum" an der nördlichen Hafeneinfahrt. Leider hat man die historische Ausstellung in einem Gebäude untergebracht, dessen Architektur eher einer Autoreparaturwerkstatt zur Zierde gereichen würde - also begebe man sich möglichst rasch nach drinnen: Dort sieht es besser aus.

Hauptattraktion sind ***Funde aus*** den ***englischen Kriegsschiffen*** *St. George* und *Defence,* die nach einer dramatischen Konvoifahrt im Orkan am 24. Dezember 1811 an dieser Küste

Leuchtturm von Bovbjerg

zum Totalverlust wurden. Über 1400 Menschen kamen bei der Katastrophe ums Leben; ganze 17 konnten sich retten und wurden, obwohl sie „Feinde" waren, von den Einheimischen wieder hochgepäppelt.

Schon 1876 bargen Taucher die Schiffsglocke der *St. George,* deren Wrack 1 km vor der Küste liegt, und stellten sie am Hafen zur Schau. 1972 hievte man den Anker, ein Viertonnentrumm, aus der See und packte ihn daneben. Danach wurden immer neue Funde getätigt, deren Zahl auf mehrere Tausend anwuchs und die letztlich ihren Weg in das neue Museum fanden.

Zahlreiche andere Exponate, darunter kuriose Objekte, die den Fischern ins Netz gingen, angetriebene Galionsfiguren und Zufallsfunde vom Strand runden die interessante Ausstellung ab. Vom 1.4.bis 31.10. täglich von 10 bis 17 Uhr, in der restlichen Zeit eingeschränkt geöffnet. Infos im Internet: www.strandingsmuseum.dk.

Schiffswracks

Die beiden englischen Wracks sind, versteht sich, nicht die einzigen an diesem schwer der Nordsee ausgesetzten Küstenstrich, der bei Fjaltring in ein bröckelndes Steilufer übergeht,

1 Bark *Louisiana* (1868)
2 Motorschiff *Glitne* (1929)
3 Bark *Bertie* (1900)
4 Dampfer *Lutka* (1886) und *Stanley* (1894)
5 Dampfer *Knarresbro* (1906)
6 Dampfer *Cleveland (?)* (1892)
7 Bark *Capella* (1903)
8 Walfänger *Southern Brior* (1966)
9 Motorschiff *Ran* (1960)
10 Dampfer *Ludvig* (1906)
11 Dampfer *Fernbrook* (1896)
12 U-Boot *U 20* (1916)
13 Vollschiff *Bragdø* (1921)
14 Dampfer *Ladoga* (1866)
15 Dampfer *Värmland* (1900)
16 Dampfer *Ethel Horatio* (1888)
17 Dampfer *Hermod* (1927)
18 Dampfer *Selma* (1901) und *Newbridge* (1894)
19 Dampfer *Arctic* (1860)
20 Fregatte *Alexander Newsky* (1868)
21 Dampfer *Hermod* (1916)
22 Motorschiff *Holst Nordia* (1972)
23 Kuff *Jürgen* (1913)
24 Dampfer *Lumsden* (1878)
25 Raddampfer *Odin* (1836)
26 Fischkutter *Boothia* (1979) und *Vesta* (1935)

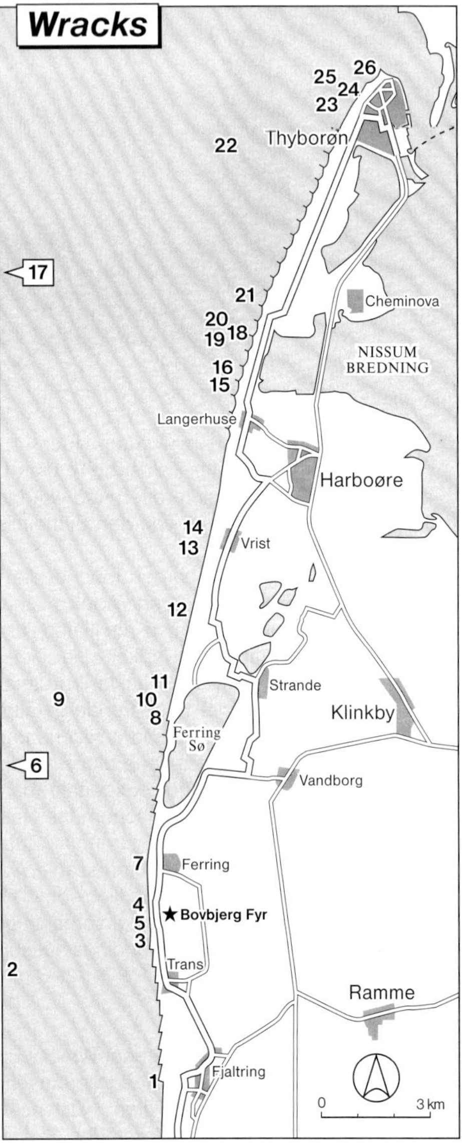

beim Leuchtturm Bovbjerg mit 42 m seine größte Höhe erreicht und bei Ferring auf ein so niedriges Niveau abfällt, dass man hier erstmalig wieder Deichen begegnet. Zwischen diesem Areal und Thyborøn, gut 25 km weiter nordwärts, liegen einige der interessantesten ***Schiffswracks*** der Westküste, versunken im Schoß der Zeit. *Gert Normann* aus Holstebro hat sie im Lauf der Jahre ertaucht und erforscht; sein Buch *„Skibsvrag ved Vestkysten"* (auch auf deutsch erhältlich) gibt einen faszinierenden Überblick.

Da ist die Rede vom „Schiff des Zaren", der stolzen Fregatte *Alexander Newsky,* die 1868 vor Harboøre vom Schicksal ereilt wurde. Dies war ein Glücksfall für die Küstenbewohner, denn Thronfolger Großfürst *Alexej* befand sich an Bord, überlebte und ließ sich (als Verwandter des dänischen Königshauses) nicht lumpen, indem er seinen Rettern satte 3500 Goldrubel pro Nase zahlte. Ein gelungener Auftakt für das Rettungswesen an dieser Küste, das sich bald vorbildlich entwickelte. 1958 wurde der Anker des Schiffes geborgen und ist jetzt, mit einem neuen Stock versehen, im Hafen von Thyborøn ausgestellt. Ein Gedenkstein für die (glücklicherweise sehr wenigen) Seeleute, die bei dem Fiasko ums Leben kamen, steht in Harboøre; diverse geborgene Objekte sind im Museum von Lemvig zu sehen. Das Wrack, das bestimmt noch manchen weiteren Goldrubel enthält, liegt heute unter 6-8 Metern Sand.

Gleich daneben verrostet der englische Dampfer *Arctic,* gesunken 1882 und für *Normanns* Taucher lange eine Bezugsquelle feiner Bestecke. Das „Puppenwrack" *Louisiana,* so genannt wegen einer Teilladung von - ausgerechnet - Puppenköpfen, ging 1868 bei Fjaltring verloren; 115 Jahre später kam einiges von dem Spielzeug wieder zum Vorschein. Dramatisch auch der Verlust des Vollschiffes *Bragdø,* Norwegens derzeit (1921) größtem Segler, bei dessen Strandung vor Harboøre sich eine bizarre Meuterei entspann. Und des Kaisers Unterseeboot

Wie U 20 verlorenging

Das Unterseeboot Nr. 20 lief am 18. Dezember 1913 auf der Kaiserlichen Werft in Danzig vom Stapel. Zusammen mit drei artgleichen Typen war dies das erste U-Boot der Welt mit kombiniertem E- und Dieselantrieb, letzterer 1200 PS stark. Das Fahrzeug brachte es auf 15,4 Knoten Geschwindigkeit, 9,5 unter Wasser, und konnte 7600 Seemeilen im Stück zurücklegen, beträchtlich für die damalige Zeit.

Bei Ausbruch des Krieges wurde *U 20* im Atlantik westlich der Britischen Inseln eingesetzt und versenkte im ersten Jahr allein 36 Schiffe mit einer Gesamttonnage von 144.300 t. Am 7. Mai 1915 befand sich das Boot auf dem Heimweg von der irischen Südküste ins Reich. Der Brennstoff ging zur Neige, drei Torpedos waren verschossen worden, jeder ein Treffer. Doch Kapitänleutnant *Schwieger,* der Kommandant, war mit dem Ergebnis nicht zufrieden.

Um 13 Uhr kam ein Schiff in Sicht, rasch außer Reichweite geratend. Wenig später jedoch drehte das Fahrzeug, ein großer Passagierdampfer, genau auf U 20 zu, ironischerweise wegen einer drahtlos aufgefangenen U-Bootwarnung. Es war die britische *Lusitania* mit 1257 Fahrgästen an Bord. Um 14.09 Uhr feuerte *Schwieger* einen Torpedo auf den Liner ab, mitten ins Schwarze. Kurz darauf erschütterte eine gewaltige Explosion das Schiff, und die *Lusitania* verschwand binnen weniger als 30 Minuten in den Wellen. 1198 Menschen kamen dabei ums Leben.

Die ***Versenkung der Lusitania*** verursachte weltweit gewaltigen Wirbel, vornehmlich in den USA, weil amerikanische Staatsbürger (u. a. der bekannte Millionär *Vanderbilt*) bei dem Untergang umgekommen waren. Nur „Hunnen" konnten einen harmlosen Passagierdampfer angreifen, argumentierte man. (So ganz harmlos war die *Lusitania* aber gar nicht. Der Liner hatte nachweislich Munition für England geladen.) Zwei weitere Zwischenfälle von minderer Tragweite führten zu derart heftigen Protesten aus Washington, dass die Deutschen sich zur Einstellung des uneingeschränkten U-Boot-Krieges veranlasst sahen. Als Deutschland im Februar 1917 angesichts sinkender Siegeschancen

U 20 auf der Ausfahrt

die U-Waffe wieder voll einsetzte, traten die USA in den Krieg ein. Wie auch immer: Mit der Torpedierung der *Lusitania* hatte U 20 diese Entwicklung, wie man heute sagt, „losgetreten".

Nach derart glorreichen Anfängen fand das Boot jedoch ein ***unrühmliches Ende.*** Am 4. November 1916 verfranzte sich U 20 in der Nordsee im Nebel und lief bei Bovbjerg an der jütländischen Küste auf Grund. Alle Versuche deutscher Torpedoboote, den Havaristen abzubergen, waren vergeblich. Der Strand stand schwarz von Dänen, die das Geschehen mit größtem Interesse verfolgten. Gegen Mittag kam der Ruf: *„Alle weg, alle weg! Sprengung!"* Jetzt wurde es wirklich mal spannend in Dänemark. Dem deutschen Sprengkommando blieb der Bootsmotor stehen; Riemen hatte man nicht, und die Matrosen paddelten verzweifelt mit Brettern und Mützen drauflos, während die Zeituhr tickte. Zehn Minuten später rumste es gewaltig. Obwohl es in den Dünen Eisen regnete, kam niemand zu Schaden. *„Aber dem deutschen Fischhändler aus Lemvig"*, so die Lokalannalen, *„rannen die Tränen nur so hinab."*

1918 begannen die ***Bergungsarbeiten.*** Von Edelmetallen im Innern des Bootes raunte man, die es zu ertauchen galt. Auch wollte man versuchen, das Wrack intakt an Land zu ziehen, *„um ein Restaurant daraus zu machen"* – von der dänischen Geschäftstüchtigkeit ist bereits die Rede gewesen. Doch die See und der Sand taten da nicht so recht mit; weder das eine noch das andere gelang. 1925 sprengte man das Boot, um die Küste zu bereinigen, und anschließend war nicht mehr viel zu sehen. Aber zur Ruhe kommen sollte U 20 noch lange nicht. 1954 stieß ein Wracksucher namens *Sverre Damgård* in glasklarem Wasser auf die Überreste des Bootes. Er takelte zwei Waggonladungen Metall ab, darunter ein Torpedorohr und einen Propeller, der noch heute vor seinem Haus in Hirtshals steht. Trotzdem ist weiterhin viel Substanz des 837 Tonnen großen Bootes vorhanden, einschließlich des kompletten Turms, der bei der Sprengung ein Stück wegflog, und zweier Dieselmotoren, die so aussehen, als ob sie noch einmal auf Patrouillenfahrt gehen könnten, denn der wirbelnde Nordseesand hält sie ständig auf Hochglanz geputzt.

U 20, das mit der Versenkung der *Lusitania* vor Irland Weltgeschichte gemacht hatte, beendete ebenfalls seine Karriere recht schmachvoll an dieser Küste; verbleibende Trümmer liegen in der Brandung südlich von Vrist (siehe Exkurs).

Übrigens: 2003 gelang *Gert Normann* die Entdeckung eines weiteren deutschen Uboots, und zwar U 59, 1917 auf dem Hornsriff vor Esbjerg auf eine (deutsche) Mine gelaufen und gesunken. Das Wrack liegt in 36 m Tiefe und ist bestens erhalten.

Holstebro

Das ein gutes Stück im Inland gelegene Holstebro ist, was die Dänen eine ***Handelsstadt*** nennen. Diesem Begriff begegnet man des öfteren in Prospekten; er ist direkt aus dem Dänischen übernommen *(handelsby)* und beschreibt eigentlich nur einen Ort, in dem man einkaufen kann. Dazu bietet sich in der Tat Holstebros langgezogene Fußgängerzone mit jeder Menge Geschäften an.

Sehenswertes

Holstebro ist aber nicht nur die Stadt der Geschäftemacher, sondern auch der ***Kultur.*** Selbige hielt Einzug nach Holstebro, ein etwas peinliches Eingeständnis, mit der Ankunft des Italieners ***Alberto Giacometti*** in den siebziger Jahren. Seither kann man überall in der Stadt Kunst erleben, sowohl unter Dach als auch im Freien. Eines der jüngsten Projekte, *Traum eines Tabakarbeiters,* besteht aus fast 90 größeren Bronzeskulpturen, über ganz Holstebro verteilt.

Auch auf Holstebros ***Kirchen*** hat man die Avantgarde losgelassen, und manches, allzu gezwungen fortschrittlich, tut zumindest meinem Auge arg weh. Wer sich am gewohnten Anblick der schönen alten Gotteshäuser Dänemarks ergötzen möchte, muss aufs Land fahren, zu den Kirchen von Bovbjerg, Mejrup, Måbjerg, Naur, Nørre Felding oder Råsted, allesamt aus dem 12. Jahrhundert und harmonisch ins Gesamtbild eingegliedert.

Alter Winkel

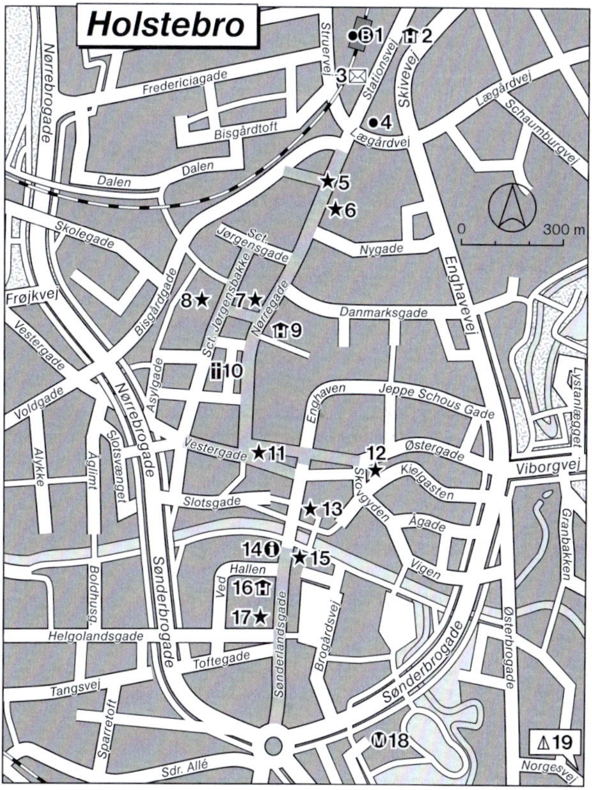

- ●Ⓑ 1 Bahnhof und Busstation
- 🏨 2 Krabbe's Hotel
- ✉ 3 Post
- ● 4 Polizei
- ★ 5 Skulptur Kniender Knabe
- ★ 6 Skulptur Wasserkunst
- ★ 7 Skulptur Frau auf Karren
- ★ 8 Skulptur Die Kugel
- 🏨 9 Hotel Schaumburg
- ⛪ 10 Holstebro-Kirche
- ★ 11 Skulptur St. Jürgen und der Drache
- ★ 12 Skulptur Sich spiegelndes Mädchen
- ★ 13 Skulptur Metallenes Schwein
- ℹ 14 Information
- ★ 15 Skulptur Frau mit Tuch
- 🏨 16 Hotel Royal
- ★ 17 Historische Waffensammlung
- Ⓜ 18 Kleinkunstmuseum
- ⚠ 19 Mejdal Camping

Museen

- ***Historische Waffensammlung,*** Sønderlandsgade 8: Offen nach Absprache (Tel. 97438022).
- ***Holstebro Museum,*** Museumsvej 2: Stadtgeschichte und Archäologie, historische Puppen und Spielzeuge. Ganzjährig außer Mo geöffnet.
- ***Holstebro Kunstmuseum,*** Museumsvej 2: Sammlungen dänischer Gegenwartskunst und weltweite *objets d'art*; sogar *Picasso* ist vertreten. Dazu wechselnde Sonderausstellungen. Ganzjährig außer Mo geöffnet.
- ***Museum für Kleinkunst,*** Sønderlandsgade 46: Kunstwerke aus dem Wichtelland, keines größer als 15 cm.

Auskunft

- ***Touristeninformation:*** Brotorvet 8, 7500 Holstebro, Tel. 97425700, Fax 97425707, www.holstebro-tourist.dk; ganzjährig geöffnet Mo-Sa zu normalen Bürostunden, im Sommer Sa auch ganztägig. Das Büro ist aufgrund mangelhafter Ausschilderung etwas schwer zu finden; siehe Stadtplan.

Verkehrsanbindung

- ***Busse*** in alle Richtungen.
- ***Bahn:*** Holstebro liegt an der Hauptlinie Esbjerg-Thisted.
- ***Flugplatz:*** Karup; Flüge nach Kopenhagen.

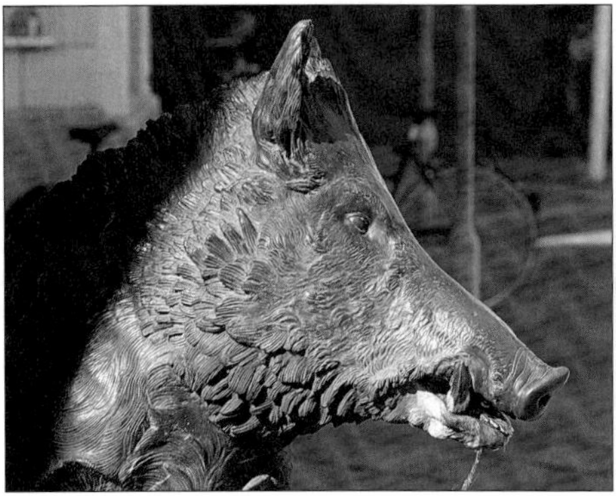

Eine von vielen Skulpturen

Unterkunft und Restauration

Hotels

- ***Krabbes***€€€€, Stationsvej 18, Tel. 97420622.
- ***Royal***€€€, Sønderlandsgade 2, Tel. 97402333.
- ***Schaumburg***€€€, Nørregade 26, Tel. 97423111.
- ***Vest Hostel***€€, Mozartsvej 5, Tel. 96116030.

Camping

- ***DCU Camping Mejdal,*** Birkevej 25, Tel. 97422068.

Gastronomie

- ***China House,*** Den røde Plads. Auf dem „Roten Platz" findet man passenderweise Holstebros Chinesen mit preiswerter Fernostküche.
- ***Cook's,*** Østergade 19; Pizzen, Kebab, Döner.
- ***Dickens,*** Østergade 3, Pub.
- ***Jensens Bøfhus,*** Brotorvet 1. Steaks, nicht teuer.
- ***Papatya,*** Ll. Østergade 8. Thai-Food.
- ***Pizza Støberiet,*** Sønderlandsgade 34. Pizzen.
- ***Pizzeria Frascati,*** Sønderlandsgade 7. Dito.
- ***Pizzeria Italia,*** Brotorvet 3. Und noch einmal.
- ***Rådhuskælderen,*** Kirkestræde. Feine Fleisch- und Fischgerichte.

Sport

Golf

- ***Holstebro Golfbane*** (27 Löcher), Råsted (Vemb), Tel. 97485155. Der Golfplatz wird als einer der schönsten Nordeuropas gerühmt.

Schwimmen

- ***Holstebro Badehal,*** Jeppe Schous Gade 14, Riesenanlage.

Unterhaltung

Discos

- ***Crazy Daisy*** (im Hotel *Royal*), Sønderlandsgade 2.
- ***Dragen,*** Vestergade 8.
- ***Flamingo Pub/Kielgasten/The Golden Sixties,*** Østergade 16.
- ***Kruset,*** Sct. Jørgens Gade 3.
- ***Palads,*** Østergade 3.
- ***Riverside,*** Sønderlandsgade 5.

Musik

- ***Musikteatret,*** Ved Hallen 4. Wechselnde Programme, von edler Klassik bis Vaudeville.

Touren

- ***Rundflüge*** vom Lindtorp-Flugplatz (Linde), täglich 5-19 Uhr. Info Tel. 97487333.

Struer

Wo der Limfjord sich in einen Seitenarm namens Kilen („der Keil") buchtet, liegt dieses liebenswerte Städtchen, dessen Name auf ein „verengtes Strandufer" hindeutet. Erstmalig wurde Struer gegen Ende des 15. Jahrhunderts urkundlich erwähnt; das Stadtrecht gab's aber nicht vor 1917.

Vom 16. Jahrhundert an war Struer ein wichtiger ***Einfuhrhafen*** für norwegisches Holz. Eine Furt durch den Oddesund, eine Enge im Limfjord, verband den Ort mit dem Norden. Der Sage nach war der deutsche Kaiser Otto der Namensgeber – was sehr unwahrscheinlich sein dürfte. *Odde* heißt auf dänisch nämlich „Landspitze", wie auf jeder Karte nachzulesen ist – und es gibt dort eine solche.

Sarpsborg-Pigen

1865, als das Dampfross Einzug nach Jütland hielt, wurde Struer ein bedeutender ***Eisenbahnknotenpunkt.*** Heute ist die Stadt vor allem als Sitz des berühmten dänischen HiFi- und Lautsprecherbauers *Bang & Olufsen* bekannt.

Sehr reizvoll ist Struers ***Hafenpromenade,*** der Fjordvejen. Man startet am besten bei der *Sarpsborg-Pigen,* einer unbekleideten erzenen Lady am Fischereihafen, wandert am Segelklub vorbei und gelangt auf die schmale Landenge, die den Kilen (naturgeschützt, keine Hunde!) vom Limfjord trennt. An deren nördlichem Ende findet man die Jugendherberge, hübsch gelegen. Wer weiter der Küste folgt, die jetzt immer einsamer wird, erreicht letztlich den *Kleppen,* Abfahrtspunkt für die Venø-Fähre (s. u.).

Im Norden eines so dick mit Herkulesstaude bewachsenen Ufers, dass man einen eigentümlichen Miniaturdschungel vor sich zu haben glaubt, erkennt man ***Windmühlen;*** unendlich viele scheinen es zu sein. Es ist Dänemarks größte Anlage, angesiedelt unter- und oberhalb der kombinierten Eisenbahn- und Straßenbrücke über den Oddesund. Die – zumindest aus der Ferne – filigranen Bauwerke passen irgendwie in die Landschaft, anders als die weit im Westen bei Thyborøn miefende Pestizidfabrik *Cheminova;* man kann sich mit ihnen abfinden, anfreunden gar. Von hier an wird man sich ohnehin an die ruhelos rotierenden Stromerzeuger gewöhnen müssen. Der gesamte Nordwesten Jütlands steht mit über 1400 Exemplaren voll davon; Dänemark ist AKW-frei, und Wind gibt es jede Menge.

Sehenswertes

Humlum In diesem kleinen Fischereihafen 12 km nördlich von Struer steht eine Kirche aus dem Jahre 1186 mit einem Altarbild von etwa 1600. Täglich offen.

Museen

- ***Gimsinghof,*** Gimsinghoved 1. Museale Musterfarm. Wechselnde Ausstellungen, Park. Täglich 14-16 Uhr.
- ***Struer Museum,*** Søndergade 23. Vorgeschichte der Region, Flaschenschiffe (ungeheuer viele) und Marinemalerei. Historischer Werdegang der *Radiofabrik Bang & Olufsen.* Täglich geöffnet, im Winter Fr/Sa geschlossen.

Auskunft

- ***Touristeninformation,*** Rådhuspladsen, 7600 Struer, Tel. 97850795, Fax 97840511, www.visitstruer.dk; ganzjährig geöffnet Mo-Fr 9-16, Sa 9-12 Uhr, in der HS etwas länger.

Bärenklau-Dschungel

Verkehrsanbindung

● ***Bahn:*** Struer liegt an der Hauptbahnstrecke Esbjerg-Thisted. Die Route führt über den Oddesund (Klappbrücke) und die Insel Thyholm.
● Es gibt auch ***Direktbusse nach Kopenhagen*** (Tel. 97923411).

Unterkunft und Restauration

Hotels

● ***Grand Hotel***€€€, Østergade 24, Tel. 97850400.
● ***Humlum Kro***€€, Vesterbrogade 4 (Humlum), Tel. 97861764.

Ferienhäuser

● ***Feriehuse Toftum Bjerge***, Tel. 97862222.
● ***Skibsted*** (Humlum), Tel. 97861385.
● ***Udlejningsbureauet Limfjorden,*** Tel. 97851685.

Camping

● ***Bredalsvig Camping,*** Bredalsvigvej 5, Humlum; Tel. 97861304. 95 Stellplätze, Hütten. Offen 15.4.-1.9.
● ***Bremdal Camping,*** Fjordvejen 12; Tel. 97851650. 200 Stellplätze; auch Hütten, Wohnwagen und Zimmer. Direkt am Fjord (neben der JH), doch kein besonders guter Badestrand. Offen 15.4.-15.9.
● ***Dahlus Naturlagerplatz,*** Præstevej 3, Resen; Tel. 97861780. Nur für kleine Zelte. Offen 1.6.-30.9.
● ***Skovly Camping,*** Gl. Landevej 4, Toftum Bjerge; Tel. 97861330. 100 Stellplätze; auch Hütten und Wohnwagen. Schönes Waldgebiet am Limfjord.

Jugendherberge

● Bremdal, Fjordvejen 12, 7600 Struer, Tel. 97855313, Fax 97840950. Ganzjährig offen. Falls in der Nebensaison niemand zu sehen ist, bei *Bremdal Camping* nebenan nachfragen.€-€€€

Andere Unterkünfte

● Auskunft über Zimmer, Ferien auf dem Bauernhof und Schullandheime (einschl. Schoner *Marilyn Anne* aus dem Jahre 1919) erteilt die Touristeninformation.

Gastronomie

● ***Amore Ristorante & Pizzeria,*** Kildegården 8. Italienische Spezialitäten.
● ***China Cafeen,*** Østergade 52.
● ***Kvickly,*** Smedegade 21. Fastfood.
● ***Marina Club,*** Yachthafen. Gute und preiswerte Seemannsküche.
● ***Stjerne-Grill,*** Smedegade 41, Fastfood.

Am Yachthafen

Sport

Angeln •Auf Forellen und Lachs in der ***Storå.*** Info bei *Intersport,* Østergade 25 und *Sportmaster,* Østergade 10.
•***Put & Take Humlum,*** Vesterkærvej 14. 1.3.-1.12. täglich von 8 Uhr bis Sonnenuntergang.

Golf •Thagårdvej, Humlum (18 Löcher), Tel. 97861720.

Kanu •Schon die Wikinger schipperten (1085) auf dem „Kilen" herum. Hier gibt's heute (vom 1.5. bis 1.11.) Kanus zu mieten: ***Dalhus,*** Tel. 97861780.

Schwimmen •***Hallenschwimmbad,*** Park Allé 6.

Segeln •Gastlieger sind im geräumigen ***Yachthafen*** von Struer willkommen (50 dkr/24 Std.). Anlegetiefe 3,5 m.
•***Bootsvermietung DK-Charter,*** Tel. 97840153.
•***Bootsvermietung Nordia Boat Charter,*** Tel. 97209922.

Tennis •***Struer Hallen*** (über die Touristeninformation) und zwei Plätze in ***Humlum*** (über den Spar-Laden).

Wandern •Die gesamte Region nordwestlich von Struer, insbesondere das Urstromtal Kilen, ist ein prächtiges Wandergebiet. Man lasse sich in der Touristeninformation die Broschüre *„Wandertouren"* geben.

Windsurfen •***Nautic,*** Fjordvej 3, Ejsingholm/Vinderup, Tel. 97446666. 4 bis Mitte 10, Limfjord.
•Auf ***Venø*** beim ***Windy Club:*** Tel. 97855063.

Unterhaltung

- ***Stadtfest,*** 1. Woche im August.
- Diverse ***Musikshows*** und ***Jazzkonzerte*** im Sommer. ***City-Zug*** (gratis).

Tanzen

- ***Disco Rådhuskroen,*** Østergade 17. Do, Fr und Sa 22-5 Uhr.
- ***Disco Twist & Shout,*** Kirkegade 2. Musik aus den 60ern. Fr und Sa 22-5 Uhr.

Touren

- Im Sommer arrangiert die ***Touristeninformation*** diverse Programme, darunter Stadtbegehungen, Naturwanderungen, Ausflüge nach Venø und, sicherlich unverzichtbar, einen „Besuch der Zentral-Kläranlage".

Venø

Die „Freundesinsel", so die Übersetzung, ist ein Eiland zum Verlieben. Man hat bewusst darauf verzichtet, eine Brücke hinüberzuschlagen, obwohl es nur ein paar Meter zum Festland sind. Statt dessen pendelt eine kleine ***Autofähre*** etwa alle 20 Minuten hin und her; einen festen Fahrplan gibt es eigentlich nicht.

Von Struer fährt ein ***Bus*** sechsmal werktags und zweimal täglich an Wochenenden hinüber. Man kann auch, wie bereits erwähnt, am Ufer der Bucht zum Anleger wandern, 5 km sind es von der Stadt, 4 von der Jugendherberge. Drüben entlässt einen die Fähre in insulare Einsamkeit. Wer die zentrale ***Straße*** scheut, geht am besten rechts oder links die Strände entlang, was wegen großer Anhäufungen von Kies und Muschelschalen allerdings etwas mühsam ist.

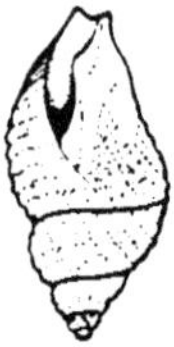

Netzreusen-schnecke

Venø ist 7,5 km lang und an seiner dicksten Ausbuchtung 1,5 km breit; 6 qkm ergeben sich insgesamt. 200 Menschen wohnen permanent auf der Insel; drei von ihnen bekam ich zu sehen, als ich das Eiland (im September) besuchte. Sonst lag alles wie leblos da, nur zahlreiche

Mirabellenbäume bogen sich unter schwerer Last. Am Strand massenweise Miesmuscheln. Ein Festmahl gab es an diesem Abend in der JH Struer ...

Im geometrischen Zentrum liegt das Dorf ***Venø By,*** links, am Venø Sund, ein Häfchen, auch für Yachten, rechts, an der Venø Bugt, ein Strändchen mit Campingplatz. Mittig dazwischen findet man das Inselkirchlein, das nun wirklich den Diminutiv verdient, denn es ist Dänemarks kleinstes, erbaut etwa 1600, rot und weiß und putzig. Oben im Norden öffnet sich die Insel in die ***Nørskov Vig,*** eine genau herzförmige flache Bucht, zum Gesamtbild passend.

Unterkunft und Restauration

Camping

- ***Venø Camping,*** Klitten 10, Tel. 97868002. Offen 1.4.-1.10.

Dänemarks kleinste Kirche

Gastronomie

- ***Venø Kro*** (Nähe Campingplatz).
Spezialitäten: Venø-Steak, Scholle; zivile Preise.

Sport

Segeln

- Kleiner, recht romantischer ***Hafen*** an der Westseite. Wassertiefe: 2 m. Hafenmeister: Tel. 97868430. Auch ***Fahrradverleih.***

Wandern

- Eine spezielle ***Wanderkarte*** für Venø erhält man von der Touristeninformation Struer.

Thyholm

Auf beiden Seiten der ***Oddesundbrücke,*** die Jütland an die Fast-Insel Thyholm anbindet, gibt es erst einmal, wie anders, ***deutsche Stellungen*** zu besichtigen. 27 Bunker und ein paar andere militärische Objekte hatten Heer und Luftwaffe seinerzeit in die schöne Landschaft gepflanzt, und dort stehen sie noch, Andenken an Dänemarks „dunkle Zeit", wie der Prospekt sagt. Um sie herum erheben sich, bereits erwähnt, 45 ***Windräder,*** über deren Funktion man im Kommandobunker 16 in Oddesund Nord einiges nachlesen kann.

Die Dänen sind hier mal wieder praktisch zu Werke gegangen. Und ihr ***Kuttermuseum*** in Gestalt eines aufs Trockene gezogenen Log-

Im Innern von Thyholm

gers haben sie auch gleich mit in den Komplex einbezogen. Man besucht also ein Bunker-Windkraft-Kutter-Museum. Der Kutter ist gleichzeitig eine Infozentrale für Thyholm, allerdings nur im Sommer. Halt - die beiden Dampffähren aus der Zeit vor 1938, als die Brücke fertiggestellt wurde, kann man auch besichtigen. Dem Museum ist also noch ein „Fähr-" zuzufügen.

Wenn ich Thyholm eine „Fast-Insel" nenne, so geschieht dies, weil dieser Klacks hügeliger Erde im Limfjord nur über eine ganz dünne Landzunge mit Nordjütland verbunden ist, und die Brücke im Süden zählt eh nicht. Über Landzunge und Brücke führen aber immerhin die wichtige Landstraße A11 und die Bahnlinie Struer-Thisted; die Deutschen wussten schon um deren strategischen Wert.

Was zwischen diesen beiden Punkten liegt, sind vornehmlich ***Bauernland*** und recht ***vielfältige Natur*** (475 Arten von Wildpflanzen hat man gezählt), ein paar Städtchen und eine Menge alte Kirchen.

Deren berühmteste ist zweifelsohne die ***Kirche*** des alten (12. Jh.) Hauptortes ***Hvidbjerg.*** Es ist auch wohl weltweit die einzige, in der ein Bischof umgebracht wurde. Im Jahre 1260 musste Bischof *Oluf Glob von Børglum* direkt vor dem Altar dran glauben - eine Erbstreitigkeit. Der Rächer der Enterbten genießt heute lokalen Heldenstatus, und *Hans Christian Andersen* hat ein Märchen mit dem Mord als Hintergrund geschrieben. So etwas kommt halt nicht alle Tage vor, sollte man annehmen.

Doch schon die ***Kirche von Søndbjerg,*** ein Stückchen weiter, ist von Sagen umwoben, die von Verführung, Kirchenbrand, Flucht und Rachemord berichten. Nur in den Kirchen von ***Jegindø*** (mit schönem Schiffsmodell), ***Lyngs*** und ***Odby*** (Gemälde) ging es offenbar gesitteter zu.

Alles in in allem, scheint's, muss früher also ganz schön etwas los gewesen sein auf Thyholm. Heute ist es ruhiger. Sehr ruhig sogar ist es auf Thyholm, außer wenn die Eisenbahn mal vorbeirattert, und wenn man über den afrikanisch klingenden Tambosund noch ein Stück weiter nach dem Nachbareiland ***Jegindø*** reist - seit 1916 führt ein Damm dorthin -, wird es vollends still. Ein paar Kutter landen im idyllischen Inselhäfchen an, und wer beim Angeln kein Glück gehabt hat, kann sich am Kai heimlich mit Fisch eindecken. Thyholm bietet sich als Erholungsgebiet an, und das ist es auch. Radeln und Wandern - dafür eignet sich die Fast-Insel ganz besonders.

Sehenswertes

Am Hafen von Jegindø gibt es ein kleines ***Heimatmuseum*** *(Æ Fywerhus)* mit Schwerpunkt Limfjordfischerei, offen 10-20 Uhr im Sommerhalbjahr, freier Eintritt.

In Hvidbjerg lädt der ***Apotekergården*** zu einer Besichtigung, ebenfalls ein Heimatmuseum und sommers (außer Mo) von 14 bis 17 Uhr geöffnet.

Auskunft

- ***Touristeninformation:*** *Thyholm Turistkontor,* Østergade 1, 7790 Hvidbjerg, Tel. 97871950, Fax 97879190, www.thyholm.dk; geöffnet ganzjährig Mo-Fr 10-16 Uhr.
- ***Info-Kutter*** in Oddesund Nord: siehe oben.

Unterkunft und Restauration

Hotels

- ***Færgekroen***€€, Hovedvejen 4 (Oddesund); Tel. 97875020.
- ***Landevejskroen***€€, Hovedvejen 70 (Floulev); Tel. 97871087.
- ***Tambohus Kro***€€€€, Tambogade 37 (Tambohus); Tel. 97875300.
- ***Tømmergården***€€€, Frederiksgade (Hvidbjerg); Tel. 97871388.
- ***Uglev Kro***€€, Saturnvej 10 (Uglev); Tel. 97875455.

Camping

- ***Tambosund Camping,*** Jegindøvej 27 (Egebjerg); Tel. 97871772. 160 Stellplätze, Hütten. Im Ostteil der Insel, unmittelbar am Limfjord. Offen 15.4.-15.9.

Zimmer

- Es gibt eine Handvoll Zimmer in Jegindø und Umgebung, zu deren Existenz und Preisen man am besten die Touristeninformation befragt.

Gastronomie

- ***Caféen,*** Bredgade 9 (Hvidbjerg). Leichte Küche.
- ***Færgekroen Oddesund.*** Seafood. Spezialität: Limfjord-Goldbutt.
- ***Landevejskroen.*** Dänische Küche zu zivilen Preisen.
- ***Uglev Kro.*** Tagesgericht 40 dkr.
- ***Æ Skipperhus,*** Jegindø Havn. Fischgerichte.

Sport

Angeln

- Überall in der See um Thyholm und Jegindø darf man angeln, sofern man den Schein dabei hat. ***Plattfisch*** ist besonders im Angebot, wenn es weht; die Flundern und Schollen sehen im Sandgewirbel dann nicht so genau hin. Vor Kallerup Kær sind ***Aale*** häufig, hauptsächlich spät im Jahr, und östlich der Brücke fängt man im Herbst mit Spinner und Wurm ***Meerforellen.*** Thyholms wahre Spezialität ist jedoch der ***Hornhecht.*** Im Juni kommt dieser Fisch in Scharen durch den Fjord und kann von der Brücke aus geangelt werden - körbeweise manchmal. ***Köder und Leihgeräte*** gibt's bei der Tankstelle in Oddesund Nord.

Reiten

- ***Things Stutteri,*** Nørskovvej 2, Jegindø, Tel. 97879337. Nach Vereinbarung.
- ***Thyholm Rideklub,*** Følhøjvej, Odby.

Segeln

- Etwas nördlich des Fischereihafens Jegindø hat man in jüngster Zeit eine neue ***Marina*** für etwa 50 Boote gebaut. Hier können auch kleinere Yachten gemietet werden. Info: Hafenmeister, Tel. 97879033.
- Der ***Yachthafen von Oddesund*** hat gerade eine größere Renovierung hinter sich, wird aber noch um einige Einrichtungen erweitert. Info: Hafenmeister, Tel. 97464380.

Wandern

- Thyholm hat nach eigenen Angaben das am engsten gewirkte Netz von ***markierten Wanderwegen*** in ganz Dänemark - insgesamt 120 km.

Windsurfen

- Im Bereich der Oddesundbrücke pfeift es besonders stark - deswegen die vielen Windräder.

Ausflüge nach Paris, Rom und Korea

Paris liegt an der Landstraße von Struer nach Lemvig, zwischen Resenstad und Gudum. Es ist lediglich ein Kuhdorf, aus einer Handvoll Häusern bestehend, und wenn man nicht aufpasst, rollt man im Nu daran vorbei.

Fünf Kilometer südlich von Lemvig findet man ***Rom.*** Dort gibt es einen Provinzflugplatz, Andenken an die deutsche Luftwaffe, deren betonierten Sanitätsunterstand man immer noch bewundern kann. Viel mehr gibt's eh nicht zu sehen, es sei denn, man kann sich für eine Biogasanlage, Dänemarks größte, erwärmen. Die Kuhfladen aus 80 Landbetrieben versorgen ein komplettes Heizkraftwerk mit Energie.

Für ***Korea*** letztlich muss man sich in den Norden, Richtung Ålborg, bemühen. Dort, in der Nähe des Städtchens Støvring, liegt Korea, wiederum ein Kaff mit ein paar Gebäuden.

Was soll's damit?

Nun, nach Besuchen dieser Lokalitäten kann man die Frage, wo man denn seinen Urlaub verbracht habe, lässig beantworten mit: *„Hrmph - in Dänemark, Paris, Rom und Korea."* Um Fotobelege muss man auch nicht verlegen sein - alle drei Nester haben Ortsschilder ...

Lemvig

Wer Struer schon hübsch gefunden hat, wird sich im „Grübchen Westjütlands" erst recht wohlfühlen. Malerisch an einer engen Bucht gelegen und in sanfte grüne Hügel gebettet, mit ansprechenden Baulichkeiten aus der Mitte des 19. Jahrhunderts gesegnet, schmuck, sauber und ruhig - das ist Lemvig, 7500 Einwohner groß. Die Action, falls man sie eine solche nennen kann, findet in der Østergågade und auf dem Rathausplatz statt, Lemvigs Fußgängerbereich.

Geschichte

Schon in der ***Steinzeit*** siedelten sich Menschen im Umfeld der Lem-Bucht an, die ein Schmelzwasserfluss aus einem eiszeitlichen Gletscher über dem Limfjord in die Küste gekerbt hatte. Bei Bovbjerg wurden im 19. Jahrhundert dreizehn ***bronzezeitliche Grabhügel*** freigelegt, aber viel kam dabei nicht zum Vorschein: ein paar alte Pötte und die Reste eines Eichensarges. In einem der Hügel sitzt laut örtlicher Legende jedoch ein englischer König, umgeben von so vielen Kostbarkeiten, dass die dänischen Staatsschulden, egal wie hoch, damit ausgeglichen werden könnten. Das muss heute eine ganz schöne Schatztruhe sein!

Lemvig entstand im ***Mittelalter;*** 1234, eins-zwei-dreivier, leicht merkbar, wurde die Stadt erstmals genannt. Aus dieser Zeit stammt noch die eindrucksvolle weiße Kirche im Zentrum, die seither manche Renovierung durchstehen musste, die letzte 1935. Dabei wurde dem Dom ein Zwiebelturm verpasst, der heute Lemvigs Wahrzeichen ist und sogar in einem populären Comic - *Livets gang i Lidenlund,* etwa: Das Leben in Kleinkleckersdorf - seinen festen Platz gefunden hat. Das Innere der Kirche weist reichgeschnitztes Rokokoinventar auf.

Lemvig heute

Lemvigs ***Hafen,*** dicht am Zentrum gelegen, wurde 1851 gebaut und entwickelte sich zu einem betriebigen Handelszentrum, von dem Segelschiffe die Nord- und Ostsee befuhren. Später kam ein Fischereihafen hinzu, dem heute je-

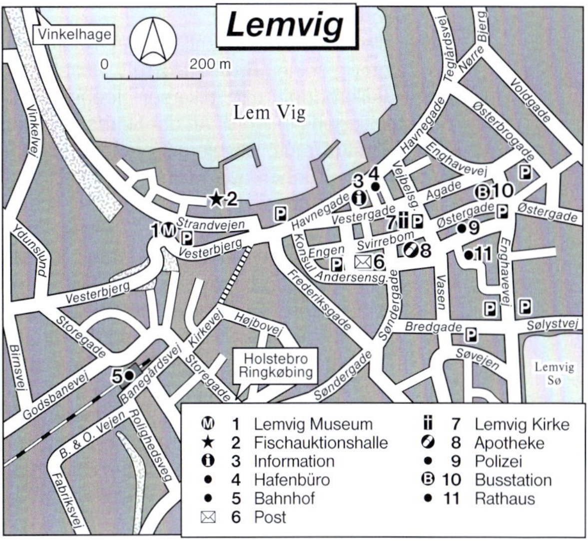

Kirche von Lemvig

doch vom unfern gelegenen Thyborøn weitgehend der Rang abgelaufen worden ist. Trotzdem dümpeln noch ein, zwei Dutzend Kutter an den Kais, und jeden Morgen finden Auktionen statt. Fisch ist offenbar genügend vorhanden, und teuer ist er laut persönlicher Vergewisserung auch nicht.

Wie alle Inlandsstädte entlang der Küste hat auch Lemvig seine ***„Badevororte".*** Vinkelhage und Gjellerodde, mit diverser touristischer Struktur, liegen am Fjord. An der Nordsee teilen sich Fjaltring/Trans, Bovbjerg/Ferring, und Vejlby/Vrist den Kuchen aus weißen Stränden und stellenweise nachgelagerten Kliffküsten - malerisch, doch auch gefährdet. Die Nordsee nagt an dieser Küste; besonders bei Trans ist sie dem Ort bedrohlich nahegekommen. Eine Anzahl von Bauernhöfen musste aufgegeben und vom Staat übernommen werden, und die Kirche von Trans wird wohl in naher Zukunft mal den Hang hinunterpurzeln. Die Feriengäste ficht das aber alles nicht an. Im Gegenteil, sie beschleunigen den Erosionsvorgang sogar noch, indem sie - mit behördlichem Plazet - beim Start zum Drachenflug an der Klippe von Bovbjerg fleißig dänische Erde ins Meer treten.

Sehenswertes

Aussichtspunkt Von der Nørlem Kirke hoch über der Stadt hat man einen herrlichen Rundblick über die gesamte Gegend. Der Punkt liegt 4 km nördlich von Lemvig am Ostufer der Bucht.

Klosterheden Statskov (Staatsforst) Mit 7000 ha ***eines der größten Waldgebiete Dänemarks,*** ca. 7 km südlich von Lemvig. Wanderwege, Spielplätze, Hundeauslauf. Hier befindet sich auch ein großes ***Forschungszentrum,*** das seit Jahren die Ursachen des Waldsterbens zu ermitteln versucht.

- ***Naturskolen,*** Kjærgård Mølle, Tel. 97865252, Besuche nach Absprache.

Museum Das ***Lemvig Museum*** liegt am Fuß des Vesterbjergs (Vestergade 44). Es gibt einen Querschnitt durch die bäuerliche Geschichte der Region und das Rettungswesen. Außerdem widmet es sich der diversen Strandungen an der Nordseeküste mit Betonung auf geborgenen Objekten aus der *Alexander Newsky* (s. o.). Offen Di, Do, So, im Herbst täglich außer Sa, 14-16 Uhr.

Planetsti Am Museum beginnt der so genannte *Planetsti* (Planetenpfad) und zieht sich 12 km am Limfjord entlang. Es handelt sich um ein Modell des Sonnensystems im Maßstab 1:1 Milliarde. Die Sonne und die Planeten sind in Bronze gefertigt und auf Granitsäulen montiert. Dem Planetenpfad kann man zu Fuß oder mit dem Fahrrad folgen.

Auskunft

- ***Touristeninformation,*** Toldbodgade 4, 7620 Lemvig, Tel. 97820077, Fax 97810439, www.lemvigturist.dk; ganzjährig Mo-Sa geöffnet.

Verkehrsanbindung

- ***Busse*** von Struer und Holstebro.
- ***Oldtimerzug*** von Vemb nach Thyborøn. Achtung: Der Bahnhof ist fast 2 km von der Busstation entfernt, außerdem geht's in Serpentinen den Vesterbjerg hoch. Busse fahren hin, aber keineswegs immer fahrplangerecht.

Alte Lok am Bahnhof

Unterkunft und Restauration

Hotels

- ***Bovbjerg Badehotel***€, Vesterhavsgade 2 (Ferring); Tel. 97895033. Auf dem Kliff unmittelbar über der Nordsee gelegen. Pauschale Wochenarrangements.
- ***Industrihotellet***€€, Vasen 11; Tel. 97820200. Zimmer mit und ohne Bad. Bekannt für gute Küche; immer frischer Fisch.
- ***Nørre Vinkel***€€€€, Vinkelhage; Tel. 97822211. Auch Ferienwohnungen. Direkt am Golfplatz gelegen; nur ein paar Schritte zum Limfjord. Zahlreiche Arrangements.
- ***Ramme***€€, Stationsvej 9 (Ramme); Tel. 97889206. Kleines Hotel.
- ***Scandinavian Holiday Center***€€€€, Vinkelhage; Tel. 97822722. Zentrum mit 148 Ferienwohnungen.

Ferienhäuser

- ***Fjaltring Ferieby,*** Tel. 45854455.
- ***Jørgensen,*** Tel. 97834760.
- ***Larsen Rejser,*** Tel. 97836424.
- ***Lauritzen*** (Strande), Tel. 97836405.
- ***Sol og Strand,*** Tel. 97895244.
- ***Steen Jørgensen,*** Tel. 97834760.
- ***Trans Ferieby,*** Tel. 97822307.

Camping

- ***Bovbjerg Camping,*** Juelsgårdvej 13, Ferring; Tel. 97895120. 134 Stellplätze, 7 Hütten (4-6 Personen). An der Steilküste beim Leuchtturm Bovbjerg, mit Meerblick und einem Katzensprung zum Strand. Spielplatz, beheizter Pool. Offen Ostern bis 15.9.
- ***Lemvig Camping****,*** Vinkelhagevej 6; Tel. 97820042. 250 Stellplätze, 3 Hütten. Am Limfjord, 200 m vom Golfplatz, 3 km westlich von Lemvig. Offen 30.3.-15.9.

Gastronomie

- ***Bovbjerg Cafeteria,*** Transvej 6. Familienrestaurant mit Seeblick. Im Winter geschlossen.

- ***Café Larsen,*** Hafen/Vestergade. Warme Gerichte ab 40 dkr.
- ***Dybe Kro,*** Pugholmvej 17 (Dybe). Dänische Küche, zivile Preise.
- ***Gågadens Bøfhuset,*** Vestergade 14. Familienrestaurant.
- ***Kebab House,*** Søndergade 4. Pizzen und Döner.
- ***Ruen Thai,*** Havnegade 20. Thai-Food. „Schöne Aussicht - auch für Kinder", sagt der Prospekt.
- ***Søhesten,*** „Hafenkneipe" im *Scandinavian Holiday Center.*

Sport

Golf

- ***Sealink-Golfplatz*** (18 Löcher) beim Hotel *Nørre Vinkel,* Søgårdevejen 6, Tel. 97810921.

Reiten

- In den Ferienorten Klinkby, Vejlby Klit und Vrist.

Schwimmen

- Im ***Lemvig Feriecenter*** in Vinkelhage.

Segeln

- ***Yachtbassin*** rechts vom Fischereihafen, klein, aber komfortabel und nur ein paar Schritte vom Stadtzentrum. Eine große ***Marina*** befindet sich in Vinkelhage etwas NW von Lemvig; dort sind selbst in der Höchstsaison fast immer Liegeplätze frei. Im September findet eine Holzschiffregatta statt.

Windsurfschule

- ***Lemvig Vodbinderi,*** Strandvejen, Tel. 97820603. Mitte 5-8.

Touren

- An Sommertagen geht die *Saga* häufig auf ***Rundfahrt*** im Limfjord. Infos im Internet: www.sejlture.dk.

Die Harboøre Tange

Dies ist der Name der ***Landzunge,*** die sich wie ein mahnender Zeigefinger als letzter Festlandszipfel Jütlands am Eingang zum Limfjord nordwärts erhebt. Benannt ist sie nach dem Örtchen Harboøre an ihrem Fuß.

Jahrtausendelang schottete dieses riesige Sandgebilde den ***Limfjord*** wie ein Deich zur Nordsee hin ab und machte die von mächtigen

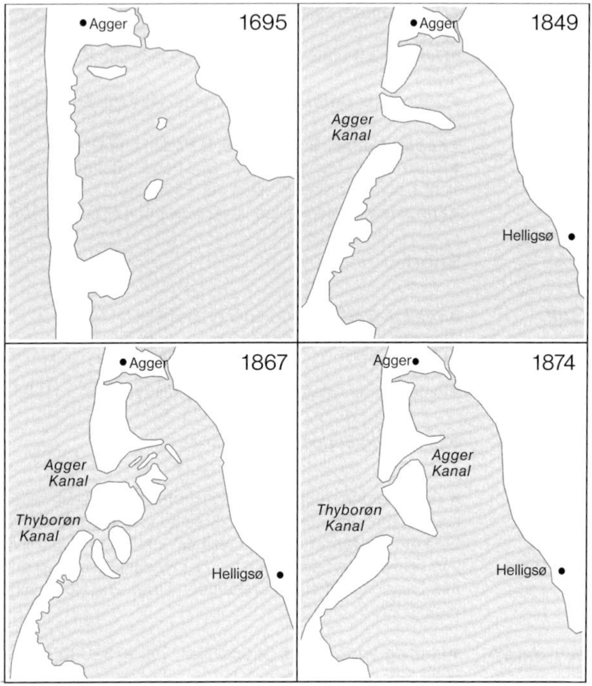

Durchbruch der Nordsee in den Limfjord

Gletschern gegrabene Senke zum Binnengewässer. In der Frühzeit belegter Geschichte mag es eine Öffnung gegeben haben, denkbar ist aber auch, dass die Wikinger, die in dieser Region Stützpunkte besaßen, ihre Boote über die Dünen schleppten.

Falls die Küste um die erste Jahrtausendwende offen gewesen sein sollte – sie wuchs bald wieder zusammen. Zwar brach die Nordsee immer wieder mal durch diesen Wall. Doch die Einbrüche waren nie von Dauer; die Schäden reparierten sich sozusagen von selbst. Die Küstenlinie wanderte dabei allerdings langsam landein, und Dörfer, die sich auf dem Sanddamm angesiedelt hatten, wurden ein Opfer der Fluten: Toft, Bollum, Nabe, Vester Agger.

Zum endgültigen ***Durchbruch*** kam es bei der gewaltigen Februarflut des Jahres 1825. Südlich des heutigen Agger entstand eine Öffnung, und die Nordsee rauschte in den Limfjord. Die neue Situation brachte zunächst viele Erschwernisse für die Bevölkerung mit sich. Nicht nur wurde der alte „Ochsenweg" unterbrochen, von dem schon die Rede gewesen war. Für die bis dahin vornehmlich vom Süßwasserfischfang lebenden Anwohner galt es auch, sich jetzt auf die Seefischerei umzustellen. Zunächst mussten Hunderte von Tonnen von Fischen „entsorgt" werden, die der Salzwassereinbruch getötet hatte und die zum Himmel stanken.

Doch nach und nach gedieh die Entwicklung insofern zum Vorteil, als jetzt die ***Schifffahrt*** aus dem geschützten Innern des Fjords in Gang gebracht werden konnte; 1835 bereits gingen ganze Flotten auf die Reise. 1860 war indes schon wieder Schluss mit der Herrlichkeit; das Loch sandete erneut zu. Aber die See ruhte nicht. Sieben Jahre später brach sie sich mit Macht Bahn durch die Schwachstelle. Mehrere Durchlässe entstanden, darunter ein sehr breiter unmittelbar nördlich von Thyborøn, damals nur ein unbedeutendes Fischernest. 1875 beschloss die dänische Regierung, diesen neuen Kanal zu befestigen, um den Limfjord endgültig für die Seeschifffahrt zu erschließen. Etwa 2000 Schiffe fahren heute jährlich durch die Rinne, die aufgrund extremer Sandbewegungen ständig durch Saugbagger tiefgehalten werden muss.

Um das dünne Rückgrat der ***Landzunge*** gegen den weiteren Ansturm der See zu schützen, sind an der Außenseite dicht an dicht Buhnen aufgeschüttet worden; schon 1870 fing man damit an. Sie beginnen bei Harboøre und setzen sich bis Thyborøn fort, das besonders stark ausgebaut worden ist; der ganze dortige Ufer- und Hafenbereich besteht aus Betonbefestigungen,

Die Sache mit der Cheminova

Man erhält einen ungelinden Schock versetzt, wenn man auf dem Weg nach Thyborøn, inmitten von Naturschutzgebieten, also dort, wo man ganz zuletzt Stinkiges erwartet, plötzlich einen dräuenden ***Industriekomplex*** aus der Dünen- und Wattenlandschaft wachsen sieht. Und was für einer ist das! Die auf dem Halbinselchen Rønland gelegene *Cheminova Agro* stellt so genannte ***Pflanzenschutzmittel*** her, Herbi-, Pesti- und Insektizide, lauter feine Sachen, die laut Eigenwerbung *„einen entscheidenden Einfluß auf drohende Krankheitsepidemien und Hungersnotkatastrophen gehabt haben"*. Außerdem und unter anderem werden *„chemische Zwischenprodukte für Weiterverarbeitung in anderen chemischen Industrien"* zusammengebraut. Alles, versteht sich, *„im Rahmen der strengsten Umweltgesetze der Welt"*. Politiker und Gewerkschafter der traditionell erwerbsschwachen Region singen ein einhelliges Loblied auf den grauen Kasten, der 1000 Leute beschäftigt. Verständlich. Von dem eine Milliarde Kronen teuren Kuchen, der alljährlich bei der *Cheminova* gebacken wird, möchte jeder ein Scheibchen abhaben, auch wenn es ein wenig bitter schmeckt.

Also alles paletti, sollte man meinen. Die *Cheminova*, 1938 gegründet, zog 1953 auf die Landzunge von Harboøre in Jütlands Nordwesten, so weit weg von menschlicher Besiedlung wie in Dänemark über-

zu denen die deutsche Wehrmacht mit ihren Bunkern noch das ihrige beitrug.

Während seeseitig von Harboøre das touristische Leben pulst, wird es nordwärts immer dünner damit, woran die Pestizidfabrik *Cheminova* (siehe Exkurs) wohl nicht ganz unbeteiligt sein mag. Sozusagen als Entschuldigung hat man annähernd die gesamte Harboøre Tange (und ihr gegenüberliegendes Gegenstück im Norden, die Agger Tange) zu ***Naturschutzgebieten*** gemacht, deren Betreten entweder gänzlich oder zu großen Teilen des Jahres verboten ist. Überwiegend handelt es sich hier um Lagunen, die zur Nordsee hin durch Dünen abgeriegelt sind und auf der Binnenseite in Salzwiesen und Röhrichtwälder übergehen – ideale Lebensbedingungen für viele Arten von Wasservögeln. Die geschützten Gebiete, „Große Seen" genannt, sind deshalb in erster Linie Vogelreservate: Lagunen, überschwemmte Wiesen und seichte Gewässer der ***Nissum***

haupt möglich. Um dort Bonbons zu produzieren? *„Die Spuren der früheren Umweltverschmutzung sind aber noch nicht ganz beseitigt worden"*, weist Thyborøns amtlicher Fremdenführer auf unbewältigte ***Altlasten*** hin. *„Ein Mülldepot bei der Buhne 42 in der Nordsee wurde 1981 durch Abgraben entfernt. Ein schwaches Heraussickern von Giftstoffen aus der Erde ist aber noch verblieben. Das ist der Grund für das Bade- und Fischverbot 200 Meter um Buhne 42. Auch südlich von dem alten Fabrikgelände gibt es ein Bade- und Fischverbot."* Und: *„Der Gehalt an Quecksilber der am schlimmsten betroffenen Fischart, dem Aal, ist in Besserung."*

Also doch nicht so paletti. Und ein Fingerzeig darauf, dass, selbst wenn jetzt *„Cheminovas Produktion sorgfältig überwacht wird"*, dort früher in der Tat keine Drops gekocht wurden, und wenn, dann ganz schön saure. In lokalen Fischer-, ganz besonders aber in Umweltkreisen gibt es manche Stimme, die sich auch über die heutigen Verhältnisse wenig begeistert äußert. Dass laut Firmenangaben *„99 % der Produktion exportiert werden"*, stimmt eher nachdenklich. Die Information deutet auf Substanzen hin, die in Dänemark niemand mehr verwenden will oder darf - notgehärtete Drittweltler werden damit schon fertig werden. Doch diese Stoffe vieltausendtonnenfach in unmittelbarer Nachbarschaft zu wissen, lässt bei manchem Thyborøner und Harboører Gänsehäute kriechen.

Bredning, die von den auf ihren Zügen rastenden Vögeln aufgesucht werden. Enten stellen den größten Artenanteil: Krick-, Pfeif-, Schell-, Stock- und Tafelente sind vertreten. Außerdem rasten Schwärme von Blässhühnern, Höcker-, Sing- und Zwergschwänen. Im Frühjahr fallen Kurzschnabelgänse und Tausende von Stelzvögeln ein, um im Sommer zu brüten. Natürlich sind auch die allgegenwärtigen Möwen in reichlichen Zahlen dabei, und in jüngster Zeit haben sich Kormorane eingefunden. Und das alles im Schatten der *Cheminova.*

Thyborøn

Thy heißt die gesamte Region am westlichen Limfjord-Eingang. *„Volk"* bedeutet das Wort, womöglich hat aber auch eine Gottheit *Thi* Pate gestanden; genau wissen es die Historiker nicht. Ein *bo* ist ein Bewohner; *hraun,* altnordisch, steht für *„Steingrund"*. Die eiszeitlichen Gletscher haben hier, an der Ausgangspforte zur Nordsee, jede Menge Moränenschutt abgeladen. Zu Lande äußert sich dieser Sachverhalt in Gestalt sanft-hügeliger Topographie, zu Wasser in der Fangstatistik der Fischereiflotte, über die sich die Bodenbeschaffenheit nachvollziehen lässt: Viele Fischarten lieben einen *hraun*, und viel Fisch wird in Thyborøn gelandet.

Thyborøn kann man wohl selbst mit viel Wohlwollen keine anziehende Destination nennen. Der Ort ist eine der typischen ***Retortenstädte*** an der Küste, die mit dem Ausbau von ***Hafenanlagen*** und der Förderung der ***Fischerei*** entstanden, kahl und weitgehend charakterlos – „das genaue Gegenstück zu Lemvig", sagt eine lokale Broschüre treffend. Nachdem die See hier durchgebrochen war, wuchs Thyborøn zu einem wichtigen Zentrum dieser Kategorie heran und rangelt heute mit Hvide Sande um den dritten Platz in Dänemark.

Im ***Hafen,*** der immerhin ein paar malerische Eckchen aufweist, herrscht ein geschäftiges

Binnenhafen von Thyborøn

Kommen und Gehen der etwa 180 hier stationierten Kutter, und jeden Morgen um 7 Uhr ist in der Auktionshalle große Fischversteigerung. Und damit die Atmosphäre sich auch vollends zünftig gestaltet, pestet die *TAF (Th. Andels Fiskefabrik)* zum Gotterbarmen und Seekrankwerden ihren Fischmehlhauch durch den gesamten Ort, sowie der Wind auch nur ein paar Grad aus der falschen Richtung weht.

Sehenswertes

Bunker Siehe Exkurs.

Fischerei- und Rettungsmuseum *„Rote Halle"* am Hafen. Werdegang der Fischerei und des (sehr tüchtigen) Rettungswesens in Thyborøn. Täglich 9-17 Uhr.

Jyllands Akvariet Vesterhavsgade 16. *„Halten Sie eine Krabbe in der Hand!"* fordert der Prospekt dieser Aquarienanlage auf. Das ist täglich machbar, außer im Dezember.

Kystcentret Kystcentervej 3. Große Amüsieranlage; u. a. kann man ganz Dänemark im Sturm absaufen lassen - virtuell. Ganzjährig außer Dez. offen.

Puppenausstellung Jernbanegade (im alten Bahnhof). 2000 Puppen aus aller Welt; geöffnet 10-17 Uhr.

Sneglehuset Sneglevej. *Kitsch as kitsch can!* Abertausende von Seeschnecken aus aller Welt sind hier zu einem bunten Seeschrecken verarbeitet worden, der Naturfreunden bestimmt in der Seele wehtut (dem dänischen Königshaus und dem deutschen Fernsehen hat es aber angeblich gefallen). Drinnen im „Schneckenhaus": Buddelschiffe, Nippes, ausgestopfte Fische, Schiffsmodelle, muschelige und maritime „Souvenirs" zum Kauf – *„so dass alle deutlich sehen können, dass man hier gewesen ist"*. Im Sommer täglich, im Winter Di und So geöffnet.

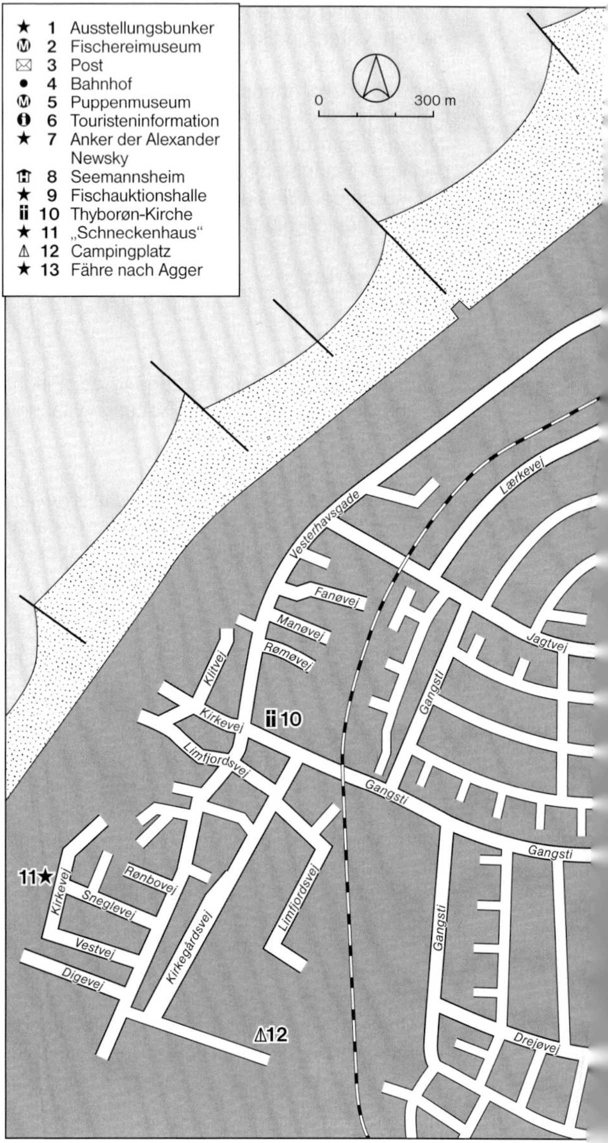
★ 1 Ausstellungsbunker
Ⓜ 2 Fischereimuseum
✉ 3 Post
● 4 Bahnhof
Ⓜ 5 Puppenmuseum
ℹ 6 Touristeninformation
★ 7 Anker der Alexander Newsky
8 Seemannsheim
★ 9 Fischauktionshalle
10 Thyborøn-Kirche
★ 11 „Schneckenhaus"
12 Campingplatz
★ 13 Fähre nach Agger
0
300 m
Vesterhavsgade
Lærkevej
Fanøvej
Manøvej
Rømøvej
Jagtvej
Klitvej
Kirkevej
Gangsti
10
Limfjordsvej
Gangsti
Gangsti
11★
Rønbovej
Kirkevej
Sneglevej
Limfjordsvej
Gangsti
Vestvej
Kirkegårdsvej
Digevej
12
Drejøvej

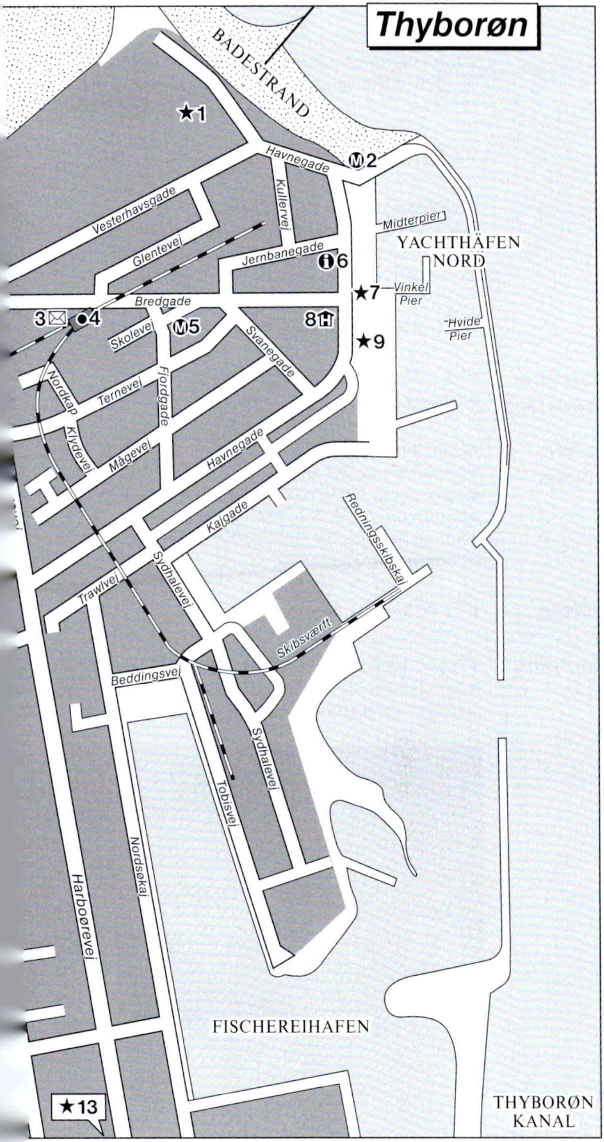

Westjütland

Auskunft

- ***Touristeninformation:*** Havnegade 5, 7680 Thyborøn, Tel. 97831288, turist@post6.tele.dk, www.thyboroen.com Offen Mo-Fr 9-16, vom 23.6. bis 31.8. auch Sa und So.

Verkehrsanbindung

- ***Oldtimerzug*** von Vemb-Lemvig.
- ***Autofähre nach Agger:*** Von frühestens 6 bis spätestens 22 Uhr ganzjährig jede volle Stunde (bei Bedarf häufiger) vom Südhafen. Fahrzeit 10 Minuten.

Unterkunft und Restauration

Bed and Breakfast

- Tel. 97831175 und 97831447.
- In Harboøre: Tel. 97834958.

Ferienhäuser

- ***DanCenter,*** Tel. 97835099.
- ***Dansommer,*** Tel. 97837122.
- ***Jørgensen,*** Tel. 97834760. *„Alle Kunden pleitegeschützt!"*
- ***Lauritzen,*** Tel. 97834704.
- ***Sol og Strand,*** Tel. 97837700.
- ***Volters,*** Tel. 97834842.

Hütten

- Tel. 97834031 (Harboøre).

Camping

- ***Thyborøn Camping,*** Idrætsvej 3; Tel. 97831277. Beim Sportstadion am südwestlichen Ortsrand; strandnah (300 m). 53 Stellplätze. Offen Ostern bis etwa 1.11.

Bunker am Strand

Deutsche Feste Thyborøn

Der Eingang zum Limfjord erschien der deutschen Besatzungsmacht besonders schützenswert. Wer erst einmal durch dieses Loch geschlüpft war, konnte auf der anderen Seite bei jeder Wetterlage Invasionstruppen oder Sabotagekommandos landen. Von 1943 an begann man deshalb, die Landspitze von Thyborøn zu einer riesigen ***Festung*** auszubauen. 66 größere und 40 kleinere Betonbunker entstanden, eine der ausgedehntesten Anlagen in Dänemark, übertroffen nur von Hanstholm (siehe dort). Sie sollten nicht nur die strategisch wichtige Einfahrt sichern, sondern auch die fünf großen *„Wassermann"*-Antennen der ***Radarstellung Lama,*** die im Verlauf des Luftkrieges zu mancher Sondermeldung Anlass gaben.

Die Fäden des riesenhaften Komplexes „Festung Thyborøn" liefen in einem zweistöckigen ***Kommandobunker*** zusammen, der im Herbst '44 aus 3100 cbm Beton in die Dünen gegossen wurde. Meldungen von den Radargeräten wurden in der Leitstelle dieses Bunkers ausgewertet und über einen Relaisposten in Houvig an das zentrale dänische Hauptquartier der Luftwaffe in Karup weitergeleitet. Jede Nacht herrschte in *Lama* fieberhafte Tätigkeit. Die Arbeit dieser Anlage fügte den Alliierten schwerste Verluste zu und verlängerte den Krieg wahrscheinlich um einiges, denn viele allierte Bombenflüge nach Deutschland führten zwangsläufig über Jütland hinweg und fanden durch Lama-geleitete Nachtjäger der Luftwaffe ein Ende.

Umgeben war die Kommandozentrale von Beobachtungs-, Geschütz-, Luftabwehr-, Mannschafts-, Munitions- und Scheinwerferbunkern, die heute teils im Sand versunken, großenteils aber noch erhalten sind und die gesamte Küste unterhalb von Thyborøn verschönern. Der Kommandobunker liegt bei Buhne 57. Man hat ihn unzugänglich gemacht, nur das 400 qm große Dach ist noch zu sehen. Die meisten anderen Bunker sind jedoch begeh- und einsehbar. Es gibt sogar einen „Ausstellungsbunker", vorn an der Stadt gelegen, mit einer Übersicht über das ganze Elend.

Es heißt übrigens, dass der ***dänische Untergrund*** wiederholt versuchte, die Anlagen zu sabotieren, indem man zum Beispiel Bauarbeiter veranlasste, Zucker in den Beton zu mischen. Die Dänen geben aber selbst zu, dass dahinter eher Wunschdenken steckte. In ganz Dänemark gab es zu Kriegszeiten nämlich nicht genug Zucker, um auch nur eine einzige Fuhre Beton damit zu versüßen; außerdem lässt Zucker das Zeug wahrscheinlich nur noch fester zusammenbacken. Eher niedlich klingt auch, dass die Deutschen sich bemühten, manche ihrer Bunker als Bauernhöfe und Ferienhäuschen zu tarnen. Ein junger dänischer Architekt ließ den Engländern Pläne dieser Bauten zukommen, fein säuberlich wie Examensarbeiten zu Papier gebracht. Ob sie etwas bewirkten, ist nicht bekannt, aber „die Schildkröte", wie sich der Spion nannte, erntete viel Lob für seine schönen Zeichnungen.

● ***Vesterhavs Camping,*** Flyvholmvej, Langerhuse (Harboøre); Tel. 97834704. 158 Stellplätze. 200 m vom Strand. Offen Ostern bis 10.9.

Seemannsheim

● Havnegade 20, Tel. 97831244.

Gastronomie

● ***Fiskehallen,*** am Hafen. Hier werden Fänge direkt verarbeitet, und der Fisch ist garantiert knackfrisch, allerdings auch verflixt teuer.
● ***Fjordgrillen,*** Fjordgade 1. Grillgerichte.
● ***Kaffehuset,*** Havnen. *„Für Einheimische und Touristen".*
● ***La Mar,*** Havnegade 64. Fischspezialitäten, Steaks vom Grill, Paella.
● ***Sason,*** Bregade 3. Pizzen und „Døner".

Sport

Angeln

● Die strömungsreichen Gewässer um die Halbinsel von Harboøre Tange sind ausgezeichnete Angelreviere. Auf der ***Nordseeseite*** kann man entlang der ganzen Strecke von Vejlby Klit bis Thyborøn direkt vom Strand oder von den Buhnen aus angeln - Buhne 42, bitte schön, tunlichst ausgenommen. Viele Angler versuchen auch ihr Glück auf den ***Molen*** des Ortes oder direkt im ***Hafenbecken.*** Gefangen werden Plattfische (Scholle, Flunder, Butt, Kliesche), Dorsch, Makrele, Hornhecht, Meerforelle und -äsche, sowie Lachs. Nahe an der Küste ist die Jagd auf Dorsch nur nachts aussichtsreich.
● Sommerliche Ausfahrten mit den Kuttern *Emma-Line* (Tel. 97832766) und *Beluga Most* (Tel. 40552766).
● ***Köder*** gibt es bei *Thyborøn Camping* und der *Statoil-Tankstelle* in Harboøre.
● ***Put & Take-Forellenteich*** am Nordmarkvej in Vejlby Klit.

Segeln

● Thyborøn hat gleich ***drei Yachtbassins,*** zwei im Norden des ausgedehnten Fischereihafens und eins im Süden. Ortskenner empfehlen die Nordbecken. Dort ist man dann auch gleich mitten im Ort.

Unterhaltung

● ***„Fischtag":*** Letzter Sa im Juli. Von 10 bis 16 Uhr wird eine komplette Tonne Fisch zu Schmeckhappen verarbeitet - gratis! Große Fischauktion - Gäste dürfen mitmachen. Auch *„Demonstration und Verkauf von lokalen Händlern".* Dazu spielt die Band *Tørfisk* (Trockenfisch). Hoffentlich steht der Wind von der Fischmehlfabrik günstig!
● ***Musikfestival:*** 2. Wochenende im Juni, Harboøre. Dänische und ausländische Spitzenorchester.

Die westliche Limfjord-Region

Überblick

„Entdecken Sie den Nordwesten Dänemarks! Nur wenige Reiseveranstalter haben Thy und die Limfjord-Insel Mors in ihrem Programm. Dabei hat gerade der Nordwesten Dänemarks viel zu bieten, sowohl landschaftlich, kulturell und mit seinen vielen Attraktionen und Sehenswürdigkeiten - und das rund ums Jahr.

Hier wird der Reiseaufenthalt noch dem ursprünglichen Gedanken des sanften Tourismus gerecht, wo einmalige Naturerlebnisse und der Kontakt mit der Lokalbevölkerung an allererster Stelle stehen.

Die Region Thy-Mors hat eine heile Natur, die vom Limfjord und der rauhen Nordsee geprägt ist. Die Landschaft ist sehr abwechslungsreich. Es gibt Hügel und flache Heide, Wälder und Wiesen, Steilhänge, steinige Küsten und breite, weiße Sandstrände. Die Region Thy-Mors ist folglich das ideale Reiseziel für Wanderfreunde und Radfahrer und natürlich auch für diejenigen, die ganz einfach mal entspannen und ihre Seele baumeln lassen wollen.

Für geologisch Interessierte bietet die Insel Mors noch einen ganz besonderen Leckerbissen, denn die für die Insel typische Molererde mit ihren vielen Versteinerungen gibt es sonst weltweit nur noch auf der Nachbarinsel Fur.

Neben den einmaligen landschaftlichen Erlebnissen bietet die Region auch noch vieles mehr. So liegt unter anderem Jesperhus, Nordeuropas größter Blumenpark, auf der Insel Mors, und fast alle anderen großen Attaktionen Jütlands können in 1-2 Autostunden erreicht werden. Dies gilt auch für Skagen und die Großstädte Århus und Ålborg.

Dänemark ist berühmt für seine Kirchen. Die Insel Mors mit nur 24.000 Einwohnern hat ganze 34, davon stammen die meisten aus dem Mittelalter. In Thy nahe dem Dorf Vestervig, steht die größte, und wohl auch eine der schönsten Dorfkirchen Nordeuropas.

Ebenso beeindruckend sind die kleinen Fischerdörfer entlang der Nordseeküste. In manch einem Dorf fühlt man sich geradezu in das letzte Jahrhun-

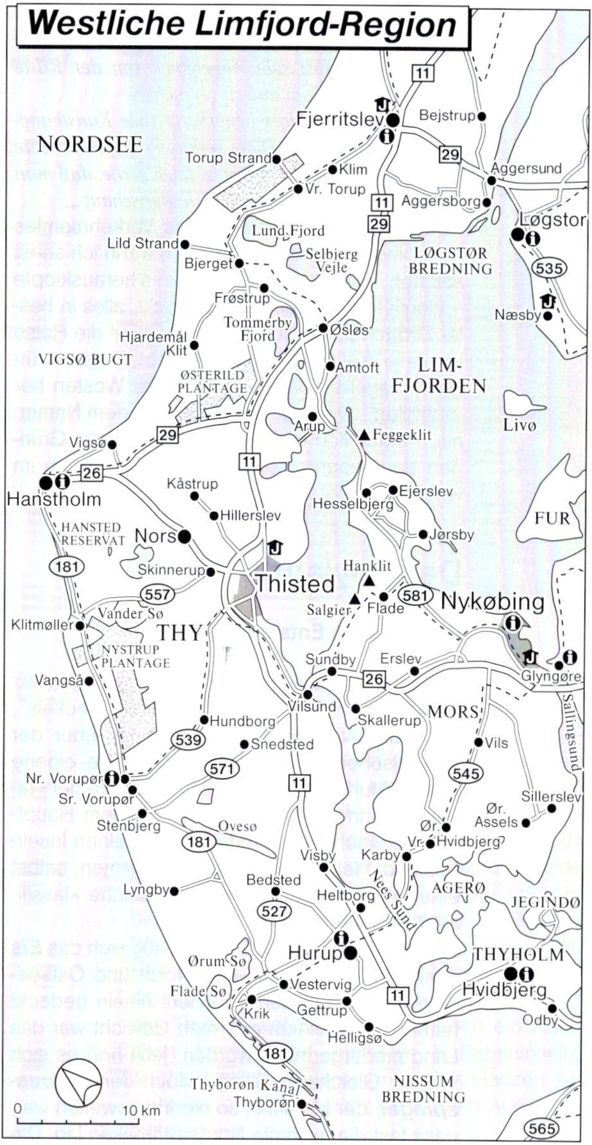
Westliche Limfjord-Region
NORDSEE
Fjerritslev
Bejstrup
Torup Strand
Klim
Vr. Torup
Aggersund
Aggersborg
Løgstør
Lund Fjord
Selbjerg Vejle
Lild Strand
Bjerget
LØGSTØR BREDNING
Frøstrup
Næsby
Tommerby Fjord
Øsløs
Hjardemål Klit
VIGSØ BUGT
Amtoft
LIM-FJORDEN
ØSTERILD PLANTAGE
Arup
Feggeklit
Livø
Vigsø
Hanstholm
Kåstrup
Hillerslev
Ejerslev
Hesselbjerg
FUR
HANSTED RESERVAT
Nors
Jørsby
Skinnerup
Thisted
Hanklit
Salgier
Flade
Nykøbing
Vander Sø
Klitmøller
THY
NYSTRUP PLANTAGE
Sundby
Erslev
Glyngøre
Vangså
Vilsund
Skallerup
MORS
Sallingsund
Hundborg
Snedsted
Vils
Nr. Vorupør
Sr. Vorupør
Sillerslev
Stenbjerg
Ovesø
Ør.
Ør. Assels
Vr. Hvidbjerg
Visby
Karby
Nees Sund
Lyngby
Bedsted
AGERØ
Heltborg
JEGINDØ
Hurup
THYHOLM
Ørum Sø
Hvidbjerg
Flade Sø
Vestervig
Krik
Gettrup
Odby
Helligsø
Thyborøn Kanal
NISSUM BREDNING
Thyborøn
0
10 km
11
29
26
181
557
581
535
539
571
545
527
565

Limfjord

Die Landschaft

Eikapsel eines Rochens

Die Fähre von Thyborøn legt an einem der einsamsten Punkte der jütländischen Westküste an. Just einen Meter über Normalnull ist das Land an der ***Agger Tange*** hoch und großenteils naturgeschützt wie die gegenüberliegende Harboøre Tange. Seehunde flecken den Strand, und die Luft ist voller Vögel. Die anschließende Autofahrt auf der 181 führt fast zur Gänze über eine schmale Nehrung, auf beiden Seiten ist Wasser.

Auch der weitere Verlauf der ***Küste*** zeichnet sich durch solitäre Strände und Dünen aus; die Ansiedlungen sind klein und liegen relativ weit auseinander. Im ***Landesinnern*** wird auf fruchtbaren Böden Landwirtschaft betrieben. Man schützt die Felder durch *„Knicks"*, lange Baumreihen, vor dem immerwährenden Westwind; die Bäume neigen sich allesamt nach Osten, ein wunderlicher Anblick.

Geschichte

Diese Ecke Dänemarks ist geschichtsträchtiges Land, das, alles zusammengenommen, mit mehr Zeugnissen aus grauer Vorzeit als der Rest der Nation aufwarten kann. An die 5500 ***Grabhügel*** sind in der Thyregion ausfindig gemacht worden, die meisten aus der ***Bronzezeit*** (1600-1000 v. Chr.); einige ***steinzeitliche*** (3200-2800) sind auch vertreten. Ein großes Ganggrab, erst jüngst per

An der Agger Tange

Zufall entdeckt, kann man am Oddesundvej nördlich von Hurup inspizieren.

Um die ***Zeitenwende*** hatten sich die ***Wikinger*** in der Region angesiedelt. Spuren hinterließen sie in Dover Odde, Gudnæsstrand, Skyum Bjerge, Ydby und Ørum, wenn auch keine sehr auffälligen. Vieles ist den Unbilden des rauen Klimas zum Opfer gefallen.

Vestervig

Verschwunden auch sind die Zeitzeugnisse um Vestervigs ***Kirche,*** die *Theodgaris* aus Thüringen anno ***1000*** gebaut haben soll und die im Mittelalter Bischofssitz war. Nicht nur das Klima ist rau in dieser Ecke, die Sitten waren es offenbar auch - Wikingererbe?

Als ***Prinz Buris*** sich hier in ***Liden Kirsten,*** Halbschwester *Valdemar des Großen,* verliebte, passte dem König das nicht; vielleicht legte auch der Bischof sein Veto ein. *„Als der König im Krieg war",* sagt ein touristischer Text, *„hat Kirsten in aller Heimlichkeit eine Tochter zur Welt gebracht, und Prinz Buris war der Vater."* Der Elende! Er wurde, dreifach hält besser, geblendet, kastriert und an die Kirche von Vestervig gekettet. Die edle Buhle musste sich zu Tode tanzen. Zumindest begrub man die beiden zusammen, nachdem der lüsterne Buris es elf weitere Jahre an seiner Kette ausgehalten hatte. Noch heute legen jungverheiratete Frauen in Vestervig ihren Brautstrauß in einer symbolischen Geste auf das Grab.

1703 brannte die Kirche fast zur Gänze ab und wurde danach neu erbaut; sie ist jetzt Dänemarks größte Dorfkirche und hat eine der berühmtesten Orgeln des Landes. (Im Sommer Di und Sa Konzerte.)

Auf dem gleichen Gelände hat man eine ***Siedlung aus der römischen Eisenzeit*** ausgegraben, 3000 Jahre alt und, wie stolz hervorgehoben wird, mit funktionellem Abwassersystem. Und im Süden des Ortes erhebt sich ***Skindbjerg Høje,*** ein Hügel, von dem sich die gesamte Region prächtig überblicken lässt.

Agger

Am oberen Ende der Halbinsel Agger Tange liegt das namensgebende Örtchen, nur aus ein paar Straßen bestehend und mit viel Sand im Umfeld. Die Nordsee schaufelt ständig neuen nach. Anderswo baut sie ab. Aggers idyllisches ***Kirchlein,*** zum Teil alter Herkunft (12. Jh.), musste im Lauf der Zeit dreimal landein versetzt werden. Von jenseits des Angelgewässers ***Flade Sø*** grüßt aus dem Norden der ***Leuchtturm von Lodbjerg,*** 1883 erbaut und über präzise 133 Stufen erklimmbar. Umgeben ist er von der ***Lodbjerg Klitplantage,*** einem ausgedehnten Wald- und Heidegebiet. Dahinter kommt auf lange Distanz erst einmal nichts als Sand.

Hurup

Hurup ist nur als Bahn- und Busstation von Interesse. Zug/Bus nach Thisted, Bus nach Nykøbing (via Næssund-Fähre) und Agger.

Segeln im Limfjord

Es gibt wohl keine schönere Art, den Limfjord zu bereisen und zu erkunden, als mit dem eigenen Segelboot. Oder mit dem gemieteten – es ist nicht jedermensch zuzumuten, von fernen deutschen Küsten und durch die raue Nordsee hier raufzuschippern. Die Agger Marina am Westende des Fjords bietet sich geradezu an, von hier auf Tour zu gehen (Leihboote in Thyborøn).

Der Limfjord ist dennoch kein Ententeich. Ahnen kann man die Nordsee auch mittendrin. Das größte Loch, die *Løgstør Bredning*, ist, obwohl rings von Land umgeben, ein ganz schönes Stück Wasser. Wenn der Wind so richtig vom Skagerrak hereinpfeift, zeigt der Fjord schon mal seine Zähne. Aber man kann stets in irgendeiner geschützten Bucht Zuflucht suchen, und wenn man dabei eine mit der anderen verwechseln sollte, rudert man einfach an Land und kauft *rundstykker,* Brötchen. Auf der Tüte steht dann, wo man ist.

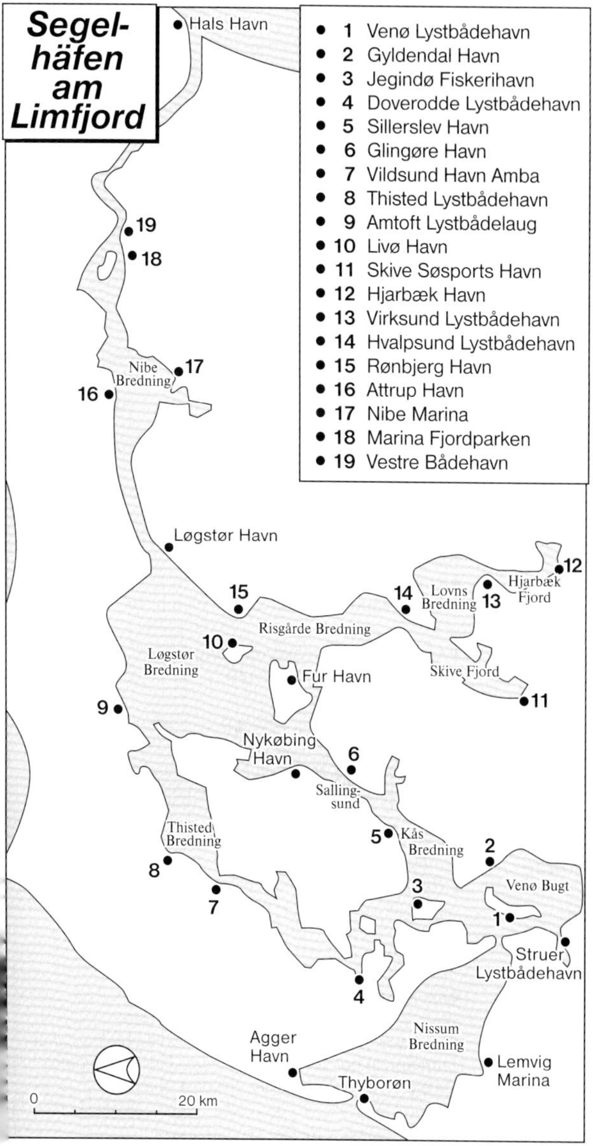
Segelhäfen am Limfjord
1 Venø Lystbådehavn
2 Gyldendal Havn
3 Jegindø Fiskerihavn
4 Doverodde Lystbådehavn
5 Sillerslev Havn
6 Glingøre Havn
7 Vildsund Havn Amba
8 Thisted Lystbådehavn
9 Amtoft Lystbådelaug
10 Livø Havn
11 Skive Søsports Havn
12 Hjarbæk Havn
13 Virksund Lystbådehavn
14 Hvalpsund Lystbådehavn
15 Rønbjerg Havn
16 Attrup Havn
17 Nibe Marina
18 Marina Fjordparken
19 Vestre Bådehavn
Hals Havn
Nibe Bredning
Løgstør Havn
Lovns Bredning
Hjarbæk Fjord
Risgårde Bredning
Løgstør Bredning
Fur Havn
Skive Fjord
Nykøbing Havn
Sallingsund
Thisted Bredning
Kås Bredning
Venø Bugt
Struer Lystbådehavn
Nissum Bredning
Agger Havn
Thyborøn
Lemvig Marina
0
20 km

Auskunft

● ***Sydthy Turistbureau,*** Jernbanegade 2, 7760 Hurup, Tel. 97952200, Fax 97953050, www.sydthy-turist.dk Dieses Büro ist für den südlichsten Zipfel des Thylandes mit den Gemeinden Agger (A), Gettrup, Krik (K) und Vestervig (V) zuständig.
Ferienhäuser und Zimmer werden vermittelt.
● Einen ***Thy-Guide,*** der die gesamte Region erfasst, kann man sich gratis von den Verkehrsämtern Sydthy, Hanstholm oder Thisted schicken lassen.

Unterkunft und Restauration

Hotels

● ***Agger Badehotel***€€€, Vesterhavsvej 10 (A); Tel. 97941688.
● ***Agger Havn Feriecenter***€€€, Havnevej 1 (A); Tel. 97941692.
● ***Agger Tange Feriecenter***€€€€, Tangevej 1 (A); Tel. 97941756.
● ***Bedsted Kro***€€, Linnetsgade 1, Bedsted (etwas landein); Tel. 97945001. Fr in der Saison Disco.
● ***Hurup Missionshotel***€€, Jernbanegade 5, Hurup; Tel. 97951200.
● ***Krik Vig***€€ (K); Tel. 97941692.
● ***Møllekroen***€€€, Bredgade 15, Hurup; Tel. 97951484.

Ferienhäuser

● ***Agger Ferienhausvermittlung*** (V), Tel. 97942409.
● ***SeaSun*** (A), Tel. 97942140.

Camping

● ***Krik-Vig Camping,*** Krikvej 112, Vestervig; Tel. 97941496. 160 Stellplätze; auch Hütten (6) und Wohnwagen (1). Motorboot- und Kanuverleih. Spielplatz, Cafeteria. Dicht am Limfjord. Offen 3.4.-15.9.

Gastronomie

● ***Agger Badehotel.*** *„Viele leckere Gerichte mit spannenden Beilagen".*
● ***Thinghuskroen,*** Klostergade 41 (V). Riesen-Fischbuffet.

Sport

Angeln

● Am ***Hafen*** und an den ***Buhnen*** von Agger. Info: *NC Joller,* Agger Havn, Tel. 97942999.
● Im ***Flade Sø*** sind vor allem Barsch, Hecht und Zander vertreten. In der 3. Juliwoche jedes Jahr Wettangeln; Preisgeld satte 25 000 dkr. Info wie oben.

Reiten

● ***Strandgården Agger,*** Vesterhavsvej 5.

Segeln

●***Agger Marina;*** Bootsverleih, Tel. 97941543 und 97942999. Siehe auch Exkurs.

Unterhaltung

Disco

●Im ***Strandgården Agger,*** Vesterhavsvej 5, dröhnt im Sommer täglich von 22 bis 3.30 Uhr eine Disco.

Stenbjerg, Vorupør und Klitmøller

Stenbjerg

Wenn man von Süden die 181 hinauffährt, kommt man zunächst nach Stenbjerg, einem unauffälligen Kleinstädtchen. Die Bewohner dieses Ortes eint ein entschiedenes Credo: Kein Massentourismus! Das benachbarte Vorupør hat den Ausschlag gegeben. Dort nämlich entsteht jeden Sommer aufs Neue „Thylands größte Stadt" mit überquellenden Ferienanlagen und jeder Menge Touristenrummel. Wie schön die Küste im Kontrast zu diesem Getümmel aussehen kann, beweist der Landeplatz ***Stenbjerg Strand*** etwas außerhalb des Ortes. Er besteht nur aus einer Handvoll weißgekalkter Gerätehäuschen mit bunten Türen, ein paar Boote liegen auf dem Strand, und man kommt sich vor wie in

Ägäische Impressionen in Stenbjerg Strand

Limfjord

Griechenland. Vornan steht ein kleines ***Museum*** (Fischerei und Rettungswesen); dort muss man auch das Auto abstellen, Gott sei Dank darf es nicht in die idyllische Kulisse hineinfahren.

Vorupør

In Vorupør dagegen darf man fast alles, sogar auf den Strand rollen. Hier beginnt man auch, typisch für Nordjütland, mangels natürlicher Häfen mit der Praxis, die Fischkutter aufs Trockene zu ziehen (siehe Exkurs). Der Ort teilt sich in Nørre und Søndre Vorupør, der große Betrieb findet allsommerlich in Nørre Vorupør statt. Trotzdem hat man einiges von der alten dörflichen Atmosphäre erhalten können. Außerhalb der bevölkerten Hauptstraße und dem Strand nördlich der Mole, einem der schönsten Dänemarks, verläuft sich nämlich die touristische Präsenz in Dünen und Ferienhauskolonien. In Søndre ist es bereits sehr ruhig, und das gesamte Hinterland besteht aus unbesiedelten Heiden und Wäldern mit jeder Menge Platz für Liebhaber einsamer Natur.

Hübsch ist Vorupørs ***alte Kirche.*** Im Sommer finden Abendkonzerte statt, auch Gottesdienste in deutscher Sprache.

Auch recht sehenswert ist das ***Nordsø Akvariet*** (Nordsee-Aquarium) an der Vesterhavsgade mit ca. 60 Arten von regionalem Seegetier. Offen Ostern und 1.5. bis 1.11., 10-16 Uhr.

Ortskern von Vorupør

Brandungssurfer in Klitmøller

Klitmøller

Klitmøller wird im örtlichen Dialekt auf der zweiten Silbe betont. Zu deutsch heißt das Wort *„Dünenmühlen";* 500 Jahre wurde hier, an einem Bach des Vandet Sø, Korn gemahlen.

Der Ort war einst ein wichtiger Hafen, Zentrum der so genannten ***Skudefahrt*** mit bauchigen, flachgehenden Segelschiffen, die landwirtschaftliche Produkte, vor allem Getreide von der fruchtbaren Insel Morsø, nach Norwegen brachten und mit Holz und Pferden, beides Mangelware in Jütland, zurückkehrten. Doch irgendwann stagnierte das Geschäft, denn die Transportwege waren lang und mühsam.

Fortan widmete man sich dem ***Fischfang,*** der auch gute Erträge brachte. Dann wurde 1969 der Fischereihafen Hanstholm eröffnet und zog die ganze Flotte an sich. Wieder war's aus. Substanzielle Reste dieser Epoche sind in Klitmøller noch in Gestalt von Geräteschuppen, Sortierhallen, Filetfabrik, Gefrierwerk, Schlepphelling und Hummerhaus vertreten, aber nichts läuft dort mehr.

In einer dritten Anlaufphase hat man sich auf den ***Fremdenverkehr*** verlegt, und da boomt das Geschäft heute. Das liegt wohl an den reinweißen Stränden, steilen Kalkhängen, Dünenwäldern und anderen landschaftlichen Schönheiten, die sich sehen lassen können. Und womöglich auch an der dünnen Besiedlung. Besonders im 15. und 16. Jahrhundert wütete nach Kahlschlag und Überweidung hier nämlich das große Sandtreiben und führte letztlich zu allgemeiner Landflucht - die Natur konnte regenerieren. Dieserart machen sich frühere Umweltsünden heute wieder bezahlt; vielleicht kann man daraus etwas lernen.

Zwischen Klitmøller und Hanstholm liegen die ***Naturschutzgebiete Hansted- und Hanstholm-Reservat,*** eine grandiose Dünenlandschaft von 40 qkm Größe, bevölkert vor allem von Tausenden seltener Vögel. In den beiden großen ***Binnenseen Vandet Sø*** und ***Nors Sø*** ist Baden erlaubt; man findet in ihnen, einstigen Karstbuchten des uralten Steinzeitmeeres, in der Tat blitzblankes Badewasser, ganz Dänemarks sauberstes, wie es heißt.

Wollgras am Vandet Sø

Die Dünenpflanzungen am Vandet Sø

Die *klitplantager* Nystrup (2270 ha), Vandet (460 ha) und Vilsbøl (1250 ha) entstanden um das ***Jahr 1890.*** Man siedelte sie auf sehr unterschiedlichen Typen von Terrain an; teils auf fruchtbarem Moränengrund, teils auf den kargen Erhebungen des einstigen Meeresbodens. Dazwischen liegen jähe Kalkabbrüche, Überreste einer früheren Steilküste und charakteristisch für das Gebiet. Sie trennen unübersehbar die Wellen steinzeitlicher Magererde im Westen vom satten Geschiebemergel der Moräne, der dem Kalkboden überlagert ist. Und hier, im Moränenbereich, finden sich auch zahlreiche Hügel aus der Bronzezeit (1400-1500 vor Christus), Zeugen damaliger Ansiedlungen.

Einst, zur Zeit der größten Ausdehnung des Meeres ***vor etwa 5000 Jahren,*** waren die Seen Nors Sø und Vandet Sø ***Buchten*** in der Küstenlinie. Eine spätere Hebung des Landes und das anschließende Sandtreiben schnitten sie vom Meer ab, und sie verwandelten sich nach und nach in ***Karstseen.*** Zu dieser Metamorphose trugen Rissbildungen und so genannte Einfallstellen in den darunterliegenden Kalkformationen bei, wo säurehaltiges Wasser das Gestein auflöste. Im Lauf der Jahrtausende glätteten die Elemente die einst buchtenreiche Küste des Steinzeitmeeres, und Sandstrände traten in Erscheinung. Diese gewannen stark an Fläche, als die erwähnte Landhebung einsetzte. Der Wind blies den Sand zu Dünen zusammen, die letztlich immer weiter landeinwärts wanderten. Vom ***15. Jahrhundert*** an wütete das ***Sandtreiben*** ganz besonders schwer, wie zahlreiche Berichte überliefern. Das Gebiet südlich vom Vandet Sø war außergewöhnlich schwer betroffen; hier wehte der Sand bis zu 14 km ins Innere.

Im ***17. und 18. Jahrhundert*** steigerten sich die Sandschäden noch. In ihrer Mehrzahl waren sie jetzt durch Menschen verursacht, weil neu angesiedelte Bauern ihr Vieh in den Dünen weiden ließen und dieserart jegliche Vegetation zerstört wurde. Besonders der sandfestigende Strandhafer fiel diesem ***Raubbau*** zum Opfer, denn man erntete ihn sogar ab und verwendete ihn im Winter für Futterzwecke. Was immer an Wald wuchs, so einige Bestände auf der alten Moräne östlich der Kalkabhänge, wurde für den Brennholzbedarf abgehackt. Nach Osten hin hatte der Sand infolgedessen völlig freies Spiel.

Erst das Jahr ***1792*** sah die Einleitung einer ***systematischen Bekämpfung des Sandtreibens*** in dieser Region. Und der Kampf dauert bis heute an. Am meisten gefährdet sind die so genannten ***weißen Dünen*** in Meeresnähe. Im dortigen fast vegetationslosen Bereich wirbelt der Wind den Sand auf und gräbt tiefe Täler, gleichbedeutend mit Löchern im Küstenverlauf. Mehr Stabilität besitzen die ***grauen Dünen*** weiter landein, denen Moos- und Flechtenbewuchs Halt verleiht. Und noch weiter innen wachsen auf den Dünen Heidepflanzen und Krähenbeeren. Diese Erhebungen nennt man deswegen ***braune Dünen,*** und in ihrem Einzugsbereich kann man erstmals von einem wirklichen Festland sprechen, das sich nicht dauernd im Umbruch befindet. Hier erst finden sich daher auch Siedlungen und Ferienhäuser - man möchte ja nicht ständig vor Sand und See umziehen.

Auskunft

- ***Touristeninformation:*** Vesterhavsgade 85, 7700 Nørre Vorupør, Tel. 97938377, Fax 97938721. Nebenstelle von Thisted; zuständig für Klitmøller (K), Stenbjerg (S) und Vorupør (V).

Verkehrsanbindung

- Alle genannten Orte haben ***Busverbindung*** mit Thisted.

Unterkunft und Restauration

Hotels

- ***Klitmøller Kro***€€€, Krovej 15 (K); Tel. 97975522. Typischer Dänenkro, gemütlich.
- ***Nordsøen***€€, Nordsøvej 11 (V); Tel. 97938293. Kleines, komfortables Hotel (14 Betten), 700 m vom Strand.
- ***Stenbjerg Kro***€€, Stenbjergkirkevej 21 (Snedsted); Tel. 97938065. Angenehme Alternative zu den betriebigen Badeorten. 2 km vom Strand.

Ferienhäuser

- ***Dancenter Klitmøller,*** Tel. 97975871.
- ***Dansommer*** (V), Tel. 97938444.
- ***Hillgård,*** Tel. 97938022.
- ***Klitmøller Sommerhusudlejning,*** Tel. 97975350.
- ***Sol og Strand*** (V), Tel. 97938233.
- ***Vorupør Feriehusudlejning,*** Tel. 97938193.

Camping

- ***Krohavens Camping,*** Stenbjergkirkevej 21 (S), Tel. 97938899.
- ***Klitmøller Camping**,*** Vangvej 16 (K); Tel. 97975355. 40 Stellplätze; auch Hütten und Zimmer. Ca. 1 km zum Strand, 2 km zum Windsurfzentrum Ørhage. Kiosk und Grillbar. Die Disko *Stalden* lädt zu Tanz *„und erlebnisreichen Nächten"*. Offen 1.4.-15.9.
- ***Nordsø Camping,*** Vangsåvej 25 (K); Tel. 97975061. 120 Stellplätze; auch Hütten (12 Einheiten, 4-6 Pers., 300 dkr/Tag). 400 m vom Strand. Offen 1.4.-1.11.
- ***Nystrup Camping,*** Trøjborgvej 22 (K); Tel. 97975249. 230 Stellplätze, 14 Hütten und Wohnwagen. 500 m zum Strand. Offen 1.3.-1.11.
- ***Stenbjerg Camping,*** Kirkevej 25 (S), Tel. 97938479.
- ***Strandgaardens Camping,*** Vesterhavsgade 85 (V), Tel. 97938005; dicht am Strand, offen Ostern bis 18.10.

Jugendherberge

- ***Strandgaarden Klitmøller***€-€€€, Krovej 15, Tel. 97975442, oddere@post9.tele.dk.

Gastronomie

- ***Café Conrad,*** Ørhagevej 147 (K). Vielseitige Speisekarte.
- ***Karens Burgerbar,*** Ørhagevej 123 (K). Fisch, Steak, Kebab.
- ***Nils Holgersen,*** Ørhagevej 150 (K). Essen mit *„Dänemarks bester Aussicht".* Anbei das ***Café Smagløs*** („Geschmacklos").
- ***Pizzaria,*** im Hotel *Nordsøen.* Pizzen und Fischbuffet.
- ***Vesterhav's Caféen,*** Vesterhavsgade 137 (V). Preiswerte Tellergerichte.

Sport

Angeln

- Gute Bedingungen auf der 310 m langen ***Mole von Vorupør.***
- ***Süßwasserangeln:*** Førby Sø, 3 km östlich. Hecht, Plötze, Zander.
- ***Midthy Fiskepark*** (Snedsted), Tel. 97939111.
- ***Bachangeln*** in der Mølle Å, Tageskarte beim Kaufmann in Svankjær.
- ***Hochseeangeln,*** Info: Touristeninformation.

Golf

- ***Nordvestjysk Golfklub*** (18 Löcher), Nystrupvej 19 (zwischen Vang und Klitmøller), Tel. 97974141. Hügeliges, bewaldetes Gelände.

Wandern

- Ein ***Wanderweg*** führt durch die Heide von der Agger-Fähre bis Klitmøller und von dort via Hanstholm nach Bulbjerg an der Nordküste (ca. 80 km). ***Übernachtungen*** in Tagesetappen sind möglich auf den regulären Campingplätzen, in der alten ***Rettungsstation*** von Lyngby (9 Feldbetten, Wasser und Toilette, Campinggebühr) und auf je einem ***Einfachstzeltplatz*** 2 km nördlich von Vorupør, 2 km östlich von Vigsø, in Modsbøl im Mittelteil der Vigsø-Bucht und im Inland 5 km südlich von Bulbjerg. Das Betreten der Waldgebiete ist vom 1.4. bis 31.7. verboten; die Agger-Lagunen sind für das Publikum ganzjährig gesperrt.

Windsurfen

- Surfen ist ganz groß in ***Klitmøller;*** Surfer vieler Länder treffen sich an dieser windreichen Ecke, und manchmal werden Meisterschaften ausgetragen.
- ***Surfstrände*** sind (von West nach Ost) Bunkers, Ørhage und Dunes; außerdem darf im östlichen Drittel des ***Vandet Sø*** windgesurft werden, aber nur in der Zeit vom 1.4. bis 30.9. Auf allen übrigen ***Binnenseen*** in Thy ist das Surfen dagegen unerwünscht.
- ***Unterricht/Geräteverleih:*** *Windsurfing Klitmøller,* Ørhagevej, Tel. 97975656. 7-8.
- Surfen auch am Strand von ***N. Vorupør.***

Unterhaltung

Discos

- ***Det Gyldne Anker*** (V), Nordsøvej 7.

Feste

- Großes ***Nordseefest*** in der 1. Juliwoche.
- Mitte Juli ***Strandfest*** in Stenbjerg und danach in N. Vorupør.

Hanstholm

Geschichte

„Der Ort, den es niemals gab", nennen die Dänen Hanstholm. Er hat in der Tat eine kuriose Geschichte …

Die ganze Küste Nordjütlands besitzt keinen natürlichen ***Hafen.*** Gegen Ende des 19. Jahrhunderts kam man auf den Gedanken, dass ein solcher hermüsse, um den Fischreichtum der Region auszubeuten; die Kutter brauchten einen Stützpunkt. Zuvor hatte man wegen der unsicheren Verhältnisse im Bereich Thyborøn sogar schon mit dem Gedanken gespielt, einen Kanal zwischen Limfjord und Jammerbucht zu graben. Schließlich entschied man sich für den Bau eines kompletten neuen Hafens an einer der stürmischsten Winterküsten Europas.

Erste Arbeiten begannen ***nach dem 1. Weltkrieg.*** Doch sie schleppten sich so langsam dahin, dass der neue Hafen immer noch nicht fertig war, als die Deutschen bereits den zweiten Krieg in Gang gebracht hatten. Dabei waren die Besatzer an Hanstholm höchst interessiert; sie hätten auf dieser günstig gelegenen Ecke gern ihre U-Boote stationiert.

Moderne Kirche

Da ein Ende der Bauarbeiten aber nicht abzusehen war, ging man von diesem Vorhaben ab und konzentrierte sich stattdessen auf eine andere Aufgabe, nämlich den Schiffsverkehr im Skagerrak mittels ***superschwerer Artillerie*** unter Kontrolle zu bringen. Hanstholm war insofern ideal gelegen: Zwischen hier und Kristiansand an der Südküste Norwegens ist die Distanz mit 120 km am geringsten. Die *tysker* planten deswegen, in Hanstholm die gewaltigen Kanonen zu installieren, die sie schon an der Kanalküste zum Einsatz gebracht hatten: Batterien vom Kaliber 40,5 cm und mit einer Reichweite von 65 km. Schließlich wurden 38 cm und 55 km daraus. Wenn von beiden Seiten geschossen wurde, klaffte mithin noch ein Loch von ein paar Kilometern in der Mitte. Selbiges wurde vermint; Problem erledigt.

1942 war die ***Festung Hanstholm*** auf neun Quadratkilometer Fläche angeschwollen, so dass sich die Deutschen gezwungen sahen, die Bevölkerung umzusiedeln. Was immer sich bislang Hanstholm nennen konnte, gab es jetzt nicht mehr. Im nächsten Jahr kam Feldmarschall *Rommel* zur Inspektion. Er äußerte sich unzufrieden, mit dem Resultat, dass noch mehr Bunker gebaut wurden. Außerdem umgab man den gesamten Komplex mit 60.000 Minen.

Befestigte Stellungen entstanden auch auf der Agger Tange, in Lodbjerg, Lyngby, Stenbjerg, Vorupør, Vangså, Klitmøller, Lild Strand und Bulbjerg. In Thisted legte man eine Flugbootbasis und eine Kaserne an und verminte die Vildsund- und Oddesund-Durchfahrten von einem Ende zum anderen. Der gesamte Nordwestzipfel Dänemarks wurde zu einem waffenstarrenden Brückenkopf ausgebaut und verbetoniert. Zum Einsatz kam er praktisch nie und wurde bei Kriegsende sang- und klanglos dem dänischen Widerstand übergeben.

Zwei der vier größten Batterien kann man in Hanstholm ***besichtigen*** (45 dkr), die anderen beiden sind unter

Fischerei- und Fährhafen

Sand begraben. Weitere Bunker liegen überall herum. Damals waren sie in die Dünen gebaut worden, heute säumen die meisten die Wasserlinie. Besonders viele der Betonmonstren zieren die Bucht von Vigsø, unmittelbar östlich von Hanstholm. Alles in allem sieht die „Festung Hanstholm", vor just einer Menschenlebensspanne erbaut, heute so urtümlich aus, als hätten mittelalterliche Raubritter sie in den Sand gesetzt, und von der Mentalität her stimmt das ja wohl auch.

Hanstholm heute

Man kommt mit dem Bus aus Thisted, steigt vor einem (mit 15.000 qm viel zu großen) Einkaufszentrum aus und blickt fragend um sich: „Wo ist Hanstholm?"

Im Westen steht der 1842 erbaute ***Leuchtturm*** (beliebter Oldtimertreff) mit ***Museum*** (Leuchtfeuer- und Rettungswesen, offen Februar bis Oktober), daneben die zum Teil wiederhergerichtete klotzige ***Küstenbatterie,*** ebenfalls musealen Charakters (im Sommer wird sogar der Nachbau eines Munitionszuges in Bewegung gesetzt). Eine Kirche, neueren Datums, aber angepasst. Ein paar in die Dünen gekleckerte Häuser. Der riesige ***Fischereihafen,*** 1969 (!) endlich fertig geworden, voller hellblauer Kutter. Gemessen an den Anlandungen von Konsumfisch übertrifft er sogar Esbjerg und ist insofern Dänemarks Nummer eins. Links legt

Kutter im Hafen

die klobige Autofähre an. Auf dem Kai jede Menge besoffene Norweger; „Sprit" ist in Norwegen noch teurer als in Dänemark. Über dieser bunten Szenerie erhebt sich ein hohes Kliff, und oben findet man dann wieder ein paar Häuschen: Hanstholm.

Auskunft

● ***Touristeninformation:*** Centervej 31, 7730 Hanstholm, Tel. 97961219, Fax 97962154, www.hanstholmturist.dk.

Verkehrsanbindung

● Der Ort ist Endpunkt der ***Buslinie*** Skive-Nykøbing-Thisted-Hanstholm.

● ***Autofähre*** nach Egersund (Stavanger)/Bergen (Norwegen). Fahrtdauer: Egersund 7 Std., Bergen 16 Std. *Fjord Line,* Coastergade 10, Tel. 97961401.
Reservierungen in Deutschland: Fjord-Linie Hamburg, Tel. 040-376930.
● **Autofähre** nach Tórshavn/Färöer und Seydisfjördur/Island (nur im Sommer).

Unterkunft und Restauration

Hotel ● ***Hanstholm Hotel***€€€€, Chr. Hansensvej 2; Tel. 97961044. Hoch über der Nordsee (in der Nähe des Leuchtturms) gelegen. Besucher aus Norwegen machen hier oft Station. Gefriertruhen (für Angelbeute) vorhanden.

Camping ● ***Hanstholm Camping,*** Hamborgvej 95; Tel. 97965198. 320 Stellplätze, 19 Hütten, Wohnwagen. Dicht am Strand (40 m über dem Meer), 2 km östlich von Hanstholm-Hafen. Swimmingpool, Minimarkt, Billard, Gokarts, Angelgeräte, Gefriertruhen, ganzjährig geöffnet.

Seemannsheim ● Kaj Lindbergsgade 71; Tel. 97961145. Großes Haus direkt am Hafen. Gefriertruhen für Fisch im Keller.

Zimmer ● ***Verkehrsamt,*** DZ ohne eigenes Bad, Küchenbenutzung, Übernachtung ab 240 dkr.

Mutter aller Seeschlachten

Schon einen Krieg vor der Bunkerbauerei war Hanstholm einer der größten kriegerischen Auseinandersetzungen aller Zeiten am nächsten gelegen. In deutschen Annalen ist das epische Stahlbad in der nördlichen Nordsee als ***Skagerrakschlacht*** verzeichnet; die Briten, damals der Gegner, nennen sie *Battle of Jutland*. Sie fand auf der Jütland-Bank statt, genau 100 Seemeilen westlich von Hanstholm, kam der Küste aber zeitweilig auf 50 sm nahe.

„Unsere Zukunft liegt auf dem Wasser", hatte Kaiser *Wilhelm II.* 1892 gedröhnt. *„Der Dreizack gehört in unsere Faust."* Von der anderen Seite donnerte es zurück: *„England hat auf dieser Welt nur eines zu fürchten: Deutschland!"* Dieser Ausspruch stammt von dem britischen Admiral *Sir John Fisher*, 1907.

Im Zeitalter des Imperialismus befand sich Deutschland im 19. Jahrhundert als Nachzügler im Kielwasser der anderen Großmächte. Doch schon bald begann ein beispielloser wirtschaftlicher Aufstieg und gleichzeitig ein ***forcierter Ausbau einer Schlachtflotte*** zur vorgeblichen Wahrung der ökonomischen Interessen. Beides wurde von England, sieg- und geltungsgewohnt auf den Weltmeeren und -märkten, zunächst nur mit Unbehagen, letztlich aber als Aufforderung zu einem Duell betrachtet, das nur mit schweren Waffen entschieden werden

Skagerrakschlacht

konnte. Auf beiden Seiten wurde schon vor der Jahrhundertwende fieberhaft hochgerüstet, heimlich Tonnagen und Geschützkaliber verglichen, während man jeweils ein finsteres Feindbild malte.

Hitzköpfe wie *Wilhelm II.* und sein eifernder Apostel *Tirpitz* auf der einen Seite, Chauvinisten wie *Churchill* und *Fisher* auf der anderen – das konnte nicht gutgehen. Am 1. August 1914 war es dann soweit. Die Ereignisse auf dem Balkan lieferten eigentlich nur noch einen nützlichen Vorwand für das Morden, das als ***1. Weltkrieg*** bekannt wurde.

Die ersten achtzehn Kriegsmonate verliefen auf der maritimen Austragungsbühne weitgehend ereignislos, wenn es den Engländern auch gelang, den Deutschen im Januar 1915 auf der Doggerbank einige schmerzhafte Püffe zu versetzen. Die Prophezeiung des britischen Flottenchefs *Jellicoe,* dass die Deutschen an einer Falle bauten und diese früher oder später zuschnappen lassen würden, sollte jedoch eintreffen. Bis zum ***31. Mai 1916*** dauerte es zwar noch. Doch dafür kam es dann auch zu einem Donnerschlag, als an diesem dunstigen Frühlingstag die Hochseeflotten des königlichen Großbritanniens und des kaiserlichen Deutschlands vor Jütland gewaltig aufeinanderprallten.

Nachdem das letzte Hurra verklungen war und sich der Pulverqualm verzogen hatte, war keiner Seite so recht nach Sieg zumute. Wahr ist, dass Englands Selbstzufriedenheit einen argen Dämpfer erhalten hatte, aber des Kaisers Streben nach dem Dreizack musste ebenfalls hintangestellt werden. Zahllose Male hat man versucht, in jede Phase dieser im Grunde entscheidungslosen Schlacht geniale Schachzüge ihrer Führer hineinzuinterpretieren. Doch in Wahrheit war sie eine ***irrwitzige Ballerei*** zwischen ein paar nach Ruhm und Ehre lechzenden „Dumpfbacken" *(Der Spiegel* zum Thema Admiräle), bei der das bislang schwerste Gerät des technischen Zeitalters eingesetzt wurde und bei der es auf Menschenleben nicht ankam: 2551 deutsche und 6097 englische Blaujacken, die zwei Jahre zuvor noch die besten Freunde gewesen waren, fanden in der Skagerrakschlacht den Tod. Hunderte von ihnen trieben an den Küsten Jütlands an und wurden in den Dünen bestattet.

Skagerrakschlacht

Noch im Jahr danach besang man den *„Holmgang"* (altgermanischer Zweikampf) der deutschen Flotte mit brausender Lyrik: *„Zu Tode getroffene, berstende Schiffe / Hochspritzender Gischt am jagenden Bug / Blutlachen, wo ein die Granate schlug ..."* Doch das Bejubeln von Blutlachen sollte bald aufhören. Als Flottenchef *Franz Hipper* am ***20. Oktober 1918*** den Befehl zum Auslaufen gab, um den selbstmörderischen Holmgang zu wiederholen, verweigerten seine Schiffe den Gehorsam; die gebeutelten Seelords erklärten den Krieg für beendet.

Gelernt hatte man daraus trotzdem nichts, wie die Geschichte schon ein paar Jahre später bewies.

Gastronomie

●***Hanstholm Kro,*** Centervej 35. À la carte-Gerichte. Im gleichen Haus ***Disco Pattayea*** mit „Thy's längster Bar", Karaoke und Sing-Along!
●***Hanstholm Røgeri,*** am Hafen. Frischer Räucherfisch.
●***Messen,*** Kaj Lindbergsgade 77. Fischspezialitäten.
●***Pynten,*** Helsagevej. Mittag- und Abendessen mit Nordseeaussicht.
●***Seemannsheim,*** s. o. Deftige Küche nach Seefahrerart.

Sport

Angeln

Vom Fischereihafen fahren fast ganzjährig mehrere ***Kutter zum „Gelben Riff"*** vor der Küste, einem vorzüglichen Seeangelrevier. Hier wird mit dem „Heinzblinker" in 30-60 m Tiefe vor allem auf Dorsch geangelt; Riesenburschen von 30 kg werden manchmal dabei erbeutet. Tourpreise pro Tag und Person ab 500 dkr.
●***M/S Mi-Ni,*** Tel. 20787355.
●***M/S Mølboen/Yellow Reef/Bonito,*** Tel. 97975394, www.moelboen.dk
●Die ***Hafenmolen*** sind ein ausgezeichnetes Revier für Aal, Dorsch, Meeräsche und Plattfische.

Reiten

●***Hestehotel Møllegården,*** Tved, Tel. 97981494.

Windsurfen

●Am ***Baunvej*** (3 km östlich) und in der ***Vigsø Bugt.***

Thisted

Als ***Hauptstadt des Thylandes*** ist Thisted von einiger Bedeutung. Nicht nur das. Thisted gilt auch als Dänemarks größte Stadt, der Fläche nach zumindest. Selbige wird mit 564 qkm vermessen, wovon allerdings das meiste nicht auf die verschlafene Kapitale entfällt, sondern auf das umgebende Bauernland, bar aller urbanen Merkmale.

Auffällig ist vor allem die enorme Kirche der Stadt. Wenn man sie an der Stirnseite bewundert, hat man übrigens die Touristeninformation unmittelbar im Rücken. Sie ist Teil des attraktiven

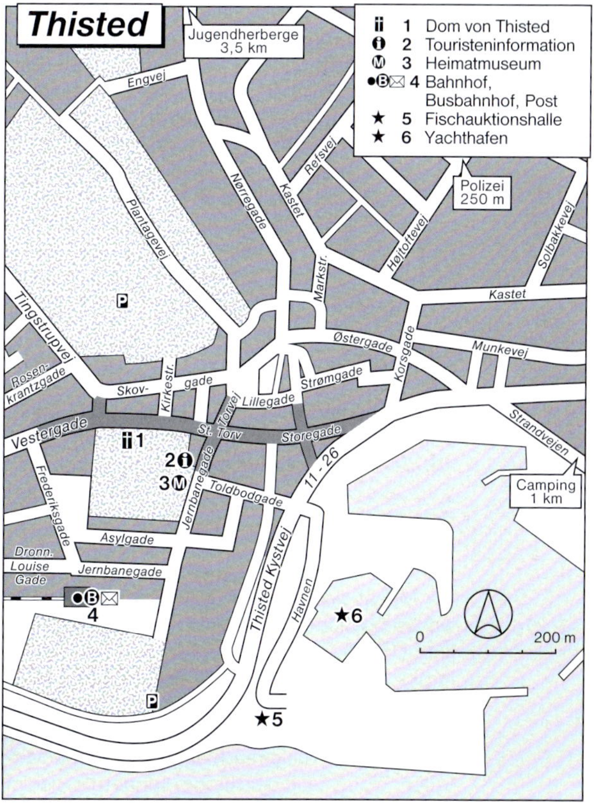

Rathauskomplexes am Torvet (Markt), liegt aber etwas versteckt. Davor und daneben erstreckt sich die (im Gegensatz zum allgemeinen Stadtbild) recht betriebige ***Fußgängerzone.***

Thisted war einst, nachdem sich das Loch bei Thyborøn geöffnet hatte, ein rühriger ***Segelschiffhafen.*** Sogar bis weit ins 20. Jahrhundert hinein baute man dort noch Frachtensegler. Ab und zu kommt solch ein Oldtimer zu Besuch und trägt zum maritimen Gepräge der Stadt bei. Aus

Limfjord

jener alten Zeit ist überhaupt noch manches zu sehen. ***Nostalgische Gassen*** kann man in Thisted durchwandern, ist aber schnell über den Rand von Dänemarks größter Stadt hinaus. Schön ist auch der ***Blick vom Kystvej*** über den Limfjord. Unmittelbar gegenüber liegt Morsø mit seiner eindrucksvollen Steilküste Hanklit.

Vielleicht noch ein Besuch im ***Thisted Museum*** in der Jernbanegade 4 (beim Verkehrsamt)? Regionale Vorgeschichte, der Werdegang Thisteds und ländliche Kultur sind zu betrachten, und zwar im Sommer täglich außer Sa 10-16 Uhr.

Der Dom von Thisted

Für Liebhaber alter Kirchengemäuer gibt es im Dom von Thisted viel zu sehen. ***Anfang des 16. Jahrhunderts*** wurde er erbaut, und zwar ganz absichtlich ein paar Nummern zu groß. Das Land stand im Zeichen vorreformatorischer Unruhen, und Bischof *Stygge* („der Hässliche") *Krumpen* wollte dem Volk noch einmal so recht die Macht des Vatikans vor Augen führen. Es war vergebliche Liebesmüh. Die ***Reformation*** kam (1534), und die katholische Kirche Dänemarks ging ihrer gesamten Besitztümer verlustig, auf denen sie zuvor ihre Macht gegründet hatte. Der Dom von Thisted wechselte das Lager, doch die Jungfrau Maria ist weiterhin vertreten, nicht nur in der Kirche, sondern sogar im Wappen der Stadt.

Auch andere Votivgegenstände aus der vorprotestantischen Zeit, die bei neuzeitlichen Bauarbeiten ans Tageslicht kamen, sind sorgsam restauriert und in die Außenwände der Kirche eingelassen worden.

Eigentümlich ist, dass man die Neukonstruktion des Domes anno 1500 rings um eine ***alte romanische Kirche aus dem Jahre 1200*** ausführte. Das Fundament des originären Quaderbaues kam 1976 bei Renovierungsarbeiten zutage und ist heute auf dem Boden des Doms markiert. Dabei stellte sich dann auch heraus, dass vor der Kirche von 1200 bereits eine weitere an dieser Stelle stand, wahrscheinlich aus Holz.

Auskunft

● ***Touristeninformation:*** Det gamle Rådhus, Store Torv, 7700 Thisted, Tel. 97921900, Fax 97925604, www.thisted-turist.dk.

Dom von Thisted

Verkehrsanbindung

Bahn

- Thisted ist Endpunkt von Bahnlinien von ***Esbjerg*** und ***Kopenhagen.*** Züge nach ***Struer*** (via Thyholm) - und selbst die nach Kopenhagen bestimmten - halten bei jeder Kuh.

Bus

- Busse in alle Richtungen. ***Direktbus nach Kopenhagen*** (Tel. 97923411).

Flug

- Ein zu Thisted gehöriges ***Flugfeld*** existiert in Tved südlich von Hanstholm, Tel. 97965166. Es gibt eine Verbindung mit Kopenhagen, jedoch nicht ganzjährig.
- ***Rundflüge:*** *North Flying,* täglich 10-20 Uhr.

Fähren

- Siehe Morsø.

Unterkunft und Restauration

Hotels

- ***Hotel Thisted***€€€, Frederiksgade 16; Tel. 97925200. Zentrale Lage; zum Bahnhof 200 m, Limfjord 1 km.
- ***Limfjorden***€€€€, Simons Bakke 39; Tel. 97924011. Direkt am Fjordstrand gelegen, edel eingerichtet.
- ***Missionshotellet Vildsund Strand***€€, Ved Stranden 2; Tel. 97931044. 7 km südwestlich der Stadt, direkt am Limfjord. Privater Badestrand („mit blauer Fahne").
- ***Nors Kro***€€, Stationsvej 5 (Nors); Tel. 97981069.
- ***Phønix***€€€, Frederiksgade 20; Tel. 97922900. Kleines Hotel (13 Betten) am Bahnhof.
- ***Snedsted Kro***€€, Banegårdsvej (Snedsted); Tel. 97934074. Typischer Kro, direkt am Bahnhof. Wird von Norwegern und Schweden frequentiert.
- ***Østerild Kro***€€€, Østerild Byvej 65; Tel. 97997005. Mitten im Land 13 km von Thisted gelegen.

Ferienhäuser

- ***Dansommer,*** Tel. 97911166.
- ***Kneitz,*** Tel. 97985466.

Camping

- ***Thisted Camping,*** Iversensvej 3; Tel. 97921635. 150 Stellplätze; auch Hütten (9) und Wohnwagen (8). Unmittelbar (etwas erhöht) am Limfjord gelegen (Kiesstrand; Badesteg). Beheizter Pool, Minigolf. Offen von Ostern bis 1.10.
- ***Vildsund Camping**,*** Parkvej 33 (Vildsund); Tel. 97931169. 92 Stellplätze, Hütten. Offen 15.4.-1.10.

Jugendheim

- ***Hinding Dås***€, Hindingvej 52 (Nors); Tel. 97981711. Schullandheim und Kursuszentrum; in den Ferien auch Familienpension. Gastküche, Grillhof. Familienzimmer (Mehrbett).

Jugendherberge

● ***„Skinnerup"***€-€€€, Kongemøllevej 8, 7700 Thisted, Tel. 97925042, Fax 97925150, danhostel.thisted@ads.dk; 4 km nördlich von Thisted an der Straße nach Hanstholm. Sehr ruhig; geöffnet 1.3.-31.10.

Gastronomie

● ***Basses Kro,*** Vestergade 28. Gutes Essen zu kleinen Preisen.
● ***Café Grønne,*** Nørretorv 4. Nachmittags- und Abendcafé, Livemusik.
● ***Café Nytorv,*** Nytorv. Preiswerte dänische Küche.
● ***Fort Indian,*** Storegade 16. Wirtshaus und Pub.
● ***Frokost-Caféen,*** Storegade 17. Tellergerichte und Salate.
● ***Salat- & Bøfhuset,*** Krogade 1. Steaks und Salate.
● ***Shanghai,*** Torvegade 18. Thisteds Chinese. Spezialität: Fischgerichte. 6-gängiges Mittagessen 120 dkr.

Sport

Angeln

● ***Midtthy Fiskepark,*** Tel. 97939111.

Kanu

● ***Aqua Thy,*** Sennels Hede 33, Tel. 97985116.

Reiten

● ***Ryttergården,*** Nytorv 3, Tel. 97924508.

Segeln

● Geräumiger ***Yachthafen.*** Gastlieger sind willkommen und können die Einrichtungen des Clubhauses benutzen.
● Mitte September große ***Limfjord-Regatta.*** Start in Løgstør über Thisted, Struer, Fur nach Skive.

Tennis

● ***Intersport,*** Vestergade 8.

Windsurfen

● Am Synopalvej (nahe Campingplatz) östlich der Stadt.
● Amtoft Havn (an der Løgstør Bredning). Auch Schulung, Tel. 97993031.

Unterhaltung

Disco

● ***Dampmøllen,*** Østerbakken 11, geöffnet Do-Sa.

Feste

● ***Garderfest*** mit Jahrmarkt, Mitte Mai.
● Weiterer ***Jahrmarkt*** in der 2. Juniwoche.
● ***Vildsund Marked:*** Nordwestjütlands größtes Volksfest, drei Tage in der letzten Juliwoche. Vildsund liegt ein Stückchen südlich von Thisted, an der Brücke über den „wilden Sund".

Morsø

Dass *ø* „Insel" heißt, wird ein Dänemarkbesucher recht schnell feststellen. Manchmal verzichten die Dänen auf das Anhängsel. Doch bei diesem Eiland sollte man es vielleicht stehen lassen, hat doch das Wort „Mors" insbesondere im Norddeutschen einen recht unglücklichen Begriffsinhalt. Bleiben wir also durchgängig bei Morsø. Die Dänen sagen das auch, wenn sie die Insel - und nicht den Landkreis - meinen.

Morsø liegt wie der Baustein eines Puzzlespiels mitten im Limfjord; die beiderseitigen Festlandsküsten verlaufen annähernd parallel zu den Inselkonturen. 38 km ist das Eiland maximal lang und 19 breit, insgesamt 367 qkm ausmachend. Nicht gerade klein, aber auf der Dänemark-Karte im Atlas macht Morsø nicht viel mehr als einen Klecks aus, kaum größer als das Stadtgebiet von Kopenhagen.

Wer von den unendlichen Stränden der Nordseeküste kommt, wird Morsø faszinierend andersartig finden. Die ***Inselgeologie*** unterscheidet sich stark von jener der Küsten; es gibt Hügel ansehnlicher Höhe und zum Limfjord hin gelegentliche Steilabbrüche, beeindruckend in ihrer Massigkeit. Der Nordwesten der Insel sticht insofern besonders hervor, denn hier erhebt sich das Hanklit, ein 60 m hoher, teilweise fast senkrechter Steilhang, der schon von Thisted aus deutlich zu erkennen ist und zu einem Besuch lockt. Gleich daneben ist Morsø am höchsten - die Salgjerhøj erreicht hier stolze 89 Meter und ist ein beliebter Aussichtspunkt, von dem man „22 von den 34 Kirchen der Insel sehen kann". Der Dichter *Bjørnstjerne Bjørnson* fühlte sich hier deshalb, so die Lokalhistorie, zu der Bemerkung veranlasst: *„Entweder sind die Leute auf Mors ein sehr christliches Volk - oder aber sind sie ganz unchristlich faul!"* Das verstehe, wer will.

Das eigentümliche Hanklit

Mit dem Hanklit stürzt das hügelige Terrain Morsøs jäh in den Abgrund, hier ist unübersehbar das Inselende. Noch nicht lange gibt es diesen steilen und kahlen Abbruch. Bis 1825 war der Limfjord ja nach Westen hin verschlossen und die Thisted Bredning folglich ein Binnensee, in dem sich nicht viel regte. Auf dem Hanklit, damals ein grasbestandener Berg, weideten Kühe. Nach der Öffnung bei Agger gerieten jedoch die Wasser des Fjordes in Bewegung. Die bröckeligen fjordseitigen Abhänge des Hanklits erodierten schnell in der Strömung. Letztlich bot sich das Bild eines mittig durchschnittenen Kegels, und so stellt es sich heute noch dar. Daran glauben musste bei dieser Entwicklung auch das (erste) Dorf Gullerup, das damals nahe am Wasser stand.

Das Sesam-öffne-dich brachte die Eingeweide des Berges zutage. Sehr zum Ärger von Naturfreunden begann ein Unternehmer bald damit, am Hanklit Kies abzubauen, und 1917 schaufelten die deutschen *Stercamol-Werke* aus einem danebenliegenden Hang riesige Mengen von ***Molererde,*** einer besonders wertvollen lokalen

Küste am Hanklit

Art von Infusorienerde oder Kieselgur, die über eine 200 m lange Landungsbrücke verladen wurde. Es gab kein Gesetz, diese Wühlereien zu unterbinden, und ein lokaler *Verein für die Bewahrung des Hanklit* beschloss daher, das Terrain aufzukaufen. Schon damals war das die einzig mögliche Methode zur Eindämmung von Ökofreveln, denn amtlich wird ja stets begünstigt, was den Amtmännern Einkünfte bringt, und Szenerie gehört normalerweise nicht dazu. 1933 war genug Geld zusammen, und deshalb ist das Hanklit heute ein Naturerlebnis und keine industrielle Schutthalde.

Auch für die Wissenschaft ist dieser Steilhang von großem Interesse. Nur an wenigen Stellen in Dänemark hat die Natur ein so phantastisches Schaufenster für 50 Millionen Jahre Erdgeschichte geschaffen. Die Bauherrin des Hanklit war die letzte Eiszeit, die mit ihren kilometerdicken Gletschern die Landschaft verschob. Am Hanklit wurde der Seeboden des ursprünglichen Diatomeenmeeres zwischen zwei jüngeren Kiesablagerungen hochgepresst. Was ansonsten nur gelegentlich und wenig spektakulär als Bohrkern zutagetritt, nämlich verkieselter Lehm, Fossilien und schwarze Aschenstreifen vorzeitlicher Vulkanausbrüche, steht hier in Gestalt einer ***geologischen Faltung*** senkrecht und augenfällig in die Höhe. Die dunklen Streifen hielt man bis 1883 übrigens für kohlehaltigen Sand. Sie wurden danach einem lange aktiven Vulkan im nördlichen Skagerrak zugeordnet, dessen Asche man sogar im Hamburger Raum gefunden hat. Nicht immer waren die geologischen Verhältnisse Nordeuropas so zahm wie heute.

Deshalb sieht man hier häufig ***Fossiliensucher*** mit dem einen oder anderen versteinerten Seeigel im Gepäck. Auch muschelähnliche Brachiopoden und versteinertes Holz sind nicht selten, selbst im Strandkies. Das Sammeln ist erlaubt, nicht aber die Verwendung von Grabe- und anderen Werkzeugen.

Nachts bei Vollmond kann einem in der unwirklichen Landschaft vielleicht auch der lange Schatten des Gutsherrn von Dueholm begegnen. Selbiger soll im 18. Jahrhundert ein wenig bei der Landvermessung gemogelt haben; jetzt geistert er auf den Abhängen kettenrasselnd umher. Außerdem ist eine Elfe vertreten, „wunderschön", aber im schon früh emanzipierten Dänemark „bestimmt nicht unschuldig" und darauf versessen, Männer ins Verderben zu locken. Und oben am Feggeklit, ganz im Norden, gesellt sich womöglich der alte König *Fegge* zu diesem Reigen. Der soll hier nämlich, der Sage nach, Hof geführt haben und liegt am Klit begraben. Außerdem brachte er König *Horvendel* um und nahm sich dessen Gattin zur Frau. Dafür wurde er von seinem Stiefsohn erschlagen. Selbiger ist vor allem Shakespeare-Kennern wohlvertraut: *Hamlet.*

Wem das alles nichts ausmacht, besuche die einsame Hanklit-Küste und wird den Ausflug bestimmt lohnend finden. Dazu nimmt man - mangels Auto - am besten von Nykøbing aus einen Bus nach Flade und geht von dort entweder links nach dem Hanklit oder rechts nach dem Feggeklit am Kiesstrand entlang - wunderschöne Küstenlandschaft! Wenn man noch etwas Zeit hat, besichtige man die ***Kirche von Flade*** (12. Jh.). Ganz in der Nähe, bei Søndre Dråby, hatten die Deutschen im Krieg übrigens eine komplette Attrappenstadt angelegt, ein richtiges Potemkinsches Dorf, das alliierte Flieger auf die falsche Fährte locken sollte. Schade, dass es nicht mehr da ist. Der Gutsherr von Dueholm hätte bestimmt seine Freude an solch einer Geisterstadt.

Sehenswertes

- ***Morsø Traktorenmuseum,*** Kjeldgårdsvej 49, Outrup: 50 Traktoren von 1920 bis 1960. Offen 15.6.-15.9. täglich außer Sa 10-17 Uhr.

•***Baks Traktoren- und Landmaschinenmuseum,*** Rebslagervej 1, Solbjerg (bei Erslev an der Westküste): Alte Dampflokomobile und irre klappernde Eisenradveteranen aus der Frühzeit des Traktorenzeitalters; täglich geöffnet 8-18, an Wochenenden 9-17 Uhr; mit Führung 50 dkr.

•***Morsø Radio- und geologisches Museum,*** Torvegade 14, Flade: 700 Rundfunkgeräte, wie auch im *Guinnessbuch der Rekorde* vermerkt, sind hier aufgereiht, vom Dampfradio Baujahr '29 bis zum ersten transistorisierten Ghettoblaster der Nachkriegszeit. Gleich daneben: 7000 (siebentausend) Seeigel und anderes Versteinertes auf 120 m Regalen. Die Igel darf man, wie ausdrücklich vermerkt wird, berühren: Sie pieken nicht mehr. Das Doppelmuseum ist während der Ferienzeiten geöffnet; auch nach Vereinbarung: *„Evt. Anmeldung bei der Hintereingang".*

•In Skarregård, gleich nebenan, gibt es einen ***Museumshof,*** eine noch in Betrieb befindliche Bauerei, ursprünglich aus der Zeit der Wikinger. Offen 1.5.-31.10. täglich 10-16 Uhr.

•***Schmiedemuseum,*** Kongehøjvej 33, Ørding. Ehemalige Maschinenfabrik mit tätiger Schmiede. Im Sommer offen Mo-Fr 10-16 Uhr.

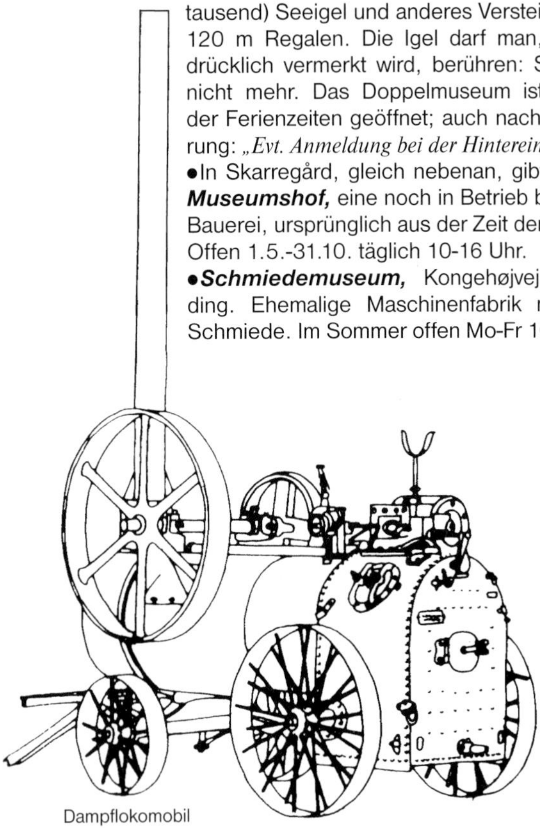

Dampflokomobil

• Bevor man Morsø über die Feggesundfähre verlässt, kann man sich noch einmal im Detail betrachten, was es mit der wiederholt erwähnten ***Molererde*** auf sich hat, denn man hat ihr in Hesselbjerg an der Nordspitze der Insel ein ureigenes ***Museum*** gewidmet. Diverse Fossilien gibt es dort zu bewundern, allerdings weniger als 7000. Auch erfährt man, dass der bewusste Skagerrak-Vulkan, an heutigen Schichtungen erkennbar, insgesamt 179mal ausbrach. Zu diesen Studien kann man, das ist Dänemark, Selbstgebackenes aus der Museumsküche mümmeln. Das Museum ist von Mai bis Oktober täglich von 10 bis 16 Uhr, im Hochsommer länger, geöffnet.

Auskunft, Unterkünfte, Restauration

• Siehe unter Nykøbing.

Verkehrsverbindungen

Quer durch die Insel zieht sich die Straße ***A26.*** Sie kommt von Skive auf dem südlichen Festland, quert den Sallingsund über eine eindrucksvolle hohe Brücke, umgeht den Hauptort Nykøbing und erreicht über die Vildsund-Brücke, weniger hoch, Nordjütland unterhalb von Thisted. Auf dieser Hauptverkehrsader herrscht allerlei Betrieb, auf den anderen Landstraßen Morsøs hingegen nicht. Die 545 verbindet ***Nykøbing*** mit dem ***Næssund*** im Westen; dort setzt eine kleine ***Autofähre*** zwischen 7 und 22.30 Uhr (im Sommer) täglich in Richtung Hurup über; viel hat sie nicht zu tun in dieser einsamen Gegend. Gleich daneben wird's noch einsamer. In der Nähe liegt das Eiland Agerø, zur Gänze Vogelschutzgebiet. Dort bewegt sich nur Federvieh.

Und die ***Fähre über den Feggesund*** (gleiche Zeiten und Preise) im Norden Morsøs dürfte auch nicht gerade überlastet sein. Dort oben ging ich (im September) auf der Landstraße spazieren und sah kaum einmal etwas Automobiles.

Es gibt indes ***Busse,*** die von Nykøbing aus jedes Nest anfahren. Man kann ganz Morsø dieserart bereisen, muss sich aber die Fahrpläne genau ansehen, denn der Busse sind wenige. Da ist es schon gut, dass man sie, wie in ganz Dänemark, weit von jeglicher Haltestation stoppen kann - sofern man weiß, wann und wo sich solch ein Fahrzeug bewegt.

Nykøbing

Oftmals taucht diese Stadt mit dem Anhängsel „Mors" auf. Damit soll zu den ein oder zwei anderen Städten dieses Namens unterschieden werden, die es in Dänemark gibt.

Geschichte

Erstmalig wird Nykøbing anno ***1299*** erwähnt. Stadtprivilegien erhielt der „neue Handelsplatz", so die Bedeutung des Namens, gegen ***1370,*** und in den folgenden Jahrhunderten blühte und gedieh die Stadt. Der gute, lehmige Ackerboden der Insel, Fischerei und Schiffahrt trugen maßgeblich dazu bei. Auch der katholische Klerus, der in Nykøbing das Kloster Dueholm bauen ließ, sorgte offenbar dafür, dass die Reichtümer beisammen blieben. Denn kaum brach die ***Reformation*** herein, als es mit der Stadt rapide bergab ging. Insbesondere vom 17. Jahrhundert an war mit Nykøbing nichts mehr los. Kriege und Epidemien setzten der Bevölkerung zu, und ***1748*** brannte das gesamte Stadtgebiet ab. Nykøbing sieht heute deshalb jünger aus, als es tatsächlich ist. Die jetzige Bebauung stammt überwiegend aus den letzten 200 Jahren, vieles ist neuesten Datums und nicht immer schön.

In den Jahren ***1780 bis 1864*** erlebte Nykøbing jedoch eine gewisse Renaissance. Besonders der Ausbau des Hafens brachte nach der Öffnung des Limfjordes die

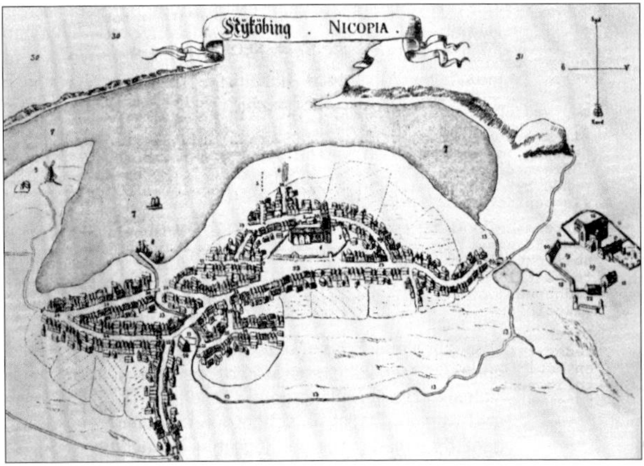

Nykøbing 1677

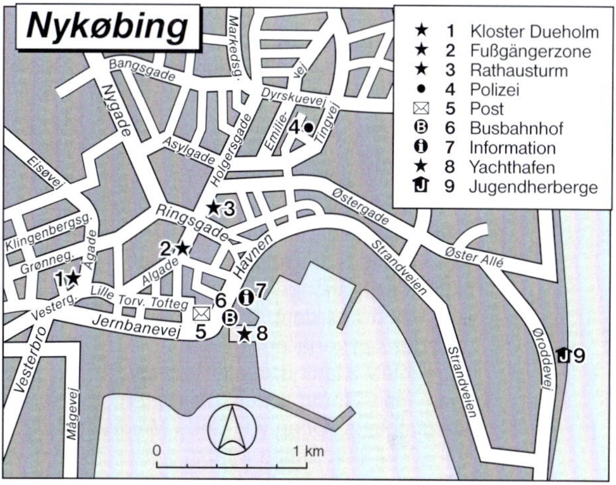

Stadt voran, und ab ***1835*** entwickelte sich ein lebhafter Handel mit England.

Sehenswertes

Aus dieser Zeit stammt noch das alte ***Lagerhaus*** *(Pakhus)* am Hafen, heute gelungen renoviert und ein echtes Schmuckstück des Stadtbildes.

Alle widrigen Zeitläufe überstanden hat auch das ***Kloster Dueholm*** aus dem Gründungsjahr 1370. Seit 1909 befindet sich in dem Gebäude das ***Historische Museum Morsland*** (offen täglich 10-16 Uhr).

Doch damit hat es sich leider schon mit Altertümern. Im Bereich Vester-, Ny- und Algade, der heutigen ausgedehnten ***Fußgängerzone,*** erkennt man zwar noch Baustile aus der Wendezeit zum 20. Jahrhundert, aber auch nur stellen- und ansatzweise. Die Kirchen und sonstigen bedeutenden Baulichkeiten Nykøbings sind zumeist jüngeren Datums und nicht ausgesprochen besuchenswert.

Eine Stippvisite wert ist dagegen - vielleicht - der ***Jesperhus Blomsterpark*** in einem riesigen Amüsiergelände südlich der Stadt (unterhalb der Sallingsund-Brücke, leicht zu Fuß erreichbar). Blumenpark (Mai bis September), Vogelpark, Terrarium, Aquarium, Spiel- und Sporthalle, Schwimmbad - alles da. Auch *øgle, slange, fugleedderkop* - zu deutsch Echsen, Schlangen und Spinnen. Und, fast vergessen, pardon: *„Erleben Sie eine Krokodilfütterung!"* Eintritt (je nach Jahreszeit), 70-150 dkr.

Am südlichen Ende des naturgeschützten Waldgeländes um den Jesperpark liegt das - nicht dazugehörige - ***Schloss Højriis.*** Ursprünglich aus dem 15. Jahrhundert, doch im Lauf der Zeit verfallen und dann wieder in ein regelrechtes Märchenkastell verwandelt - hier kann man Dornröschen begegnen! Etwas für Märchenfans. Offen von Ende Mai bis 1.9. täglich 10-17 Uhr. Eintritt 40 dkr.

Zurück zur Stadt geht man am besten auf direktem Nordkurs durch die ***Kårup Hede,*** ein uriges Feld von Hünengräbern, das besonders in der Dämmerung höchst beeindruckend wirkt.

Auskunft

- ***Touristeninformation:*** *Morsø Turistbureau,* Havnen 4, 7900 Nykøbing Mors, Tel. 97720488, Fax 97725582, www.mors-tourist.dk; dieses Büro verschickt auf Anfrage einen Morsø-Führer.

Verkehrsanbindung

- Siehe unter Morsø.

Kloster Dueholm

Unterkunft und Restauration

Hotels

- ***El-Fagets Kursuscenter***€€€, H. C. Ørstedsvej 2. Tel. 97724200.
- ***Erslev Kro (Erslev)***€€, Tel. 97741009.
- ***Gullerup Strand Kro***€€ (nahe Hanklit). Tel. 97740050.
- ***Sallingsund Færgekro***€€€€, Sallingsundvej 104. Tel. 97720088.
- ***Øst Vildsund gl. Færgekro (Erslev)***€€€, Tel. 97746067.

Camping

- ***Dragstrup Camping,*** Dragstrupvej 87, Erslev (Westküste); Tel. 97744249. 200 Stellplätze, auch Wohnwagen. Offen 1.4.-31.10.
- ***Gerlis Camping*****, Kærvang 7, Sejerslev (nahe dem Feggeklit); Tel. 97751093. 45 Stellplätze; auch Hütten und Wohnwagen. Offen 1.5.-15.9.
- ***Jesperhus Feriecenter,*** Legindvej 30, Legind Bjerge; Tel. 97710255. Riesenkomplex, 200 m vom Jesperhus Blumenpark entfernt.
- ***Morsø Camping,*** Pavillonvej 3; Tel. 97710199. 1 km von der Stadtmitte. Offen 13.4.-17.9.
- ***Sallingsund Camping,*** Sallingsundvej 106; Tel. 97720935. 60 Stellplätze. Nahe der Hochbrücke am Fjord. Offen 1.4.-22.10.
- ***Årnakke Camping,*** Årnakke 33 (Alsted); Tel. 97740193. Offen 1.4.-1.9.

Jugendherberge

- ***Morsø Vandrerhjem***€-€€€, Østerstrand, 7900 Nykøbing Mors, Tel. 97720617, Fax 97720776. Schön am Limfjord-Ufer gelegen, ruhig. Offen 1.2.-20.12.

Zimmer

- Mehrere Unterkünfte können über das ***Verkehrsamt*** gebucht werden.

Gastronomie

- ***Belle Epoque,*** am Yachthafen. Französische und dänische Küche.
- ***China House,*** Lilletorv 1. Fernöstliches zu zivilen Preisen.
- ***Limfjorden,*** am Hafen. Steak-, im Sommer auch Fischspezialitäten.
- ***Sillerslev Marina*** (s. u.). Yachtie-Food (aber nicht nur) von Ostern bis September.
- ***Sallingsund Færgekro,*** am vormaligen Fähranleger neben dem Jesperhus-Park. Feiner Fisch und Meeresfrüchte, darunter Austern, einstmals und immer noch eine regionale Spezialität.
- ***Toldbod Vinhus,*** am Hafen. Wirtshaus/Café.
- Außerdem Restauration in den anderen oben genannten ***Hotels.***

Sport

Angeln
● ***Morsø Fiskepark,*** Frueled 78, Tel. 97721029. Offen täglich 6-22 Uhr.

Golf
● ***Morsø Golfklub*** (9 Löcher), Rolstrupvej (etwas landeinwärts von Nykøbing), Tel. 97722044. Offen von April bis Oktober. Turniere für Touristen (Handikap 42) jeden Mi im Juli.

Radwandern
● Die verkehrsarme ***Küstenstraße rund um Morsø*** bietet sich ganz besonders für Radtouren an.

Reiten
● ***Meldgårds Hestecenter,*** Sdr. Thise, Salling, Tel. 97578200, auch andere Aktivitäten (Kanu, Tennis).

Schwimmen
● ***Jesperhus Vandlandet.***

Segeln
● ***Nykøbing Havn*** kann Gastboote gleich in fünf Becken seines geräumigen Hafens unterbringen. Fahrtensegler *Jan Werner* sagt dazu: *„Die Stadt hat für Segler eine sehr gute und zur Nachahmung empfohlene Einrichtung geschaffen, das so genannte ‚Service Center', das im früheren Zollhaus am Nordhafen untergebracht ist, mit Duschen, Wasch- und sogar Bügelgelegenheiten."* Note 1 für Nykøbing Havn.
● ***Sillerslev Havn*** im Süden (Ostseite) Morsøs ist neu ausgebaut mit reichlich Platz.
● ***Glingøre Havn*** liegt gegenüber von Nykøbing; hier nur als Alternative aufgeführt.

Tennis
● Strandvejen. Gästekarte (1 Std. 40 dkr) im ***Verkehrsamt.***

Touren
● Besonders schön ist ein ***Ausflug nach der Insel Fur;*** zu buchen über das *Morsø Turistbureau*.

Unterhaltung

Feste
● ***„Perlefest"*** am Hafen. 3. Maiwoche.
● Fest in der ***Fußgängerzone.*** Anfang Juli.
● ***Morsø-Fest*** am Hafen. 2. Augustwoche.

Tanzen
● ***Disco Ovenpå,*** am Hafen. Im Sommer Do-Sa, im Winter Fr-Sa 22.30-5 Uhr.

Das Hannæs

Bei Weiterfahrt von Morsø Richtung Norden, über den Feggesund, erwartet den Reisenden auf der anderen Seite der schmalen Passage das Hannæs, sozusagen ein Keil zwischen den Landesteilen Thy und dem sich im Osten anschließenden Han Herred. Die Endsilbe -næs deutet auf eine „Nase" hin. In der Tat war die Region, eine der urwüchsigsten ganz Nordjütlands, früher einmal eine Halbinsel.

Als ersten Ort erreicht man ***Amtoft,*** nur für Segler von einigem (geringem) Interesse. ***Øsløs,*** nächstes Städtchen am Fjord, hat eine Kirche aus dem Jahre 1200 und einen Campingplatz (Bygholm, s. u.), etwas jünger. Von ***Vesløs*** führt ein landschaftlich schöner Fußpfad von 10 km entlang des ***Tømmerby-Fjordes*** zu dem gleichnamigen Örtchen mit sehenswerter Kirche aus dem Jahre 1100. Auf dem Weg lohnt es sich, bei der staatlichen Vogelstation (ausgeschildert) vorbeischauen; sie ist ganzjährig geöffnet.

Die Vejlerne

Große Teile des Hannæs werden von ***Binnenseen und flachen Fjorden*** eingenommen, die unter dem Sammelnamen Vejlerne (etwa: „die Weiher") zusammengefasst nicht nur Dänemarks größtes naturwissenschaftliches Reservat darstellen, und das bereits seit 1960, sondern sogar ganz ***Europas ausgedehntestes Feuchtgebiet.*** Wer unverfälschte Natur liebt, ist im Hannæs am rechten Platz.

Die Vejler, wir wollen bei diesem Eigennamen bleiben, waren bis in die siebziger Jahre des 18. Jahrhunderts Seichtflächen des Limfjordes. Nach dem deutsch-dänischen Krieg von 1864 entstand eine nationale Bewegung, die sich die Schaffung neuen Ackerlandes als Ausgleich für den Verlust Nordschleswigs zum Ziel gesetzt hatte. Die Vejler schienen sich dafür anzubieten.

1870 begann man sie mit Hilfe britischer Finanzen einzudämmen und trockenzulegen. Doch das Projekt stand unter keinem glücklichen Stern. Limfjordwasser sickerte ständig nach und musste aufwendig abgepumpt werden. 1916 hatte man von der teuren Pumperei die Nase voll und ließ das Gebiet verschilfen. Immerhin konnte man dieserart noch Dachdeckmaterial gewinnen.

Die Vejler entwickelten sich allmählich zu ausgedehnten Schilfwäldern, Sumpfwiesen und seichten Seen. ***Wasservögel*** zu Tausenden ließen nicht lange auf sich warten und rückten in ihr neues Paradies ein. In den zwanziger und dreißiger Jahren gab es hier eine außerordentlich reiche Vogelwelt. Dann verschwanden manche Arten nach und nach, und letztlich völlig. Die zunehmende Chemisierung der Landwirtschaft und Urbarmachungen rund um das Gebiet waren wahrscheinlich daran schuld, primär auch wohl der Bau einer Schleuse, der zur Senkung des Wasserstands führte.

Heute sind die Vejler in privater Hand. Das geschützte Gebiet ist ca. 6000 ha groß und weist die größten ***Schilfwälder*** Dänemarks und einige der ausgedehntesten ***Strandwiesen*** des Landes auf. In diesem urigen Biotop nisten Graugans, Rohrweihe, Rohrdommel und Trauerseeschwalbe, seltene Arten allesamt. Scheue und auf viel Raum angewiesene Vögel wie Kranich, Seeadler und Wanderfalke haben ebenfalls eine Freistatt in den Vejlern, nisten dort aber nicht. Zug- und Wintervögel fallen zu Zehntausenden ein. Im Mai trifft man viele Stelzvogelarten im prächtigen Brutkleid an, und schon wenig später, gegen Mitte Juni, kommen die ersten Wandervögel von ihren nördlichen Brutplätzen. Am zahlreichsten ist der Goldregenpfeifer mit bis zu 25.000 Exemplaren im Oktober und November. Auch ein rares Säugetier, der Fischotter, hat in dem Areal eines seiner letzten Lebensräume.

Das Betreten des ***Reservats*** selbst ist ganzjährig verboten, ebenso das Fischen im gesamten Gelände. Dennoch gibt es viele Gelegenheiten, an der großartigen Natur der Vejler teilzuhaben, indem man die Fauna und Flora von öffentlichen Wegen und Rastplätzen im Umkreis des Geländes beobachtet. Auch die Peripherie ist übrigens in Privatbesitz. Nur so können Naturschutzgebiete heute offenbar wirklich geschützt werden.

Aktuelle ***Auskünfte*** über das Leben und Treiben im Reservat gibt das ***Vejlernes Naturmuseum*** in Frøstrup (Lyngevej 15) täglich von 8 bis 18 Uhr.

Die Vigsø Bugt

Im Norden ist im wesentlichen die Küste der Vigsø Bugt dem Hannæs zuzurechnen. Von Hanstholm bis zum 47 m hohen Bulbjerg im Osten zieht sich diese Bucht in sanftem Bogen dahin und wird in diesem Verlauf allmählich von fein- und zu grobsandig und letztlich steinig. Ganz in der westlichen Ecke ist es allerdings noch steiniger - dort liegen mengenweise deutsche ***Bunker. Badestrände*** gibt es in Vigsø, Madsbølrende und Lild. In letzterem Örtchen unterhalb des Bulbjerges wird einiges an ***Küstenfischerei*** getrieben, und man zieht die Kutter malerisch auf den Strand. Eine recht abwechslungsreiche Küstenlinie also. Und auf diesen gut 20 Kilometern ist zudem etwas erlaubt, was anderswo verboten ist: Bello darf sich hier ganzjährig ohne Leine tollen!

Auskunft

- Durch die ***Touristinformationen*** Hanstholm, Thisted, Nykøbing oder Fjerritslev (siehe jeweilige Ortskapitel).

Unterkunft und Restauration

Hotels

- ***Bygholm Feriecenter***€€, Bygholmvej 27, Vesløs (Fjordküste); Tel. 97993139.
- ***Hjardemål Klithotel***€€€, Klitvejen 75, Frøstrup (in der Mitte der Nordküste); Tel. 97991245.

● ***Vigsø Feriehotel***€€€, Vigsøvej 300, Vigsø; Tel. 97965122. Großer Komplex.

Ferienhäuser

● ***Lauritsen,*** Tel. 97993234.
● ***Vigsø Feriecenter*** mit 174 Sommerhäusern. Adresse wie *Vigsø Feriehotel.* Dicht am Meer. „Subtropisches Badeland", Tennis, „Baumklettern", Gefriertruhen für den Fischfang.

Camping

● ***Bulbjerg Camping,*** Bulbjergvej 11. Kleiner Platz; „Geheimtipp".
● ***Bygholm Camping,*** zu buchen über *Vigsø Feriehotel.* 145 Stellplätze; auch Hütten und Wohnwagen. An der A11 zwischen Thisted und Fjerritslev. Dicht am Limfjord, 12 km zur Nordsee. Pool, Sauna, Solarium, Tennis.
● ***Hjardemål Klit Camping,*** zu buchen über *Hjardemål Klithotel,* 25 Stellplätze, 15 Hütten (250-275 dkr). Pool mit Wasserrutschbahn, Minigolf, Tennis, Sauna, Solarium, Fahrradverleih. geöffnet 1.4.-30.9.

Gastronomie

● ***Frøstrup Kro,*** Storkevej 1, Frøstrup. Gute dänische Küche.
● ***Landsbygrillen,*** Søndergade 8, Frøstrup. Grillgerichte.
● ***Vesløs Kro,*** Stationsvej, Vesløs. *„Nicht teurer - aber vielleicht etwas besser".*

Sport

Angeln

● ***Ballerum Lystfiskeri,*** Tangrimme 14, Tel. 97985335. 100 dkr/Rute/Tag. *„Einfach das Geld in den Briefkasten stecken".*

Reiten

● ***Frøstrup Ridecenter,*** Tømmerbyvej 8, Frøstrup, Tel. 97991545. Auch Übernachtungen.

Tennis

● ***Hannæs Tennisklub,*** Fjordvej 2, Vesløs, Tel. 97991497.

Nordjütland bis Skagen

Überblick

Han Herred

Die Route auf den nördlichsten Punkt Dänemarks zu führt entlang der ***Jammerbucht,*** einem Küstenstrich, der im Lauf der Seefahrtsgeschichte zahllosen Schiffen zum Verhängnis wurde. So ganz genau wissen die Dänen nicht, was der Name bedeutet. Die meisten tippen auf „Klagebucht", denn das Wort *jammer* ist das gleiche wie im Deutschen. Mit der Seefahrt Vertraute neigen jedoch dazu, das im bekannten Begriff „Windjammer" enthaltene Verb im Sinne von „pressen" der Unglücksbucht zuzuordnen, in die manche Segler hinein- und letztlich auf den Strand gedrückt wurden. Man kann sich, bis die Sache geklärt ist, wohl für eine von beiden Versionen entscheiden. Auch die Bedeutung des Namens der ungefähr zwischen den Städten Thisted und Brovst liegenden Landbrücke Han Herred ist im Dunkel der Zeit verborgen; es gibt keinerlei Anhaltspunkte.

Der seeseitige Steilhang des ***Bulbjerg*** ist Morsøs Hanklit nicht unähnlich. Hier jedoch wechseln Schichten von weichem Kalk mit solchen aus schwarzem Feuerstein, und die unterschiedliche Härte dieser Materialien hat zu wun-

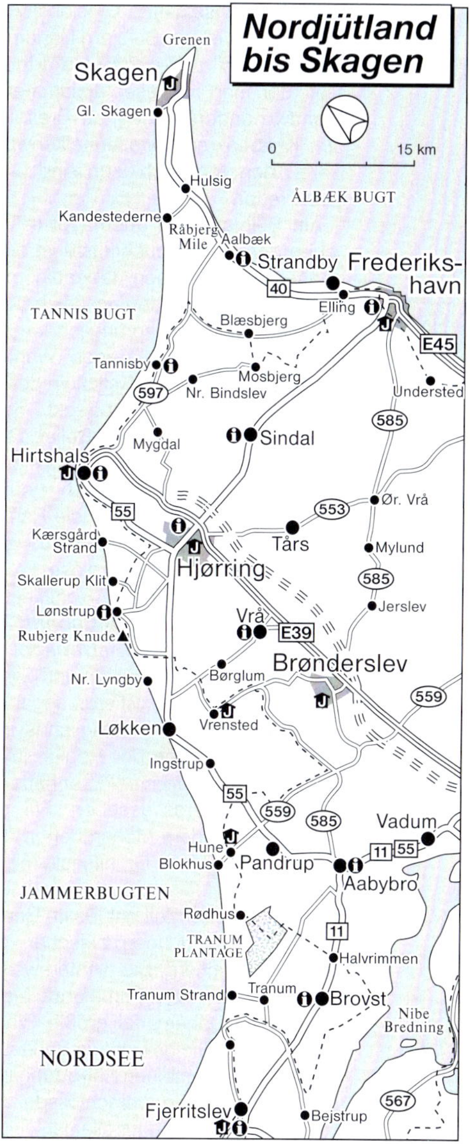
Nordjütland bis Skagen
0
15 km
Grenen
Skagen
Gl. Skagen
Hulsig
ÅLBÆK BUGT
Kandestederne
Råbjerg Mile
Aalbæk
Strandby
Frederikshavn
40
Elling
TANNIS BUGT
Blæsbjerg
E45
Tannisby
Mosbjerg
597
Nr. Bindslev
Understed
585
Mygdal
Sindal
Hirtshals
Ør. Vrå
553
55
Kærsgård Strand
Tårs
Mylund
Hjørring
Skallerup Klit
585
Jerslev
Lønstrup
Vrå
Rubjerg Knude
E39
Brønderslev
Nr. Lyngby
Børglum
559
Vrensted
Løkken
Ingstrup
55
559
585
Vadum
Hune
Blokhus
Pandrup
11
55
Aabybro
JAMMERBUGTEN
Rødhus
11
TRANUM PLANTAGE
Halvrimmen
Tranum Strand
Tranum
Brovst
Nibe Bredning
NORDSEE
567
Fjerritslev
Bejstrup

derlich wechselhaften Erosionsformen geführt. Gleichzeitig ist der Bulbjerg Dänemarks einziger „Vogelfelsen" und weist eine artenreiche Flora auf, der man in dieser Zusammensetzung nirgendwo anders begegnet. Breitblättriger Enzian, Knabenkraut, Wiesennelkenwurz und mehrere Arten von Orchideen sind unter anderem anzutreffen.

Am Bulbjerg und überhaupt in weiten Bereichen der Jammerbuchtküste ist ein Prozess im Gang, den Geologen „lebendig" nennen, d. h. eine stetige Veränderung der topographischen Gegebenheiten. Ursprünglich war das Han Herred eine felsige Inselgruppe. Während der letzten Eiszeit wurde der Kalkstein der Inseln mit einer Moränenschicht bedeckt, die nach und nach verwitterte und ein Relief des ursprünglichen Archipels hinterließ. Zugleich setzte eine Landhebung ein, die noch heute andauert. Meeresströmungen füllten die Räume zwischen den Inseln mit Kies und Sand, und das Land wuchs zusammen. Auf diese Weise entstand Han Herreds besondere Kombination von charakteristischer ***Hügellandschaft*** und vorgelagerten ***flachen Küstenstrecken.***

Nordsee-
garnele

Stellenweise, so bei Lien und Svinkløven („die Schweineklaue"), existieren sogar richtige ***tiefe Schluchten,*** nichts Alltägliches in Dänemark. Bei einem Besuch der Region im Jahre 1824 äußerte König *Frederik VI.,* er hätte im Leben nie etwas Schöneres gesehen. Für dieses artige Lob hat man dem Monarchen in der Nähe von Grønnestrand eine Granitsäule mit Monogramm gewidmet.

In historischer Zeit gab es im Bereich von Han Herred Verbindungen zwischen der Nordsee und dem Limfjord. Sie dienten womöglich noch den Wikingern zur Durchfahrt, die mit der ***Aggersborg*** Dänemarks größte Ringfestung gebaut hatten. Die gewaltigen Sandstürme, die als Folge der allgemeinen Abholzung im späten Mittelalter einsetzten, verschlossen diese Öffnungen jedoch ein und für allemal.

Gleichzeitig führte die ***Versandung*** der Region zu einer Abkehr von Urbarmachungsvorhaben, d. h. die Natur konnte sich vielerorts ungehindert entwickeln. Das hat sie zu danken gewusst. Im Frühjahr überziehen sich die Hänge Han Herreds mit bunter ***Blumenpracht,*** und im Spätsommer setzt die Heide flächige Farbkleckse drauf. Auch Pilze sind in dieser Region besonders häufig; hier und da trifft man sogar auf die andernorts fast ausgestorbenen Pfifferlinge (man sollte sie aber stehen lassen, weil sie mit giftigen Arten verwechselt werden können).

Die Nähe der Vejlerne trägt zudem zu einer lebendigen ***Vogelwelt*** bei; zahlreiche Arten sind in den ausgedehnten Waldgebieten Han Herreds zu Hause, die man, der Not gehorchend und der Natur nachhelfend, seit dem späten 19. Jahrhundert angepflanzt hat.

Kiesige Küste

Zu dieser gelungenen Palette gesellen sich schöne ***Strände,*** die allerdings - aufgepasst! - nicht durchgängig feinsandig sind. Der Bulbjerg-Strand, gleich östlich des bewussten Berges, ist auf 2 km Länge ziemlich grob und stellenweise steinig, außerdem herrscht wegen tiefen Wassers ein starker Unterstrom. Auf der ganzen Länge der Küste bis Tranum wechseln kiesige Abschnitte mit Sand, letzterer vorherrschend in den Bereichen Thorup, Klim, Grønnestrand, Svinkløv und Slettestrand; dort pulst im Sommer überall das Badeleben. Am Strand von Thorup werden wieder einmal Fischkutter aufs Trockene gezogen, pittoresk wie nirgendwo anders.

Wie kommt das Boot ins Wasser?

Es sieht putzig aus, wenn ein Fischerboot sozusagen den Strand hinaufwandert. Wer sich ein wenig für die Technik interessiert, stellt fest, dass dieser Vorgang mit Motorkraft erledigt wird. Eine ganz einfache Sache also: Der Fischer auf seinem Kahne steckt den Draht an, und ab geht die Post.

Das ist alles ganz einleuchtend. Aber: Wie kommt das Boot wieder ins Wasser zurück? Wer oder was zieht da draußen?

Auch dieses Prinzip ist ganz einfach, wenn man weiß, wie die Konstruktion aussieht. Es sind nämlich zwei Winden vorhanden, und zwei schwere Drähte laufen den Strand hinab. Ein gut Stück vom Strand liegt ein Betonblock mit einer Umlenkrolle auf dem Seeboden verankert. Ein ***einkommendes Boot*** fährt so dicht wie möglich an den Strand heran und macht den Steven am Zugdraht fest. Das muss schnell gehen, sonst gibt's bei schlechtem Wetter Querschlag und Strandung.

Zum Inseestechen wird das Heck am anderen Draht angesteckt, und dann heißt es „Rolle rückwärts". In diesem Fall wird das Boot erst weit draußen losgeworfen. Klingt simpel. Aber wenn die Brandung am Strand tobt und frierende Gischt über das Schiff fetzt, muss der Decksmann verflixt stetige Finger haben, damit die Sache klargeht. Deswegen ist der Fisch bestimmt auch so teuer.

Das Vendsyssel

Die sich in Richtung Osten dem Han Herred anschließende Landschaft bis an die Nordspitze des Landes wird das Vendsyssel genannt. Wer etwas Dänisch beherrscht, wird sich unter diesem Wort vielleicht eine „Wasserschüssel" vorstellen; da *vand* „Wasser" bedeutet, liegt das ja nahe. Doch der Begriff steht für etwas ganz anderes. Er stammt aus dem Gotischen und übersetzt sich ungefähr als „Wanderbewegung". Die Völker waren dort in früheren Zeiten offenbar ständig auf der Achse, wie sich eben schon an den rastlosen Wikingern ersehen ließ.

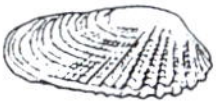

Bohrmuschel

Binnenlands sieht es hier nicht viel anders als im Han Herred aus, und an der Küste noch weniger. Dort nämlich dehnt sich ein mächtig breiter ***Strand,*** der bis zur Stadt Hirtshals keine nennenswerte Unterbrechung erfährt. Mit wenigen Ausnahmen ist dieser Strand von einem Ende zum anderen von feinsandiger Konsistenz und mithin einer der beliebtesten Jütlands – nein, ganz Dänemarks. Im Dünengelände drängen sich folglich die ***Campingplätze und Ferienhauskolonien,*** und verschlafene Nester wie Blokhus, Saltum und Løkken erwachen im Sommer zu quirligem Leben, zumal man über lange Distanzen der Strände (zwischen Blokhus und Løkken und wiederum zwischen Nørlev Strand und Tornby Strand, alles in allem 42 km) mit dem Automobil dahinrödeln darf – heißt die Jammerbucht vielleicht deshalb so? Vor allem am Strand von Blokhus bilden sich im Sommer ganze Wagenburgen.

Man kann sich indes auch ohne Automobil an dieser Küste entlangbewegen. Und zwar auf dem *Vestkyststien* (Westküstenweg, Route 208), der sich ca. 180 km weit von Bulbjerg bis Skagen dahinzieht. Der Weg wurde vom Kreis Nordjütland als ***Fahrrad- und Wanderroute*** erarbeitet und ausgelegt. Er verbindet die größten und wichtigsten Ferienhausareale mit den Naturgebieten entlang der Route. An denen herrscht kein

Mangel, denn auch in diesem Bereich der Küste verödete das einst fruchtbare Hinterland nach schweren Dünenabbrüchen und Sandstürmen und bildete Heiden und Kiefernwälder. Nur ein Teilstück der Route führt (von Rødhus nach Hune) entlang einer im Sommer vielbefahrenen Landstraße; danach geht es wieder überwiegend parallel zum Strand weiter. Detail-Karten erhält man in der Touristeninformation Blokhus.

Fjerritslev

Die größte Stadt des Han Herred ist kaum mehr als ein besseres Dorf, ein typisches dänisches ***Provinznest.*** Erste Sehenswürdigkeit am Platze ist das ***Brauereimuseum Bryggergården,*** mitten im Ort. Bier wird nicht mehr gebraut - nicht mal das; die Anlage ist auch nur im Juli und August geöffnet. Sehenswert: ein uriger Oldtimer (blauer Lieferwagen) aus den 30er Jahren.

Außerdem „muss" man unbedingt die Bonbonkocherei mit Kerzengießerei und Schneckenfarm besuchen (Udklitvej 31). Neben dem Biermuseum ist die Touristeninfo (wo ein Planetenpfad beginnt), schräg gegenüber die Busstation, 300 m weiter nördlich die Jugendherberge. Ein paar Veranstaltungen finden im Sommer statt, darüber informiert das Touristenbüro.

Auskunft

● ***Han Herred Turistbureau,*** Vestergade 16, 9690 Fjerritslev, Tel. 98211655, Fax 98211571, www.midtfjord.com

Im gleichen Gebäude befindet sich das sehenswerte *Han Herred Naturcenter.* Offen im Sommer tägl. 10-18 Uhr, im Winter 10-15 Uhr.

Verkehrsverbindung

● ***Busse*** nach Thisted, Ålborg, Løgstør und nach allen Stränden.
● Direktbus nach Kopenhagen (Tel. 98211133).

Unterkunft und Restauration

Anzumerken ist für ganz Nordjütland, dass wegen des rauen Klimas die meisten Betriebe ***im Winter schließen.*** Entsprechende Daten sind bei einem Großteil der Herbergen und Campingplätze vermerkt worden. Es handelt sich

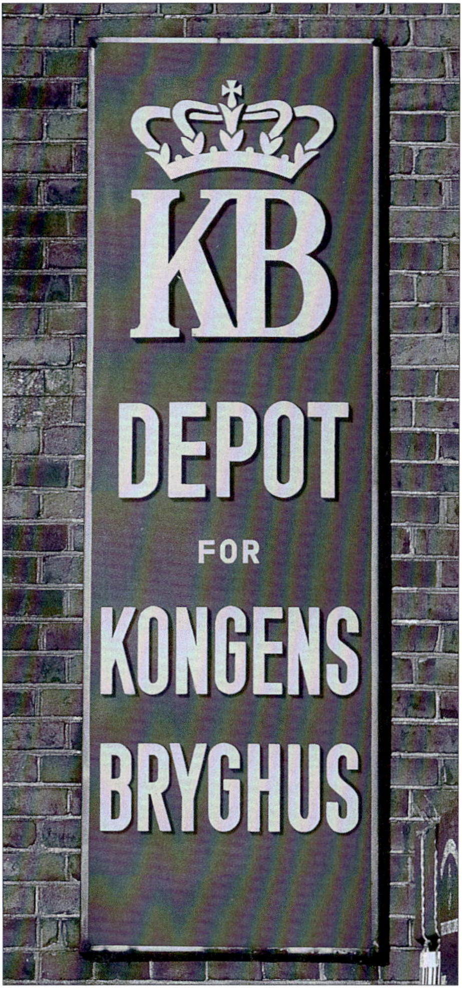

Brauerei-
museum

hierbei zumeist um Anhaltspunkte; die genauen Daten können nach unten oder oben etwas variieren und sollten vor der Reise erfragt werden.

Hotels

- ***Feriecenter Slettestrand***€€€€, Slettestrandvej 142, Tel. 98217044; geöffnet 31.3.-26.10.
- ***Fjerritslev Kro***€€€€, Østergade 2, Fjerritslev, Tel. 98211116; geöffnet 5.1.-21.12.
- ***Klim Kro***€€€, Thistedvej 327, Klim, Tel. 98225230; geöffnet 1.2.-31.12.
- ***Klitrosen***€€€€, Slettestrand, Tel. 98217255; geöffnet 11.1.-19.12.
- ***Rønnes***€€€, Laksevej 8, Slettestrand, Tel. 98217150. Ganzjährig geöffnet.
- ***Sandenbjerggaard***€€€, Slettestrandvej 88, Slettestrand, Tel. 98217133. Ganzjährig geöffnet.
- ***Svinkløv Badehotel***€€€€, Svinkløv, Tel. 98217002. Schönes Holzgebäude aus dem Jahre 1925, direkt am Strand; geöffnet 1.5.-1.10.

Pensionen

- ***Familiepension Højgården***€€, Slettestrandvej 50, Tel. 98217036; geöffnet 23.6.-4.8.
- ***Feriepension Hødal***€, Hjortdalvej 227, Hjortdal, Tel. 98217080; geöffnet 1.5.-30.9.
- ***Gamle Smedie***€€, Slettestrandvej 26, Slettestrand, Tel. 98217013; geöffnet 1.4.-1.10.
- ***Granly***€€€, Havvejen 427, Fjerritslev, Tel. 98211110; geöffnet 1.3.-1.11.
- ***Havblik***€€, Slettestrandvej 60, Slettestrand, Tel. 98217026; geöffnet 15.5.-31.10.
- ***Klim Bjerg***€€€, Klimstrandvej 156, Klim, Tel. 98225242; geöffnet 1.4.-1.10.
- ***Klitgården***€€, Kollerupstrandvej 103, Tel. 98212451. Ganzjährig geöffnet.
- ***Kristines Minde***€€, Holmsøvej 96, Haverslev, Tel. 98215048; geöffnet 1.5.-1.9.
- ***Lyngbjerggård***€€, Kollerup Strandvej 14, Brøndum, Tel. 98213419. Ganzjährig geöffnet.
- ***Nørrebjerregård Kursuscenter***€€, Gøttrupvej 444, Tel. 98223141; geöffnet 15.6.-15.8.

Ferienhäuser

- ***Heskjær,*** Tel. 98217033.
- Über die ***Touristeninformation.***

Camping

- ***Haverslev Havn Camping,*** Haverslev; Tel. 98215477. Fjordküste; geöffnet 1.4.-1.10.
- ***Klim Strand Camping,*** Klim Strand; Tel. 98225340. Skagerrak-Küste, Hütten; geöffnet 15.3.-31.10.
- ***Svinkløv Camping,*** Svinkløvvej 541; Tel. 98217180. Skagerrak-Küste; geöffnet 1.5.-10.9.

●***Tranum Klit Camping,*** Sandmosevej 16; Tel. 98235282. 230 Stellplätze, 10 Hütten. Schönes, baumbestandenes Gelände; ca. 500 m zum Strand (Skagerrak); geöffnet 30.3.-15.9.
●***Vester Thorup Motel & Camping,*** Thistedvej 546; Tel. 98225136. An der Skagerrak-Küste. 175 Stellplätze; auch Hütten, Wohnwagen und Zimmer; offen 30.3.-15.9.

Jugendherberge

●Brøndumvej 14-16, 9690 Fjerritslev, Tel. 98211190, Fax 98212522, hhf@post10.tele.dk; großer, moderner Komplex nahe am Ortszentrum. Ganzjährig geöffnet.€-€€€€

Gastronomie

●***Bella Marino,*** Østergade 25, Fjerritslev. Pizzen und andere italienische Gerichte.
●***Hanne's Madsted,*** Søndergade 5, Fjerritslev. Jeden Tag à la carte und Gerichte nach Hausmacherart.
●***Kaffestuen,*** Fyrrestien 5, Thorup Strand. Erfrischungen. Nur Juni bis August nachm. außer Mo.
●***Klim Kro,*** s. o. Abendlokal (Di-Sa 19-22 Uhr). Fischbuffet: *„Alles, was schwimmt".*
●***Pizza og Kebab House,*** Søndergade 8. Fastfood.

Sport

Angeln

●An allen Stränden und im Limfjord. Im Mai und Juni ziehen riesige Schwärme von ***Hornhechten*** durch den engen ***Aggersund*** und lassen sich dann leicht erbeuten.
●***Bach- und Regenbogenforellen*** in den Auenflüssen Bjørnsholm Å, Nedre Ryå, Nørreå und Trendå.
●Put & Take (Forelle und Hecht): ***Fiskepark,*** Gøttrupvej 311, Gøttrup.

Golf

●***Han Herreds Golfklub*** (18 Löcher), Starkærvej, Fjerritslev, Tel. 98212666.
●***Himmerland Golf & Country Club,*** Centervej 1, Gatten (Løgstør), Tel. 96496100. Nordeuropas größte Golfanlage mit 2 x 18 Löchern.

Reiten

●***Solhøjgård,*** Nørtorupvej 39, Hjortdal, Tel. 98217222.
●***Udklit Ranch,*** Udklidvejen 122, Fjerritslev, Tel. 98212224.

Schwimmen

●***Badeland Øland Kroen,*** Brovst.
●***Fritidscenter Fjerritslev*** (im Komplex der Jugendherberge).

Wandern

●Von Fjerritslev aus kann man, sofern man ein paar Kilometer nicht scheut, zur Küste marschieren und dort entweder strandwandern oder sich in den Wäldern ergehen. Ein ganz besonders schöner ***Wanderweg*** beginnt beim

Eine alte Wikingerburg

Dort, wo der Limfjord sich in das Nadelöhr des Aggersundes zu verengen beginnt, genau gegenüber der Stadt Løgstør, liegen die Reste der ***Wikingerfestung Aggersborg,*** der größten Anlage dieser Art in ganz Skandinavien. Hier standen einst 48 Langhäuser à 30 m, die je zu viert im Karree um einen zentralen Wachtturm angeordnet waren. Das Ganze umgab ein Ringwall von 240 m Durchmesser und bot wahrscheinlich 5000 Kriegern Platz. Ein Festungswerk also, dessen Ausdehnung später nur die Deutschen zu überbieten vermochten.

Die Aggersborg ist auf das ***Jahr 980*** zurückzuführen; König *Harald Blauzahn* baute sie. Er lag im Streit mit seinem Sohn *Svend Gabelbart* und errichtete - viel Feind, viel Ehr - noch drei weitere (kleinere) Anlagen dieser Art: Fyrkat, Nonnebakken und Trelleborg. Möglicherweise war die Aggersborg um 990 ein Stützpunkt für die Raubzüge der Wikinger gegen die britische Insel, die sich die wilden Nordmänner zeitweilig untertan gemacht hatten. Der englische König musste sogar einen Tribut zahlen. Selbiger, das so genannte Danegeld, ging an *Knud den Großen* (1018-1035), der nicht nur in Dänemark Boss war, sondern gleichzeitig in England, das er mit lediglich 200 Drachenbooten erobert hatte. Unter diesem Großwikinger erreichte das Reich einen ersten Höhepunkt seiner Macht. Doch danach verfiel es alsbald wieder, und auch die englische Pfründe musste aufgegeben werden.

Anno ***1080*** gedachte der wohl ein wenig fehlbenannte nächste König, *Knud der Heilige,* diese Scharte wieder auszuwetzen. Er versammelte vor der Aggersborg fast 2000 Wikingerschiffe zum Sturm auf England. Nicht nur eigene Boote waren dabei, sondern aus Norwegen und sogar aus Flandern waren Flottillen herbeigepaddelt, um die große alte Zeit wieder aufleben zu lassen und auf lustige Plündertour zu gehen. Doch die ***Rieseninvasion,*** für die mehrere zehntausend Mann angereist waren, ***verlief nicht nach Plan.*** Das große Aufgebot im Limfjord ließ nämlich andere Landstriche ungeschützt zurück, und prompt begann es dort zu kriseln. König *Knud* musste seine Englandpläne zunächst verschieben, um sich auf einen Feldzug an die Südgrenze seines Reiches zu begeben, wo die meisten Übergriffe stattfanden. Die Sache zog sich endlos hin. Während immer neue Scharmützel den König beschäftigt hielten, löste sich die Streitmacht im Limfjord allmählich in Wohlgefallen auf, denn die Recken waren nicht gekom-

Svinkløv Badehotel und führt zum Aussichtspunkt Stenbjerg (52 m) und von dort am Strand entlang zurück (4,5 km). Am Fuß dieser Steinzeitsteilküste hat sich eine massive Dünenkette aufgebaut, die das Kliff vor weiterem Zerfall schützt. Die See liegt jedoch so nahe, dass der Charakter einer Meeresküste erhalten bleibt, und der Ausblick von oben ist sehr schön. Es gibt mehrere Routen von vergleichbarem Charme im Nordteil Han Herreds; man frage im Verkehrsamt nach Wanderkarten.

men, um untätig vor Anker zu liegen. Auch nutzte der englische König, dem der Aufmarsch nicht verborgen geblieben war, geschickt die Situation, um über Agenten Zwietracht unter den Mannschaften zu säen.

Als *Knud* endlich zurückkehrte, waren nur noch die für ihre lange Leitung bekannten Norweger da. Wutentbrannt setzte der enttäuschte König zum Strafgericht auf seine treulosen Dänen an. Doch die waren selbst sauer und nicht geneigt, sich widerspruchslos verdonnern zu lassen. Sie brannten das Fort nieder und schlugen den heiligen *Knud* in die Flucht. Ihr Zorn muss gewaltig gewesen sein, denn sie setzten ihm bis Odense nach und machten seinem Leben - ausgerechnet - in der dortigen Kirche ein Ende. England war gerettet und blieb hinfort von allen Invasionen aus der dänischen Ecke verschont. Dafür sorgte nicht zuletzt eine Lichtgestalt, in deren Adern auch Wikingerblut floss: *Wilhelm der Eroberer,* ein Normanne, mithin Nordmann.

1994 wurde eine 900 m lange ***Markierung der Wallanlage*** vorgenommen; sonst ist nichts mehr erkennbar. Auf der Stätte der ehemaligen Burg gibt heute eine unaufwendige ***Ausstellung*** Einblicke in das frühere Leben und Treiben der Wikinger.

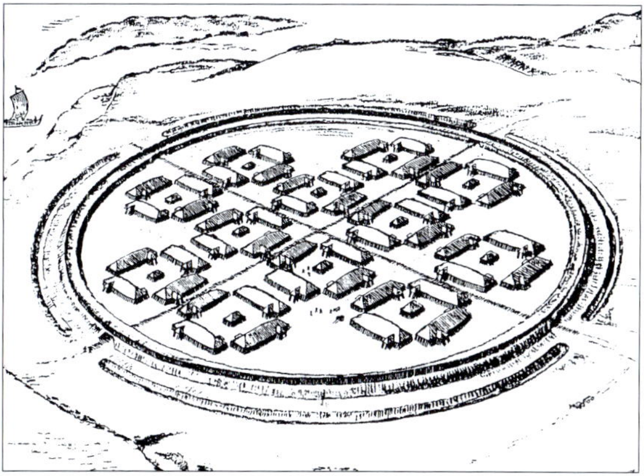

Aggersborg anno 990

Touren

- Das ***Verkehrsamt*** veranstaltet im Sommer des öfteren botanische und ornithologische ***Exkursionen*** und im Herbst die eine oder andere Pilztour.
- Von Fjerritslev aus kann man Ausflüge nach der ***Insel Livø im Limfjord*** unternehmen (Fähre von Rønbjerg). Das Eiland hat jede Menge heile Natur. Keine Autos; Hunde dürfen nicht mitgenommen werden.

Unterhaltung

- ***Burgenwettbewerb.*** Hier werden sie ausnahmsweise mal gebaut – und sogar unter Wettbewerbsbedingungen. Austragungsort ist Tranum Strand, und zwar jeden Mittwoch von Ende Juni bis Mitte August. Es gibt Preise! Info am Strandkiosk.
- ***Livø Jazzfestival,*** Ende Juli. Infos zur Unterkunft: Tel. 98676362.

Brovst

Jeden Montagmorgen von 10 bis 12 Uhr (Ende Juni bis Mitte August) rollt das Verkehrsamt dieser zweitgrößten Stadt Han Herreds den roten Teppich für alle Besucher aus. Bei Kaffee, Brötchen und Musik, alles gratis, gibt es dann lokale Informationen. Ein schöner Brauch; hoffentlich wird er beibehalten. Dass die örtlichen Kunsthandwerker per drolligem Zufall gleichzeitig ihre Teppiche ausrollen, sollte nicht stören; es besteht ja kein Kaufzwang.

Auskunft

- ***Touristeninformation,*** Fredensdal 8, 9460 Brovst, Tel. 98232188, Fax 98233433, www.jammerbugt.dk.

Unterkunft

- Hotel ***Øland Kroen***€€€€, Hammershøj 29, Tel. 98236100. Geöffnet 20.1.-16.12.

Blokhus, Hune, Rødhus und Saltum Strand

Wenn man Blokhus sagt, muss man immer den Ortsteil ***Hune*** dazurechnen. Denn dort, 4 km landeinwärts, gibt es diverse Infrastruktur, darunter die Jugendherberge. Wer mit öffentlichen Verkehrsmitteln bis zur Endstation Blokhus

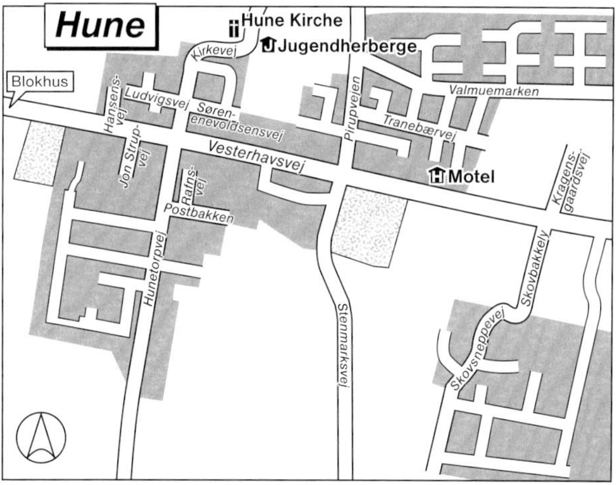

fährt, muss zu Fuß zurück oder auf den Gegenbus warten.

Zu dem gesamten ***„Ferienkomplex"*** gehören außerdem die Küstenorte Rødhus (R) und Saltum Strand (S), sowie die etwas weiter im Inland gelegenen Ortschaften Moseby, Kaas, Pandrup und Saltum. Pandrup ist wegen seines in ganz Nordjütland zu findenden Brotes *(Pandrup Brød)* bekannt, Saltum vor allem wegen des landesgrößten Solarkraftwerks, also nicht unbedingt touristischen Attraktionen.

Blokhus

Blokhus dagegen war schon vor über 100 Jahren ***Badeort,*** und bereits damals zischte und keuchte hier das erste Kraftfahrzeug den Strand entlang. Die *haute volée* des unfern gelegenen Ålborg folgte alsbald dem Beispiel und trug manch fröhliches Sandrennen aus – Straßen gab es ja kaum. Danach ging's zum Bowling, und „ein älterer Küstensiedler" durfte für 10 Øre die Stunde den Kegeljungen spielen. Das waren Zeiten …

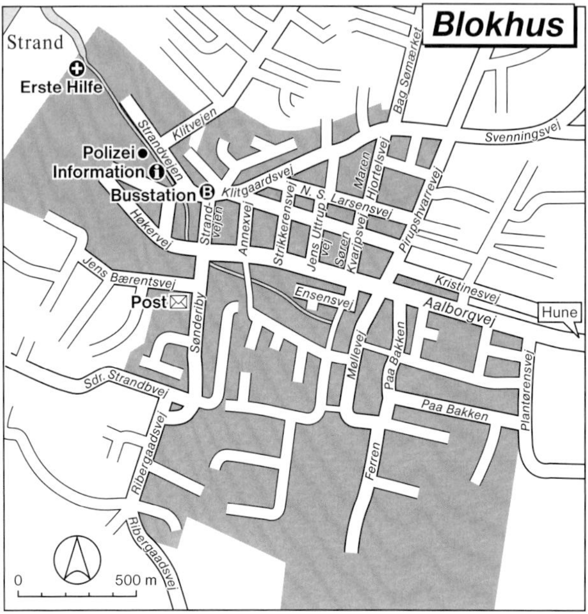

Heute schneidet sich Blokhus auf dem Sektor des Fremdenverkehrs das größte Stück des Kuchens ab, und für 10 Øre gibt es nicht mal einen Kaugummi. In der HS kann man Münzen unter 5 Kronen eh vergessen.

Eigentlich besteht der ***Ort*** aus kaum mehr als einem großen Platz mit ein paar Gebäuden ringsum, darunter der Touristeninformation und einigen Restaurants in ausgesprochen hübschem Fachwerkstil. Alles andere, überwiegend Ferienhäusliches, schart sich kaum sichtbar in den umliegenden Wäldern und Dünen.

Wie empfindlich man in Dänemark in Bezug auf unharmonische Störungen der Perspektive reagiert, zeigt der Abriss der vormaligen, solitär hässlichen ***Hotelanlage*** Nordsøby mitten in Blokhus. Als *skamplet* - Schandfleck - wurde die architektonische Pestbeule lange von den

Einheimischen bezeichnet, bis man im Jahre 1999 zu ihrer Entfernung schritt und sie durch ein ansprechenderes Gebäude ersetzte. In anderen Ländern wäre das *Nordsøby* wohl immer noch ein Schmuckstück gewesen, jedenfalls solange es Geld verdient. Aber die Dänen denken da gottlob anders.

Sehenswertes

In Saltum gibt es zwei kleine ***Heimatmuseen*** (Holsvej 1 und Fårupvej 2), in denen man einen Einblick in die Lokalgeschichte nehmen kann.

Im Bereich der genannten Gegend kann man etwa ein Dutzend ***Kirchen*** betrachten, mehr-

Fachwerkhaus in Blokhus

heitlich ***aus romanischer Zeit.*** Die größte ist die Saltumer Kirche, erbaut 1150, und die spektakulärste diejenige von Hune aus dem Jahre 1100. Dieses Gotteshaus musste um ein Haar das Schicksal der alten Kirche von Skagen teilen (die unter Sand vergraben wurde), wenn man im 16. Jahrhundert nicht mächtig geschaufelt hätte. Für Interessenten maritimer Kuriosa gibt es ein Modell des 1928 spurlos verschwundenen dänischen Schulschiffs *København* zu sehen. Sehenswert ist auch das Interieur der Kirche von Thise mit Gemälden und einer ungewöhnlichen Kanzel, einem über dem Chorbogen angebrachten so genannten Lektionarium.

Auskunft

● ***Touristeninformation:*** Støvesvej 2, 9492 Blokhus, Tel. 98248511, Fax 98248301, www.visitblokhus.com; Von Juni bis August täglich, ansonsten wochentags und Sa morgens geöffnet.

Verkehrsanbindung

● Für ***Busse*** nach Ålborg, Brønderslev und Fjerritslev muss man in Åbybro, einem langweiligen Nest, umsteigen. Um nach Blokhus/Hune zu gelangen, fährt man von Åbybro nach Pandrup und steigt dort erneut um. Zwischen Blokhus und Hune gibt es keine separate Verbindung.

Die Kirche von Hune

Unterkunft und Restauration

Hotels/ Motels

- ***Bellevue-Hotel Karnappen***€€, Strandvejen 14 (B). Tel. 98249020. In der Nähe des Golfplatzes.
- ***Danland/Feriehotel Nordsøen***€€, Høkervej 5 (B). Tel. 98249333.
- ***Egons Motel***€€, Gennem Granerne 2 (B). Tel. 98249193.
- ***Fårup Skovhus***€€, Saltum Strandvej 63 (S). Tel. 98881145.
- ***Motel Hune***€, Vesterhavsvej 59 (bei der Shell-Tankstelle). Tel. 98208355.
- ***Rødhus Klit Feriecenter***€€€, Rødhus Klitvej 123 (R). Tel. 96731000. Appartements.

Ferienhäuser

- ***Dansommer,*** Tel. 86176122.
- ***Nordsø Udlejning,*** Tel. 98248788.
- ***Simosol,*** Tel. 98248999.
- ***Sol og Strand,*** Tel. 70100160.
- ***Wikinghus,*** Tel. 98209085.

Camping

- ***Blokhus Camping,*** Aalborgvej 62 (B); Tel. 98249096. 340 Stellplätze; auch Hütten (15), Wohnwagen und Zimmer. Großenteils umwaldet. Mittig an der Straße zwischen Blokhus und Hune (1500 m zum Strand). Offen 31.3.-15.9.
- ***Guldager Camping,*** Bondagervej 67 (S); Tel. 98881512. 140 Stellplätze; auch Hütten (7) und Wohnwagen. Ruhiger Familienplatz, teils mit Baumbestand. 900 m zum Strand. Offen 14.4.-16.9.
- ***Houen Camping,*** Solvejen 45 (S); Tel. 98881091. 3 km zum Strand.
- ***Jambo Vesterhav Camping,*** Solvejen 58 (S); Tel. 98881666. Auch Hütten. 3,5 km zum Strand. Offen 2.5.-1.9.
- ***Ribergaard Camping,*** Fårupvej 184 (S); Tel. 98881154. 130 Stellplätze; auch Hütten und Wohnwagen. 4 km zum Strand. Offen 1.5.-1.10.
- ***Rimmensgård Camping,*** Kystvej 52 (R); Tel. 98249157. 300 Stellplätze, 12 Hütten. Sauna, Solarium, beheizter Pool, Tennis. 2,5 km zum Strand. Offen 1.4.-1.10.
- ***Rødhus Klit Camping,*** Rødhusmindevej 25 (R); Tel. 98248340. 253 Stellplätze, Hütten. 1 km zum Strand. Offen Ostern bis 15.9.
- ***Saltum Strand Camping,*** Saltum Strandvej 141 (S); Tel. 98881159. 295 Stellplätze, Hütten. Pool, Tennis, Spielplätze. 2,5 km zum Strand. Offen 30.3.-8.9.

Jugendherberge

- Kirkevej 26, Hune, 9492 Blokhus, Tel. 98249180, Fax 98209005. Im Ortsteil Hune neben der Kirche, sehr ruhig. Offen 1.3.-1.11.€-€€€

Zimmer

- Über die ***Touristeninformation.***

Gastronomie

„Die kulinarische Jammerbucht" (Prospektüberschrift)

- ***Fårup Skovhus,*** siehe unter Hotels. Satte Menüs, Fr im Sommer großes Spanferkelessen.
- ***Karnappen:*** Pizzeria im gleichnamigen Hotel.
- ***Kebab House,*** Aalborgvej 18 (B). Türkisches Essen.
- ***Kelleys Bar & Speisewerkstatt,*** Bredgade 29, Pandrup.
- ***Kroen i Rødhus,*** Rødhus Klitvej 123 (R). Tellergerichte ab 65 dkr.
- ***Lanternen,*** Aalborgvej 10 (B). Wirtshaus.
- ***Milano,*** Støvesvej 3 (B). Pizzen, anderes Italienisches.
- ***Pandrup Ny Kro,*** Bredgade 30, Pandrup. Gutbürgerliches zu zivilen Preisen.
- ***Saltum Kro,*** Søndergade 6 (S). Von Ende März bis Ende September Großabfütterungen zu niedrigen Preisen.
- ***Strandingskroen,*** Høkervej 2 (B). Kro mit schöner maritim-musealer Atmosphäre. Ganzjährig 12-22 Uhr.

Sport

Angeln

- ***Blokhus Fiskepark,*** Kvorupvej 89, Tel. 98246424. 25.000 qm Angelgewässer. 1.5.-31.8. täglich 7-22 Uhr.
- ***Saltum Fiskepark,*** Kordalsvej 4, Tel. 98881111.

Golf

- ***Blokhus Klit Golf Center*** (18 Löcher), Hunetorpvej 115, Tel. 98209500.
- ***Åbybro Golfklub*** (18 Löcher), Skeelslundvej 3, Åbybro, Tel. 98244585.

Reiten

- ***Pirupshvarre Ridecentrum,*** Blokhus.

Schwimmen

- ***Fårup Aquapark*** (siehe unter Unterhaltung, Fårup Sommerland).
- ***Jetsmarkhallen,*** Bredgade 140, Pandrup.
- ***Rødhus Badeland,*** im *Rødhus Klit Feriecenter.* Im Hochsommer geschlossen.
- Subtropisches ***Badeland*** im Hotel *Danland/Nordsøen.*

Tennis

- Auf den meisten größeren ***Campingplätzen,*** im ***Jetsmark Freizeitcenter*** in Pandrup und bei ***HC Tennis*** (Shell) in Hune.

Unterhaltung

Amüsement

● Der Freizeitpark ***Fårup Sommerland,*** größte Anlage dieser Art in Dänemark, liegt am Pirupvejen zwischen Hune und Saltum und bietet massige Unterhaltung für Jung und Alt. Von Mitte Mai bis zum 1.9. kann man sich zwanglos unter die fast 400.000 Gäste mischen, die das Spaßland alljährlich besuchen und 100 dkr Eintritt dafür zahlen.
● Jeden Sa in der Saison 9-13 Uhr ***Markttag*** in Kaas mit lebendigem Treiben.
● Im Sommer finden in allen Badeorten dauernd diverse ***Strandfeste, Musiktage*** und ***Umzüge*** statt.

Tanzen

● ***Disco Peter Wessel,*** Strandvejen 6 (B).
● ***Disco Sun Set,*** Strandvejen 12 (B).

Løkken und Vrå

Løkken ähnelt Blokhus in vieler Beziehung, nur dass hier, in Jütlands größtem Badeort, noch mehr los ist. In der Hochsaison wird die Einwohnerzahl, so eine Ortsbeschreibung, „mehrfach verdoppelt". Auch hier Wagenburgen am Strand, bis zur Wasserlinie hinunter. ***Vrå*** ist das zugehörige Inlandsstädtchen, etwa 10 km weit östlich von Løkken gelegen und außer für seinen bunten Markt im Juni und Juli vor allem als kleines Kunstzentrum bekannt. Im Sommer gibt es hier immer wieder Ausstellungen und Vernissagen.

Strandkabinen

Løkkens Küstenfischereimuseum (Nr. Strandvej) zeigt in der Saison einiges zum Thema einer fast untergegangenen Industrie. Früher einmal war Løkken ein betriebiger Fischereihafen. Heute hat der Sand alles zugeschüttet. Ein paar Kutter kreuzen weiterhin vor der Küste und werden täglich, große Touristenattraktion, auf den Strand gezogen. Man kann die Fänge direkt vom Kutter kaufen, heißt es, aber die Fischhändler sind meistens schneller.

Einen Besuch wert ist das ***Kloster Børglum,*** auf einem Hügelrücken zwischen Løkken und Vrå gelegen. Hier residierte einst der berüchtigte Bischof *Stygge Krumpen,* der uns schon in Thisted begegnete. Diese fromme Mann besserte der Überlieferung zufolge die Kollekte dadurch auf, dass er am Strand irreleitende Feuer entzünden und daraufhin strandende Schiffe ausplündern ließ. Gott segne unseren Strand! Der Bischofssitz, reizvoll-nüchternen Baustils, ist während der Sommermonate für Besucher geöffnet, und man hat die Genugtuung, dass die Reformation den Machenschaften des üblen *Krumpen* ein baldiges Ende bereitete.

Auskunft

- ***Touristeninformation Løkken:*** Møstingsvej 3, 9480 Løkken, Tel. 98991009, Fax 98991159, turistbureau@loekken.dk, www.visittoppen.com; von diesem Büro erhält man auf Anforderung einen Nordjütland-Führer.
- ***Touristeninformation Vrå:*** Sdr. Vråvej 1, 9760 Vrå, Tel. 98981422. Dieses Büro handhabt u. a. die Belange von Løkken, dessen Touristeninformation im Sommer stark beschäftigt ist.

Unterkunft und Restauration

Hotels/ Motel

- ***Brogård***€€, Kystvejen 35, Tel. 98992172.
- ***Ingstrup Motel***€, Hovedgaden 34, Ingstrup, Tel. 98883060.
- ***Motel Skovly***€, Munkensvej 26, Tel. 98883154.

Ferienhotels

- ***Grønhøj Strand***€€€, Ingeborgvej 2, Tel. 98883222; geöffnet 9.2.-11.11.

●***Lyngby Mølle***€€€, Lyngbyvej 239, Tel. 98996644; geöffnet 27.4.-30.9.
●***Løkken Badehotel***€€€, Torvet, Tel. 98991411. Seit über 100 Jahren das natürliche Zentrum des Ortes.

Ferienhäuser

●***Larsen,*** Tel. 99676767.
●Über die ***Touristeninformation.***

Camping

●***Grønhøj Strand Camping,*** Kettrupvej 125, Ingstrup; Tel. 98883644. 350 Stellplätze, Hütten. Offen 24.3.-1.9.
●***Hvorup Klit Camping,*** J. Jensensvej 2; Tel. 98991434. 450 Stellplätze, Hütten. 2 km zum Strand. Offen 28.3.-31.8.
●***Josefines Camping,*** Søndergade 57; Tel. 98991326. 300 Stellplätze, 6 Hütten. Dicht am Ort, 5 Min. zum Strand. Offen 29.4.-1.9.
●***Ledetgård Camping,*** Løkkensvej 898; Tel. 98996014. 200 Stellplätze; auch Hütten (11), Wohnwagen und Motel. 2 km zum Strand. Spielplatz, Swimmingpool, Solarium.
●***Løkken Campingcenter & Hytteby,*** Søndergade 69; Tel. 98991767. 125 Stellplätze, Hütten. 500 m zum Strand, 1 km zum Dorf Løkken. Tennis, Schwimmhalle, Minigolf. Offen 1.6.-31.8.
●***Løkken Nord Familiecamping,*** Løkkensvej 910; Tel. 98991238. 75 Stellplätze, 17 Hütten sowie auch kleine Zimmer in früherer Dorfschule. Ca. 1 km vom Strand. „Actionhaus" 400 m entfernt. Offen 1.5.-1.11.
●***Løkken Strand Camping,*** Furreby Kirkevej 97; Tel. 98991804. 160 Stellplätze, 1 Hütte. Direkt am Strand. Offen 1.5.-3.9.
●***Rolighed,*** Grønhøj Strandvej 35; Tel. 98883644. 130 Stellplätze; auch Hütten und Wohnwagen. *Rolighed* heißt „Ruhe" (in bezug auf die relative Abgelegenheit dieses Platzes). 2,5 km zum Strand. Offen 28.3.-8.9.
●***Strandvejens Camping,*** Ny Strandvej 1; Tel. 98991790. 125 Stellplätze, Hütten. Offen 24.3.-8.9.

Jugendherberge

●***Løkken Vandrerhjem og Feriecenter***€, Sct. Thøgers Plads 2, Vrensted, Tel. 98889033, Fax 98889233. Keine Jugendherberge des amtlichen Verbandes.

Gastronomie

●***Børsen/Mejeriet,*** Torvet. Fastfood.
●***Løkken Fiskerestaurant,*** Nørregade 9. Jede Menge feines Seafood.
●***Løkken Snack Bar & Caféen,*** Nørregade 18. Fisch, Pizzen, italienisches Brot.
●***Restaurant Lokken Badehotel,*** Torvet. Tageskarte und Feinschmeckergerichte.
●***Ristorante Firenze,*** Nørregade 5. Mexican- und Italo-Food.

Hoch und trocken

Sport

Angeln

● ***Løkken Fiskepark,*** Hovedvej 55, Tel. 98883600.

Golf

● ***Løkken Golfklub*** (18 Löcher), Vrenstedvej 232, Tel. 98992675.
● ***Brønderslev Golfklub*** (27 + 9 Löcher), Golfvejen 83, Brønderslev, Tel. 98820520.

Touren

● Vom Løkken Flugplatz finden tägl. von Juni bis September ***Rundflüge*** statt. Info: *North Flying,* Tel. 98173811.

Unterhaltung

Discos

● ***Action House*** (L), Industrivej 1. Vergnügungshalle mit Disco *New York* („118 db"! - einem Presslufthammer entsprechend), Restaurant, Musikbühne und vielem anderen. Im Sommer offen von 10 (Disco 23) bis 5 Uhr.
● Weitere Discos: ***Crazy Daisy*** (Nørregade 3), ***Romantica*** (Søndergade 30), ***Wall Street*** (Søndergade 15).

Burgenbau

● Wie in Tranum werden hier im Sommer jeden Mittwoch ***Wettbewerbe im Sandburgenbau*** (für Kinder bis 15 J.) ausgetragen.

Feste

● ***Kramermarkt*** in Løkken (2. Juliwoche).
● Im Sommer des öfteren ***Konzerte*** in Løkken.

Messe

● ***Antiquitätenmesse,*** Løkken-Halle (1. Augustwoche).

Lønstrup und Hjørring

Lønstrup liegt an der See, nur ein Dorf. Hjørring ist eine etwas größere Stadt, 15 km landein, mit Jugendherberge und endlich mal wieder einem richtigen Bahnhof.

Lønstrup

An der Küste um Lønstrup ist der Strand autofrei. Und das muss er auch bleiben. Denn ein solch idyllisches Stück Erde wie die 72 m hohe Rubjerg Knude 3 km unterhalb des Ortes darf nicht durch Kfz-Mief entweiht werden.

Das ***Dorf Lønstrup*** selbst ist ebenfalls hübsch anzusehen. Es liegt in einer Senke zwischen hohen Dünen, und eine gewundene Hauptstraße mit gepflegten alten Fischerhäusern auf beiden Seiten führt hinunter zum Wasser. In Lønstrup, wie überall an dieser Küste, werden immer einige Kutter aufs Trockene gehievt; das gehört wohl mehr zum Ambiente als zur eigentlichen Proteinversorgung. Der Strand, im Abbau begriffen, ist hier durch Buhnen geschützt; nördlich und südlich davon wird gebadet.

Zu diesem allgemeinen touristischen Komplex werden auch die ***Strände Skallerup Klit*** und ***Tornby/Kærsgård Strand*** in Richtung Hirtshals gerechnet. Dort gibt es unter anderem, etwas landeinwärts, das ***Hünengrab Tornbydyssen*** und die (verfallene) ***Burg Asdal*** aus dem 14. Jahrhundert zu besichtigen.

Rubjerg Knude

Es ist jedoch die bewusste Rubjerg Knude, eine ***Riesendüne,*** die im Wortsinn Lønstrups größte Attraktion darstellt. Oben erhebt sich der malerische ***Leuchtturm*** aus dem Jahre 1900, seit 1968 außer Betrieb, weil die Düne über seinen Lichtkegel (90 m über Null) hinauswuchs. An seinem Fuß steht das einstige ***Treibsandmuseum,*** welches, Ironie des Schicksals, der Sand unter sich begrub und seiner Funktion ein Ende machte. Überhaupt sieht die Düne wie eine gewaltige Brechsee aus, die über die paar Baulichkeiten hinwegschwappte.

Auch ***Mårup Kirke,*** etwas südlich der Düne gelegen, erinnert an die Rastlosigkeit der Natur. Hier baut sich der Sand jedoch nicht auf, sondern ab. Als die Kirche im 13. Jahrhundert errichtet wurde, befand sie sich noch weit im Landesinnern. Seither fraß sich das Meer unermüdlich in die Steilküste hinein. 1793 waren es noch 450 m; 1929 wurde das Gotteshaus wegen Einsturzgefahr geschlossen. Heute liegt das Kirchlein 12 m vom Abhang entfernt. Es ist nur eine Frage der Zeit, wann es in die Tiefe kollert, sofern man es nicht zuvor verlegt.

Hjørring

Hjørring bietet sich vor allem zum ***Einkaufen*** an (im Sommer jeden Samstag vor dem Rathaus großer Markt). Hier findet man dieses und jenes, was im kleinen Lønstrup vielleicht fehlt, und die Fahrt ins entferntere Ålborg erübrigt sich dann auch. Interessant ist das um 1350 erbaute ***Rittergut*** des Augustiner-Ordens *Odden* im Nordosten bei Mygdal, ein Musterbeispiel mittelalterlicher Schlichtheit und Größe, mit einer permanenten Kunstausstellung des Malers *J. F. Willumsen.*

In der Innenstadt von Hjørring kann man außerdem in der Søndergade bei der Firma *Lund* zusehen, wie mit sachkundigen Händen *„Bürstenhaare aus chinesischem Pferdehaar mit Hilfe von Draht an Holzschäften befestigt werden".* Wessen Herz schlüge da nicht schneller?

Auskunft

- ***Touristeninformation Lønstrup*** (L), Strandvejen 90, 9800 Lønstrup, Tel. 96252220, Fax 98960043, www.visittoppen.com
- ***Touristeninformation Hjørring*** (H), Markedsgade 9, 9800 Hjørring, www.visithjoerring.dk, Tel. 98920232, Fax 98920452.

Unterkunft und Restauration

Hotels

- ***Badehotel Lønstruphus***€€€, Rubjergvej 2 (L), Tel. 98960066.
- ***Familiehotel Kirkedal***€€, Kirkevej 30, Mårup (L), Tel. 98960995.
- ***Feriecenter Klitgården***€€, Strandvejen 85 (L), Tel. 96252533.
- ***Marinella***€€€, Strandvejen 94 (L), Tel. 98960700.
- ***Munchs Badehotel***€€, Tornby Strand, Tel. 98977115.
- ***Phønix***€€€€, Jernbanegade (H), Tel. 98925455.
- ***Strandlyst***€€, Tornby Strand, Tel. 98977076. Offen 1.5.-15.9.
- ***Tårs Kro***€€, Tårs, Tel. 98961022.

Ferienhäuser

- ***Jensen,*** Tel. 98960060.
- ***Skallerup Klit Feriecenter,*** Sønderlev (H), Tel. 99248400. 222 Ferienhäuser.
- ***Sol & Strand,*** Tel. 98960990.

Ferien auf dem Bauernhof

- Information und Buchung über die ***Fremdenverkehrsämter.***

Camping

- ***Egelunds Camping,*** Rubjergvej 21 (L); Tel. 98960135. 70 Stellplätze, 18 Hütten. Knapp 1 km zum Strand. Offen 31.3.-1.10.
- ***Hjørring Campingplads,*** Idræts Allé 45 (H); Tel. 98922282. Auch Hütten.
- ***Møllebakkens Camping,*** Møllebakkevej 20 (L); Tel. 98960145. 85 Stellplätze, Hütten. Ruhig und windgeschützt, 300 m zum Strand. Offen 30.3.-21.10.
- ***Tornby Strand Camping,*** Strandvejen 13, Tornby Strand; Tel. 98977877. 250 Stellplätze; auch Hütten (16) und Wohnwagen. 800 m zum Strand.

Jugendherberge

- Thomas Morildsvej 11, 9800 Hjørring, Tel. 98926700, Fax 98901550. Offen 1.3.-1.10.€-€€€€

Gastronomie

- ***Bøf & Vin,*** Jernbanegade 10 (H). Chinesische Spezialitäten.
- ***Hereford House,*** Nørregade 35 (H). Steakhaus.
- ***Kyppers Terrasse,*** im Hotel *Phønix* (H). Dänische und französische Küche.
- ***Løkkens Vejkro,*** Rubjerg (L). Dänische Küche zu populären Preisen.
- ***Skammekrogen,*** Østergade 38 (H). Typische Kro-Küche, preiswert.
- ***Vendelbohus,*** Nørregade (H). Spezialitäten: Fischterrine und Striploin.

Sport

Golf

● ***Hjørring Golfklub*** (18 Löcher), Vinstrupvej 30 (H), Tel. 98911828.

Hirtshals

Ein „Herz" steckt zuerst in diesem Namen, der von holländischen Seefahrern stammt; *hals* bedeutet Mündung. Ein hübsches Wort, auf ein früher hier mündendes Flüsschen gemünzt, doch das heutige Hirtshals gereicht ihm nicht zur Ehre. Vielleicht hätte man lieber einen begabteren Architekten auf diesen Ort loslassen sollen, dessen öde Funktionalität das trostlose Ambiente Hanstholms noch um ein paar Punkte unterbietet. Hirtshals ist vor allem ***Fähr- und Fischereihafen,*** und so sieht die Stadt auch aus, die sich ohne Tradition und Kunstsinn um die erst in jüngerer Vergangenheit (1930) entstandenen Kaianlagen gruppiert hat. Wenn sich der Ort heute lobt, *„den Wind in den Segeln zu haben",* so bezieht sich dies wohl in erster Linie darauf, dass man ihn verlassen kann. Und das

Alter Anker

Fischereihafen

wird man auch, ohne eine Träne zu vergießen. In Richtung Norwegen nämlich; von Hirtshals fahren fast rund um die Uhr Fähren nach Norden ab.

Trotzdem ist Hirtshals keineswegs bar aller Attraktionen. Der betriebige ***Hafen*** lohnt immer einen Besuch, und an der Mole zu dessen Einfahrt gibt es Steuermannskunst zu bewundern, wenn sich die gewaltigen Norwegen-Fähren durch das enge Loch schieben. Und auch sonst muss man sich nicht unbedingt langweilen ...

Sehenswertes

Bunkeranlage

In Hirtshals hatten die Deutschen wieder einmal ein riesiges Befestigungswerk aus der Erde gestampft, die so genannte 10. „leichte" Batterie. Sie liegt, immer noch fast postfrisch erhalten, zwischen dem Leuchtturm und dem Hotel *Fyrklit* und besteht aus diversen Großbunkern, Flakstellungen und Erdanlagen. Ein Ausstellungsbunker gibt vom 1.5. bis 30.9. (10-17 Uhr) eine Einsicht.

Leuchtturm

Einen zusätzlichen Überblick aus 57 Metern Höhe gewährt der Leuchtturm. 1862 wurde er errichtet, 35 m hoch auf der Düne, um der Schifffahrt den Weg um die gefährliche Ecke zu

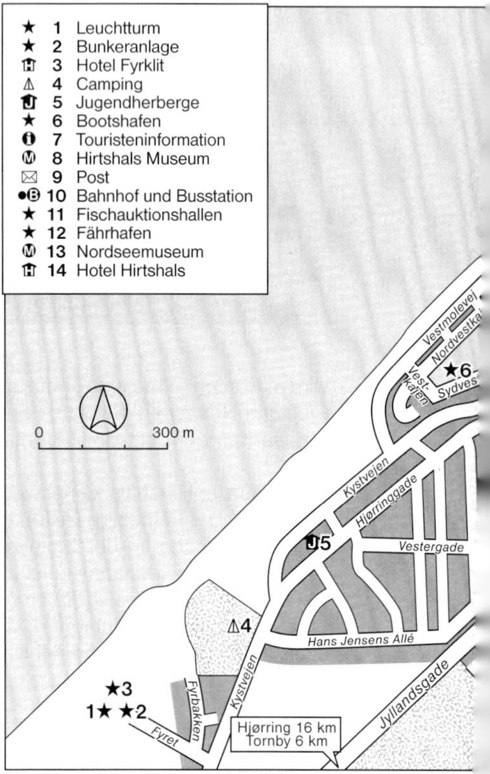

weisen. Man darf ihn besteigen, und zwar täglich von 8 bis 22 Uhr, bzw. bis zu einer halben Stunde, bevor das große Licht angeht.

Museen

•Das ***Hirtshals Museum*** in der Sophus Thomsensgade ist im Sommer täglich, im Winter Mo-Do 10-16 und Fr 10-13 Uhr geöffnet. Geboten wird ein Einblick in Hirthals' Vergangenheit als Fischerdorf. Außerdem ist dem Kräuterschnaps *bjesk* eine ganze Abteilung gewidmet. Der heißt wohl so, weil man beim ersten Schluck ein entsprechendes Geräusch ausstößt.

•Nordsø Museum, Willemoesvej: In Europas größtem freistehenden Seewasserbassin mit 120.000 Litern Inhalt kann man mal einen Makrelenschwarm live betrachten, und auch der große böse Hai ist vertreten. Das Robbenbecken zieht die meisten Besucher an, vor allem, wenn die Seehunde um 11 und 15 Uhr gefüttert werden. Außerdem „Trocken-Informationen" zu Fauna und Flora der Nordsee. Das Museum ist Teil des größten meeresbiologischen Forschungszentrums Europas. 1.6.-31.8. täglich 10-22 Uhr, an Wochenenden 10-17 Uhr. Eintritt 100/50 dkr.

Im Nordsee-
aquarium

Auskunft

- ***Touristeninformation:*** Nørregade 40, 9850 Hirtshals, Tel. 98942220, Fax 98945820, turistbureau@hirtshals-tourist.dk, www.hirtshals-tourist.dk, www.visittoppen.com

Verkehrsanbindung

- ***Kleinbahn*** nach Hjørring und von dort nach Frederikshavn. Achtung: Der einfahrende Zug hält zunächst am Fährhafen. Wenn man dort schon aussteigt, muss man noch ein ganzes Stück zur Stadt laufen, wo sich die Endstation befindet.
- ***Busse*** in alle Richtungen, vornehmlich nach Ålborg.
- ***Fähre nach*** Oslo und Kristiansand in ***Norwegen.*** Fahrtdauer: Oslo 8,5 Std., Kristiansand tags 4,5, nachts 6 Std. Info: *Color Line,* Havnen, Tel. 99561977. Auch Ausflugsfahrten.

Unterkunft und Restauration

Hotels

- ***Bindslev Hotel***€€, Nørrebro 15, Bindslev, Tel. 98938025.
- ***Danland Feriehotel Fyrklit***€€€, Kystvejen 10, Tel. 98942000. 1070 Betten.
- ***Hirtshals***€€€, Havnegade 2, Tel. 98942077.
- ***Skaga***€€€€, Willemoesvej 1, Tel. 98945500.
- ***Tversted Kro***€€€, Tannisbugtvej 49, Bindslev, Tel. 98931009.

Ferienhäuser

● ***Tversted Touristenbüro,*** Tel. 98931126.

Camping

● ***Hirtshals Camping,*** Kystvejen 6; Tel. 98942535. 170 Stellplätze; auch Hütten und Wohnwagen. Unmittelbar am Wasser unterhalb des Leuchtturms. Offen 3.5.-8.9.
● ***Kjul Camping,*** Kjulvej 12; Tel. 98949103. 350 Stellplätze, Hütten. Offen 31.3.-11.9.
● ***Aabo Camping,*** Tversted, Bindslev; Tel. 98931234. Offen 31.3.-11.9.

Seemannsheim

● Havnegade 24, Tel. 98941944.

Jugendherberge

● Kystvejen 53, 9850 Hirtshals, Tel. 98941248, Fax 98945655. An der Küste (beim Leuchtturm) im Westen des Ortes. Offen 1.3.-31.10. Die Vorderzimmer mit Nordseesicht sind sehr schön – wenn nicht die Straßenbeleuchtung wie mit Scheinwerfern durch die Fenster strahlen würde ...€-€€€

Gastronomie

● ***Café Bizie,*** Jørgen Fibigersgade 10. Kleines Restaurant, aber immer *bizie* (busy).
● ***Chicken & Burger,*** Hjørringgade 2. Fastfood.
● ***Fiskehuset,*** Hjørringgade 9. Frische Fischspezialitäten.
● ***Fyrklit,*** (siehe Hotels), abwechslungsreiche dänische Küche, viel Fisch. Fr Steakabend.
● ***Gårdboe's Fiskehandel,*** am Hafen. Im Sommer Grill- und Fertiggerichte.
● ***Hirtshals Kro,*** Havnegade 1. À la carte- und Fischgerichte.
● ***Hos Jane,*** Tannisbugtvej 36, Tversted. Pub und Pizzeria.
● ***Hyttefadet,*** Auktionskajen 6, am Hafen. Fisch vom Kutter in die Pfanne.
● ***Lilleheden,*** Hjørringgade 2. Fischrestaurant mit dänisch-französischer Küche. Auch Bistro.
● ***Nordsø Caféen,*** Nordsømuseet. Fischgerichte.
● ***Pub Corallen,*** Nørrebro, Bindslev. Kneipe.
● ***Ristorante Italiano Pizzeria,*** Nørregade 9.
● ***Sason,*** Nørregade 27. Kebabs und Pizzen.
● ***Superbrugsens Spisekrog,*** J. Fibigersgade. Fischteller.

Sport

Angeln

● Von den ***Hafenmolen*** aus kann man sehr gut Aale und Plattfische angeln.
● MS *Tinker* macht ***Hafenrundfahrten und Angeltouren,*** Tel. 98942323.

●Mehrere Fischkutter fahren auf ***Hochsee-Angeltörn*** hinaus. Auskunft gibt die Touristeninformation.

Golf ●***Hirtshals Golfklub*** (18 Löcher), Kjulvej 10, Tel. 98949408.

Schwimmen ●***Aabo Camping Vandland*** (siehe unter „Camping").

Unterhaltung

Feste

●***Angelfestival*** (Mitte Juni).

●***Drachenfestival*** (Mitte August).

Veranstaltungen ●Den ganzen Sommer über finden ständig irgendwelche Aktivitäten statt. ***Fischauktionen*** für Feriengäste sind zum Beispiel mehrmals anberaumt (Info in der Touristeninformation, Treffpunkt am Hirtshals Museum). Mitte Juni fliegen die Finger bei den dänischen ***Meisterschaften im Austernöffnen.*** Dann wieder werden, alles unter den Auspizien des Nordseemuseums, ***Hafenrundfahrten, Fangtouren*** und ***Exkursionen*** in die Jammerbucht (4 Std.) unternommen.

Tannisbucht und Tverstedt

Tannisbucht

Abgestutzte Sandmuschel

Auf den letzten Rest Dänemarks hin wird das Land flach. Der Zipfel oberhalb der Linie Hirtshals-Frederikshavn besteht überwiegend aus blankem Sand, den die letzte Eiszeit hier ablud. Zum Aufschieben von Moränenhügeln reichte die Gletschermasse nicht mehr. Die lokalen Touristenbroschüren sprechen deshalb ganz unverblümt von *„Dänemarks bestem Badestrand"*, auf die Küste der ***Tannisbucht*** gemünzt. So ganz Unrecht haben sie da trotz aller Unbescheidenheit nicht, auch wenn man die ***Strände*** Kjul, Kandestederne, Gl. (Gammel) Skagen und Skagen wieder einmal (zum Teil) dem Auto zur Verfügung stellt und ihre Attraktivität damit mindert – nun, jedenfalls für echte Strandfreaks.

Tversted

Mitten in der Tannisbucht liegt der kleine Ort Tversted, der wohl nur als Badeplatz eine Daseinsberechtigung hat, aber immerhin über eine eigene Touristeninformation, eine Ferienanlage und über einen Campingplatz verfügt:

Sehenswert

● ***Adlerreservat,*** Skagensvej 107, Tuen (Bindslev). Steinadler, Seeadler und Wanderfalken im Freien. ***Vorführungen*** (50 Minuten): ***April*** Mi 10, So 15 Uhr; ***Mai*** Mi-Do 10, Sa-So 15 Uhr; ***Juni*** Mi-Do 10, Sa-So 15 Uhr; ***Juli*** Di-Fr 10 und 17, Sa-So 17 Uhr; ***August*** Di 16, Mi 10 und 17, Do 10, Fr-So 15 Uhr; ***September*** Mi 10, Sa 15 Uhr.

Info und Unterkunft

● ***Tversted Turistbureau:*** Østervej 10, 9881 Tversted/ Bindslev. Tal. 98931126, Fax 98931121.
● ***Feriehotel Tannishus***€€, Tversted Strand, Tel. 98931300. Appartements auf Tages- und Wochenbasis.
● ***Tannisby Camping,*** Tannisbugtvej 86, Tversted Strand, Tel. 98931250. Offen 4.4.-10.9.

Skagens Odde

Die ***Landspitze*** Skagens Odde mit dem ***Grenen*** (= der Zweig) am äußersten Ende setzt die litorale Superlative der Tannisbucht fort; sie ist in der Tat reiner Sand. Genau genommen muss man in ihr eine ins Meer hinauswachsende Sandbank sehen. Sie wächst auch weiterhin, und zwar um mehrere Meter pro Jahr. Der so

Einsamer Strandstrich

Der „Graue Leuchtturm"

genannte Skagerrakstrom streicht aus südwestlicher Richtung die Küste entlang und führt Sand und Geröll mit sich, die am nördlichsten Punkt von Skagens Nordstrand wieder deponiert werden. Abgebaut wird der Sand auf der ganzen Linie der Tannisbuchtküste von Hirtshals bis zur Odde, aber auch die Strände auf der Kattegatseite, entlang der Ålbæk-Bucht, verlieren an Substanz, die am „Nordkap" wieder angeklebt wird. Die großen Sommerhäuser in der Nähe des Grenenmuseums stammen sämtlich aus der Zeit der Wende zum 20. Jh. Damals lagen sie dicht am Meer, heute stehen sie gut einen halben Kilometer auf dem Trockenen.

Wegen der ständigen topographischen Veränderungen mussten an Dänemarks Nordspitze immer wieder neue Leuchtfeuer gebaut werden. Zur Zeit ihrer Errichtung standen sie hart am Wasser; sie sollten ja vor der Strandlinie warnen. Doch allmählich wanderten sie sozusagen inland, und Verlegungen oder Neukonstruktionen wurden dann nötig. Bei Ausgrabungsarbeiten am ***„Weißen Mann",*** einem alten Leuchtturm (1747), der jetzt hoch und trocken am östlichen Stadtausgang von Skagen steht, fand man vor einigen Jahren ein Schiffswrack aus dem Mittelalter. Es war offenbar am damaligen Nordstrand verunglückt. Als man 1858 den ***„Grauen Leuchtturm"*** baute, ging man deshalb auf Nummer sicher und platzierte ihn mittig zwischen den beiden Meeren. Heute ist er kurz davor, ins Kattegat zu purzeln; nur ein paar Buhnen verhindern den Sturz.

Von der Plattform des Turms kann man die alte Küstenlinie noch deutlich ausmachen. Es gibt aber noch zwei andere Stätten, von denen sich das nördliche Dreieck sogar in seiner Gänze überblicken lässt. Es handelt sich um den Ålborgtårnet, in selbiger Stadt und mit einer Aussichtsplattform in 105 m Höhe, und den Cloostårnet in Frederikshavn, auf dem man sogar 168 m erreicht.

Skagen

„Skähn", spricht ein rechter Jütländer den Namen dieses Ortes aus. Oder noch ein bisschen länger: *„Skääääähn!"* Die Bedeutung ist „die Landspitze", *skag* auf altnordisch plus Artikelendung *-en*.

Aus bescheidenen Anfängen hat sich Skagen zu ***einem der größten Fischereihäfen*** des Landes gemausert. Gefischt wurde dort schon um das Jahr 1300. Und Strandungen an diesem eminent wichtigen und für die Schifffahrt enorm gefährlichen Drehpunkt gaben den Küstenbewohnern immer wieder ein gutes Zubrot. Später taten sich die Skagener jedoch als außerordentlich tapfere Rettungsmänner hervor; eine Statue am Hafen würdigt ihren Einsatz.

Skagens „Weißer Mann"

Stadt und Hafen sind heute fast eins. Skagen beginnt präzise mit dem ersten Hafenbecken und hört am letzten auf, und die gesamte Action findet an der Wasserfront statt. Weiter im Innern dehnen sich nur noch öde Wohnareale.

Skagen steht allerdings nicht nur für Fisch. Erstens begann der Ort seine „Karriere" als bald weitbekannte Künstlerkolonie (siehe Exkurs). Und zweitens war es der ***Tourismus,*** der seine herbe Schönheit schon früh entdeckte. Als 1890 die Eisenbahn von Frederikshavn nach Skagen geführt wurde, begann der Zustrom von Urlaubern. Damals entstanden hier elegante Hotelbauten im Fin-de-siècle-Stil, die großenteils noch heute in Betrieb sind.

Statue des Rettungsmannes

Sie stehen überwiegend in ***Gammel Skagen*** (= Alt-Skagen) an der Skagerrakseite und prägen das Bild dieses Ortes, der, auch „Hojen" genannt, 700-800 Jahre alt sein mag. Aus jener Zeit ist in „Gammel" jedoch nichts mehr erhalten, und heute wird dort eh nur gebadet. Die meisten Bewohner zogen 1907 bei Eröffnung des Skagener Hafens in den lebendigeren neuen Nachbarort; beide Stadtteile gehen heute unmerklich ineinander über.

Auch im ***„neuen" Skagen*** gibt es zahlreiche hübsche Eckchen aus der Zeit vor der Wende zum 20. Jh., vornehmlich entlang der Kurzverbindungen zwischen den beiden annähernd parallel verlaufenden Hauptstraßen Sct. Laurentii Vej und Østre Strandvej, an denen sich ein Touristenshop an den anderen reiht. Skagen vermarktet sich recht rührig, und an die zwei Millionen Besucher folgen alljährlich dem Lockruf. Wer könnte auch diesen Sirenenklängen widerstehen: *„Ohne Zweifel kennen und lieben Sie ‚Die vier Jahreszeiten' von Vivaldi",* gurrt ein Werbespruch. *„Auch Skagen hat vier Jahreszeiten, die Sie lieben werden, wenn Sie sie kennenlernen ..."*

Fischereihafen

Ein unbestreitbares Argument, das mit den Jahreszeiten. Aber man fährt ja nicht allein derentwillen nach Skagen. Man will den Grenen sehen, auf Dänemarks Nordspitze mit beiden Füßen in Skagerrak und Kattegat patschen und ein Foto von diesem Abenteuer machen ... Doch dieses Bonbon heben wir uns für ganz zuletzt auf.

Sehenswertes

Drachmanns Grab

Der Maler *Drachmann* wurde auf seinen Wunsch in den Dünen am Grenen beigesetzt. Das Grab liegt ganz oben hart am Fußweg und ist trotz eines kleinen Portals so unauffällig, dass viele Leute direkt darüber hinweglatschen.

Galgenleuchtfeuer (Vippefyret)

Die Nachbildung von Dänemarks erstem Leuchtfeuer, eine galgenähnliche Wippkonstruktion, steht am Kattegat oberhalb des Hafens, nahe des östlichen Ortsausgangs. Das kohlebefeuerte Original wurde im Winter 1626 errichtet und löste das schwächliche „Papageienfeuer" ab, das schon seit 1561 funzelte.

Museen

•***Anchers Haus:*** Markvej 2-4. Residenz des Ehepaares *Michael* und *Anna Ancher,* damals ständiger Künstlertreff, in dem manche Flasche geleert wurde. In der HS ist sie täglich, ansonsten an Wochenenden geöffnet.

Alte Gebäude am Hafen

Das Licht des Nordens

Jahrhundertelang lag das Fischerdorf Skagen isoliert und unberührt. Einer der ersten Außenseiter, der sich für den Zauber des kleinen Ortes empfänglich erwies, war ***1859*** der ***Märchendichter Hans Christian Andersen.*** Immerhin gab es schon einen Gasthof, die Pension *Brøndum,* und in dieser quartierte sich der Erzähler ein. Tags darauf wurde dem Ehepaar *Brøndum* eine Tochter geboren, die später zu einer der größten Künstlerinnen Dänemarks heranwuchs: *Anna Ancher.*

Der Dichter war entzückt von der kleinen *Anna,* von Skagen, von Meer und Dünen, und er veröffentlichte seine Eindrücke mit den Worten: *„Wer Maler ist, der eile hierher. Hier gibt es Motive für dich, Arbeit für den Pinsel: In dieser dänischen Landschaft findest du die Wüsten Afrikas, die aschebedeckten Hügel Pompejis, die vogelbelebten Sandbänke der Ozeane ...".*

Die Maler erhörten den Ruf. Sie kamen nicht nur aus allen Ecken Dänemarks, sondern auch aus Norwegen, Schweden, England und Deutschland, und sie kreierten die ***Skagener Malerschule,*** eine der lebendigsten Richtungen der nordischen Kunst. Inspiriert wurden sie von der besonderen Qualität des Lichts, das die Atmosphäre Skagens sozusagen durchleuchtete. Es war Licht, das von zwei Meeren zurückspiegelte und sich in der Mitte zu einer neuen Dimension vereinigte, die zur Betätigung der Paletten geradezu einlud. Die ersten Gemälde der Skagener Schule entstanden. Es waren keine „schönen" Bilder eines akademischen Genres, sondern auf ihnen waren wilde, raue Landschaften zu sehen, stiebende Brandung, niedrige Hütten und hohe Firmamente. Und immer wieder dieses gleißende Licht, das von allen Seiten zu kommen schien und den Gemälden ein wunderliches Eigenleben verlieh, wie es die Welt noch nicht gesehen hatte.

Zwar hatten Maler auch schon vor *Andersens* Aufruf Skagen besucht. Zu nennen ist da vor allem *Martinus Rørbye,* einer der großen Exponenten des so genannten Goldenen Zeitalters der dänischen Kunst. Er hielt 1833 als erster die dramatische Küste Skagens auf der Leinwand fest, malte Szenen in den Fischerdörfern und zog mehrere weitere Künstler nach sich auf den Plan. Die eigentliche Malerkolonie Skagen entstand jedoch erst in den späten 1870ern.

Als Gründer zählen der Norweger *Fritz Taulow* und der Däne *Holger Drachmann,* selbiger sowohl Maler als auch Poet. Der sommerliche Nachthimmel war für den Schwarmgeist *Drachmann* „wie ein glänzender Schild", und so stellte er ihn auch dar. Nach ihm kamen *Carl Locher, Karl Madsen, Fritz Stoltenberg, Viggo Johansen* und *Michael Ancher,* letzterer einer der größten Söhne der dänischen Kunst.

Michael Ancher war alsbald von (der jetzt zum Teenager gereiften) ***Anna Brøndum*** nicht minder angetan als seinerzeit *Andersen.* Er war es auch, der das schlummernde Maltalent der jungen Skagenerin zu wecken verstand und sie auf eine Zeichenschule in Kopenhagen schickte. (Ein Besuch der Hochschule war ihr als Frau versagt). *Anna Brøndum* kam als selbstbewusste Künstlerin zurück, und wenig später war sie *Anna Ancher.* Das Ehepaar ergänzte sich auf wunderbare Weise, wie man heute anhand seiner Werke im Ancher-Haus (s. u.) nachvollziehen kann. *Michael Ancher* malte am liebsten dramatische See- und Küstenszenen, seine Frau sonnendurchwirkte feminine und häusliche Motive in, wie ein Kollege befand, *„einem Kolorit so gesättigt und saftig, daß man es genoß wie eine reife Frucht".*

Namentlich über diese beiden Künstler begann die Skagener Schule erstmals, ***überregionales Aufsehen*** zu erregen. Doch aus dem bloßen Aufsehen wurde Ruhm, als Größen wie *Peter Severin Krøyer,* der in Frankreich und am Mittelmeer die Malerei studiert hatte, und der hochbegabte junge Schwede *Oscar Björck* sich in Skagen einfanden. *Krøyer* liebte die „blaue Stunde" der Halbinsel, wenn Meer und Himmel ineinander verschmolzen, und keiner vermochte dieses Farbereignis wie er auf die Leinwand zu bannen. *Krøyers* bekanntestes Werk, sozusagen ein Aushängeschild für die Skagener Schule, zeigt seine Frau und *Anna Ancher,* mit fließenden weißen Kleidern und gelben Schärpen angetan, am Strand, der sich in weiter Ferne blau im Dunst verliert. Dieses Bild ist unter anderen im Skagens Museum ausgestellt.

Es kam eine Zeit, da der Ruhm der Skagener Künstler an Glanz verlor; im Zeichen modernerer Strömungen erklärte man ihre Gegenständlichkeit für banal und provinziell. *Sic transit gloria mundi.* Doch das Licht des Nordens, das sie in alle Welt hinausgetragen hatten, bleibt unsterblich und sie selber somit auch.

Briefmarkenmotiv: P. S. Krøyer: „Beim Frühstück"

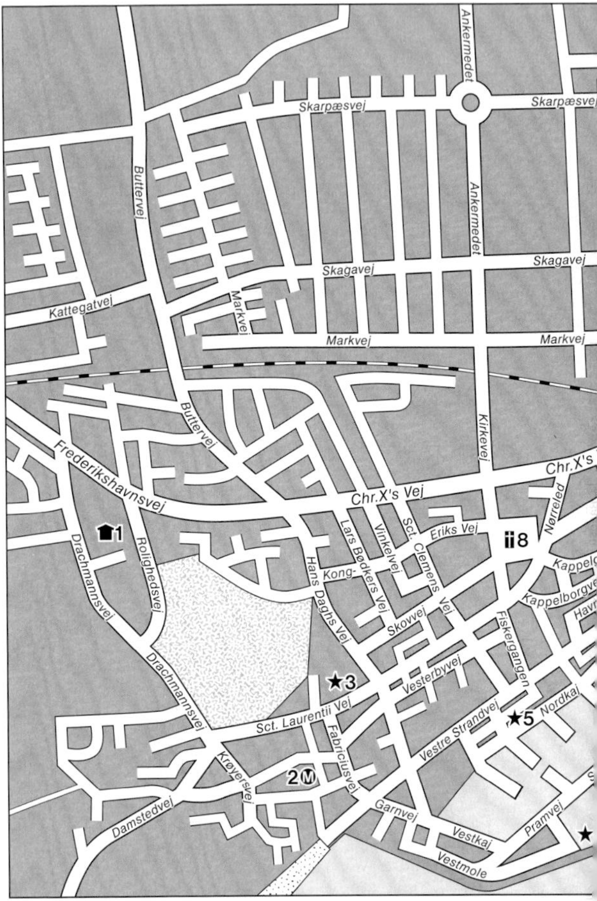

•Drachmanns Haus: Hans Baghsvej 21 (nahe der JH). Wohnhaus des Dichters und Malers *Holger Drachmann* (1846-1908). In der HS täglich, in der NS an Wochenenden geöffnet, ansonsten nach Absprache.

•Grenen Kunstmuseum: Grenen. Neuzeitliche Kunst; ergänzt in natürlicher Weise die an-

deren Museen Skagens durch wechselnde Ausstellungen von Gastwerken. Permanente Ausstellung von *Axel Linds* Seegemälden. Von Anfang Mai bis Mitte September täglich ab 10 Uhr geöffnet.

•***Naturhistorisches Museum Skagen:*** Højen Station, Flagbakkevej 30. Beschreibung der un-

Drachmanns Haus

gewöhnlichen Naturverhältnisse am Grenen sowie dessen Entstehung. Geologie von den Eiszeiten bis heute. Vorzeitliche Tierwelt (Mammutknochen). Im Sommer täglich 11-17, sonstige Zeit werktags 11-16 Uhr geöffnet. Do in der HS Naturwanderungen, jeden Fr im Juli meeresbiologische Exkursionen.

• ***Skagen Fortidsminder:*** P. K. Nielsens Vej. Freilichtanlage. Häuser armer und reicher Fischer aus den Jahren 1830-1880. Strandungs- und Rettungsmuseum. Exponate zu den Themen Fischerei, Seefahrt und Ortsgeschichte; Windmühle. Offen vom 1.5.-30.9. täglich 10-17 Uhr, sonstige Zeit werktags 10-16 Uhr.

• ***Skagen Odde Modellen:*** Vestre Strandvej 4. Modell des Dreiecks Hirtshals-Frederikshavn-Skagen als Simulation eines Flugs aus 15.000 m Höhe über die Landzunge Grenen, erlebbar von einer beweglichen Plattform. Im Sommer täglich, in der übrigen Zeit an Wochenenden offen.

• ***Skagen Ravmuseum:*** Bankvej 2. Eine Bernsteinausstellung, die sich sehen lassen kann. 40.000 Exponate, darunter viele mit interessanten Inklusen. Als da sind: *„Ein schönes großes Stück mit 7 Ameisen, je eine Blattlaus mit und ohne Flügel, 1 Spinne, 5 Milben, 4 Springschwänze, 1 Gallmücke, Beine einer Mücke, 2 schöne Staubbeutel einer Blume, ein sehr gut erhaltener Zweig der Thuja, mehrere kräuterähnliche Blätter, bambusartige Stengel, Pollen und Sternhaare, sowie vieles mehr* *aus der Botanik, außerdem Exkremente von (?) Schmetterlingslarven."* Dieselben kann man das ganze Jahr (im Winter nicht sonntags) täglich von 10 bis 22 Uhr inspizieren.

•***Skagens Museum:*** Brøndumsvej 4. Skagener Kunst ist das zentrale Thema. 1500 Gemälde, Zeichnungen und Skulpturen von 1830-1930. Im Sommer zumeist täglich 10-17 Uhr, im Winter Mi-Sa nachmittags geöffnet.

Råberg Mile

Die ***Wanderdüne*** südlich der Ortschaft Kandestederne ist Dänemarks größte und von ansehnlichen Ausmaßen: 2 km lang, einen breit und bis zu 35 m hoch. Nicht zu Unrecht wird sie eine Sehenswürdigkeit von internationalem Format genannt. Sie ist schon seit dem 15. Jahrhundert unterwegs. Von weither muss sie gekommen sein, denn sie wandert (heute) mit fast 15 Metern Jahresvorschub in Richtung Osten und frisst sich dabei, nichts hält sie auf, durch Wald und Flur. In ihrem Weg hat man die Bunken Klitplantage angepflanzt, zu wenig Frommen. Eines fernen Tages wird das Sandungetüm, das in seinem Gefolge eine Art Steinwüs-

Wander-dünen-wanderung

te hinterlässt (Råbjerg Stene), wohl sang- und klanglos ins Kattegat wandern und darin verschwinden.

Zur Råberg Mile führen ***ausgeschilderte Straßen und Wanderwege.*** Nicht im losen Sand herumklettern – ***Verschüttungsgefahr!***

Versandete Kirche

Der Turm der Sct. Laurentii-Kirche, auch *„die Lange Maren"* genannt, steht einsam inmitten von ausgedehnten Kiefernwäldern nahe der Kattegatküste südwestlich der Stadt und bietet sich als Ziel für eine wunderschöne Wanderung an. Das Gotteshaus stammt wahrscheinlich aus

Turm der versandeten Kirche

der zweiten Hälfte des 14. Jahrhunderts und war damals das größte im Vendsyssel. Doch die ab etwa 1500 in dieser Region einsetzenden Sandstürme erreichten letztlich auch diese Kirche und begannen sie vom Ende des 18. Jahrhunderts an zu begraben. Die Kirchengemeinde musste sich jedesmal durchschaufeln, wenn ein Gottesdienst stattfand. Der Kampf dauerte bis 1795. Dann wurde die Kirche auf königliche Anordnung geschlossen; *Christian VII.* konnte das Gekratze offenbar nicht mehr ertragen. Von der Kirche ist außer dem Turm, den man als Seezeichen stehen ließ, und ein paar Grundmauern des Kirchenschiffs nichts mehr erhalten. Der Turm zeigt sich allerdings, fast ein wenig enttäuschend, in bester Verfassung, wenn auch nur die oberen zwei Drittel aus dem Boden herausstecken. Man kann vom 1.6.-1.9. täglich von 11-17 Uhr gebührenpflichtig in ihn einsteigen; er ist von außen aber viel schöner als von innen, und dort kostet das Betrachten nichts.

Auskunft

- ***Touristeninformation:*** *Skagen Turistforening,* Sct. Laurentii Vej 22, 9990 Skagen, Tel. 98441377, Fax 98450294, turistbureau@skagen-tourist.dk, www.skagen-tourist.dk. Im Sommer auch So geöffnet.

Verkehrsanbindung

Bahn und Bus

- Die Stadt ist Endstation für die ***Skagensbanen*** (Privatbahn) von Frederikshavn.
- Es gibt auch zahlreiche ***Busse.***
- Viele Parkplätze in und um Skagen sind in der Zeit von 8 bis 18 Uhr gebührenpflichtig (1 dkr/10 min).

Fähren

- Vom nahegelegnen Frederikshavn fahren Fähren nach Langesund, Larvik, Moss und Oslo, alles ***Norwegen,*** sowie nach Göteborg in ***Schweden.***
- Die ehemalige Fähre direkt aus Skagen nach Norwegen wurde durch die Color Line aus ***Hirtshals*** abgelöst. Näheres dazu siehe im dortigen Ortskapitel unter „Verkehrsanbindung".

Unterkunft und Restauration

Hotels in Skagen

Die Skagener Hotels liegen im Durchschnitt 500 m vom Wasser (Hafengebiet) entfernt.

●***Badepension Marienlund***€€€, Fabriciusvej 8; Tel. 98441320. Gemütlicher kleiner Betrieb (21 Betten). HP möglich.

●***Brøndums Hotel***€€€€, Anchersvej 3; Tel. 98441555.

●***Clausens Hotel***€€€, Sct. Laurentii Vej 35; Tel. 98450166. Klassischer Altbau am Bahnhof. Auch Appartements.

●***Feriehotel Skagen***€€€€, Grårisvej 1; Tel. 98445522. Ferienanlage am Ortseingang. Auch Appartments.

●***Finns Pension***€€€€, Østre Strandvej 63; Tel. 98450155. Kleines, gemütliches Haus (zum Teil Holz; 10 Betten) am Ortsausgang.

●***Foldens Hotel***€€€€, Sct. Laurentii Vej 41; Tel. 98441166. Zentral gelegen; 50 m zum Bahnhof.

●***Hotel Petit***€€€€, Holstsvej 4; Tel. 98441199. So „petit" ist es mit 42 Betten gar nicht.

●***Hotel Plesner***€€€€, Holstsvej 8. Liebenswerter Altbau, klein (18 Betten), aber fein.

●***Hotel Skagen***€€€€€, Gl. Landevej 39; Tel. 98442233. Modernes Hotel nahe der versandeten Kirche.

●***Hotel Strandly Skagen***€€€, Østre Strandvej 35; Tel. 98441131.

●***Skagen Motel***€€€, Frederikshavnvej 8; Tel. 98444535. Am Ortseingang. Auch Appartments€€€€.

Hotels in Gl. Skagen

●***Hotel Højengran***€€€€, Flakbakkevej 12; Tel. 98442258. Moderner Komplex, inmitten von Dünen; 1 km zum Strand. Auch Appartements.

●***Hotel Traneklit,*** Chr. Møllersvej 10; Tel. 98441322. Direkt am Strand gelegen (50 m). Apartements€€€€€.

●***Jeckels,*** Jeckelsvej 5; Tel. 98446544. Klassisches Haus, 200 m vom Strand. Appartments€€€€.

●***Ruths Hotel***€€€€€, Hans Ruthsvej 1; Tel. 98441124. Schmuckes Anwesen in rotweißen dänischen Farben; 100 m vom Strand.

●***Strandhotellet***€€€€€, Jeckelsvej 2; Tel. 98443499. Elegantes Haus, 100 m vom Strand.

●***Strandhuset***€€€€€, Jeckelsvej 2; Tel. 98443499. Teil vom *Strandhotellet.*

Hotels in Hulsig

●***Hotel Inger***€€€€, Hulsigvej 17; Tel. 98488126. Gemütliches Haus, halb unter wildem Wein verschwunden. 1 km zum Strand.

●***Hotel Skagen-Strand***€€€, Tranevej; Tel. 98487222. Moderner (eingeschossiger) Großkomplex. Etwas fehlbenannt, denn der Strand ist 1 km weg. Appartements.

Hotels in Kandestederne

- ***Hjorts Hotel***€€€€, Kandebakkevej 17; Tel. 98487900. Hübsches kleines Haus. 250 m zum Strand.
- ***Kokholms Hotel***€€€€€, Kandebakkevej 17; Tel. 98487900. Gehört mit zum *Hjorts Hotel.*

Hotels in Ålbæk

- ***Aalbæk Gl. Kro***€€€, Skagensvej 42; Tel. 98489022. Großer Kro-Komplex; 800 m zum Wasser.

Ferienhotel

- ***Jeckels,*** Jeckelsvej 5, Tel. 98446544.

Ferienhäuser

- ***Bo Privat,*** Tel. 98446699.
- ***Skagen Ferie,*** Tel. 98442223.
- ***Timeshare Højengran,*** Tel. 75657606.
- ***Turistforening,*** Tel. 98441377.

Camping

- ***Bunken Camping,*** Ålbæk; Tel. 98487180. 750 Stellplätze, 9 4-Personen-Hütten. Direkt am Kattegat gelegen. Offen 5.5.-3.9.
- ***Grenen Camping,*** Fyrvej 16; Tel. 98442546. 270 Plätze, auch Hütten. Offen 12.5.-17.9.
- ***Poul Eegs Camping,*** Batterivej 21; Tel. 98441470. 420 Stellplätze; auch Hütten und Wohnwagen. Strandnah. Offen 10.5.-10.9.
- ***Råbjerg Mile Camping & Hytteby,*** Kandestedvej 55 (Hulsig); Tel. 98487500. *„Ausgeprägter Familienplatz mit großem leckerem Toilettengebäude".* 446 Stellplätze; auch Hütten (20) und Wohnwagen. Nahe der Wanderdüne. Offen von Ostern bis 15.9.
- ***Skiveren Camping,*** N. Skiverenvej 5 (Ålbæk); Tel. 98932200. 600 Plätze. Offen 7.4.-30.9.
- ***Øster Klit Camping,*** Flagbakkevej 53; Tel. 98443123. 265 Stellplätze, Wohnwagen. Offen 7.4.-17.9.

Zimmer

- ***Hos Hanne,*** Oddevej 24, Tel. 98444648.
- ***Johansen,*** Fælledvej 2, Tel. 98441903.
- ***Touristeninformation***

Seemannsheim

- Østre Strandvej 2, Tel. 98442588.

Jugendherbergen

- ***Ny Vandrerhjem***€-€€€, Rolighedsvej 2, 9990 Skagen, Tel. 98442200, Fax 98442255. Am südlichen Ortseingang. Offen 15.2.-30.11.
- ***Skagen Vandrerhjem***€, Højensvej 32, 9990 Gl. Skagen, Tel. 98441356, Fax 98450817. Keine JH des amtlichen Verbandes. Offen 1.3.-31.10.

Gastronomie

- ***Bodilles Kro,*** Østre Strandvej 11. Fischbuffet und à la carte. Nur im Sommer.
- ***De 2 Have,*** Grenen. *„Dänemarks nördlichstes Restaurant"*, Fisch- und Grillgerichte.
- ***Gammel Skagen,*** Højenvej 16. Abendrestaurant mit wechselnder Wochenkarte.
- ***Kabyssen,*** Sardinvej 7. Touristenmenüs zu zivilen Preisen.
- ***Mosten,*** Sct. Laurentii Vej 79. Gemütliches, traditionelles Speisehaus.
- ***Orchid Thai Restaurant,*** Sct. Laurentii Vej 60a. Gute Thai- und Dänenküche.
- ***Pakhuset,*** Rødspættevej 6. Fischrestaurant. Leichte Gerichte ab 70 dkr.
- ***Plesner,*** Holstvej 8. Im Hotel Plesner. Preiswertes Frühstück (Buffet).
- ***Seemannsheim*** (s. o.). Deftige Tagesgerichte und à la carte.
- ***Skagen Fiske Restaurant,*** am Hafen. Fisch in vielen Variationen, speziell Hering. Fischfrikadellen mit Zwiebelkompott.
- ***Sørmærket,*** Jeckelsvej 6. Laut Werbung „die besten Steaks der Stadt". Zudem Livemusik.
- ***Stigs Spisehus,*** Havneplads 20. Klein, gemütlich und beliebt.
- Außerdem feine Restaurants in den ***meisten Hotels.***

Sport

Golf

- ***Golfklubben Hvide Klit*** (18 Löcher), Hvideklitvej 28, Bunken (Ålbæk), Tel. 98489021.

Schwimmen

- Im ***Kultur- und Freizeitcenter.***

Segeln

- Den Fiskehuskaj, an dem Gastlieger festmachen, erkennt man an einer Reihe rotweißer Holzhäuser. Die Touristeninformation ist dann gleich links und alles andere in der Nähe. Die Versorgung ist bestens.

Reiten

- Langagergård, Kandestedvej 76, Tel. 98487890.

Unterhaltung

Fest

- ***Skagen Festival.*** Buntes musikalisches Treiben in der ganzen Stadt, skandinavisches Volksliedersingen, Konzerte, vieles andere. Letztes Wochenende im Juni.

Tanzen

- ***Disco Buddy Holly,*** Havnevej 16. Täglich ab 21 Uhr.

Touren

- Die ***Touristeninformation*** organisiert im Sommer häufig ***Ausflüge*** zum Grenen und zur Råbjerg Mile.

Auf der Spitze

Hier, am ***Grenen,*** geht Dänemark zu Ende, und auch das Buch. Nicht unerwähnt bleiben darf an dieser Stelle, dass der bewusste Appendix streng genommen gar nicht der ***nördlichste*** Punkt des Landes ist, sondern der ***nordöstlichste.*** Dänemarks Nordpol liegt etwa 3 km weiter westlich am Leuchtturm Skagen W. Doch das sollte nicht enttäuschen. Man kann ja beide Höhepunkte besuchen!

Zunächst: Wie kommt man hin? Von Alt-Skagen aus kann man den Strand entlangwandern, vom neuen Skagen aus nimmt man den Radweg entlang der Hauptstraße (mit dem Auto geht's natürlich auch). Man passiert den ***Weißen Mann,*** das ***Galgenleuchtfeuer*** und den ***Grauen Leuchtturm*** und gelangt nach ca. 3 km zu einem letzten Zivilisationspunkt mit einer Filiale der ***Touristeninformation,*** dem ***Grenen Museum*** und diverser Restauration. Von dort geht's jetzt nur noch durch den weichen Sand, entweder zu Fuß oder mit dem ***Sandormen*** („Wattwurm"), einem traktorgezogenen Ausflugswagen (15 dkr).

Das ***Baden*** ist in diesem Bereich ***auf das Strengste verboten;*** Schilder warnen in drei Sprachen. Es empfiehlt sich nicht, dagegen anzumotzen. Sowohl ober- als auch unterhalb der Odde setzen die ***Strömungen seewärts;*** an der Spitze treffen sie zusammen und gewinnen noch einmal an Kraft, bis zu 4 Knoten hat man gemessen. ***Und sie kehren nicht zurück!*** Es handelt sich nämlich um keine Gezeitenströme, die im Takt der Tiden alle sechs Stunden die Richtung umkehren. Gezeiten gibt es hier oben so gut wie gar nicht mehr. Die Strömungen an

Vorsicht, Lebensgefahr!

der Odde kommen durch Winddruck zustande, durch verschiedene Wasserdichten und -temperaturen. Man möge sich zwar gerne, Tausende tun es ja alljährlich, für ein ***Standardfoto*** mit einem Bein im Skagerrak und dem anderen im Kattegat postieren, ein eher banales Bild, das man auch überall sonst aufnehmen kann. Aber bitte nicht in die Fluten stürzen …!

Dafür kann man, von der Größe des Ereignisses überwältigt, einer anderen Tradition frönen, die am dänischen Nordkap offenbar Pflichtübung ist: Man tauscht ein Busserl aus. Dass Sie nicht nur eine angenehme Reise haben, sondern sich auch an der Aufrechterhaltung dieses schönen Brauchs beteiligen werden, hofft von ganzem Herzen

Ihr
Roland Hanewald

Anhang

Literaturhinweise

•**Bennet, G.:** *Die Skagerrakschlacht.* München 1976. Lesbares Werk zum Thema, aber zu sehr aus englischer Sicht betrachtet und zudem schlecht übersetzt.

•**Brøndsted, J.:** *The Vikings.* Harmondsworth 1982. Alles über die Wikinger, doch im Licht neuer Erkenntnisse schon leicht überholt.

•**Buchwald, K.:** *Nordsee - Ein Lebensraum ohne Zukunft?* Göttingen 1990. Unverzichtbarer Leitfaden für einen gründlichen Einblick in die ökologischen Verhältnisse des Nordseeraums.

•**Dansk Vandrerhjem:** *Dänische Jugend- und Familienherbergen.* København 2006.Muss man auf JH-Trip dabei haben (gibt es in der ersten JH, gratis).

•**Jahr-Verlag:** *Angeln in Dänemark.* Hamburg 1994. Nützlich, aber durch die voluminösen dänischen Broschüren ersetzbar.

•**Lange, T.:** *Eventyrets Land.* Varde 1988. Neudruck einer Geschichte aus dem Märchenland.

•**Meesenburg, H.:** *Rømø - Natur, Mensch und Landschaft.* Esbjerg, k. J. Interessant vor allem wegen Vergleichen mit Sylt.

•**Normann, G.:** *Skibsvrag ved Vestkysten.* Ringkøbing 1987. Thema Strandungen und Schiffsuntergänge, auch auf deutsch; ist aber nicht in jedem Buchladen erhältlich.

•**Petersen, E.:** *Angelgewässer in Dänemark.* Hamburg 1991. Wie Jahr.

•**Rasmussen, A. H.:** *Skudefart og Limfjordshandel.* Esbjerg 1974. Geschichte des nordjütländischen Seehandels im 17.-19. Jahrhundert.

•**Reich, E. K.:** *Viljen til Hanstholm.* København 1981. Die Tragikomödie des Baues des Hafens Hanstholm.

•**Steengård, S.:** *Thy før og nu.* København 1979. Die Geschichte der Thy-Region.

•**Werner, J.:** *Segeln in Dänemark 1.* Bielefeld 1992. Pflichtlektüre für Segler auf Jütlandtörn.

Kleine Sprachhilfe Dansk

Hier nur eine kleine Sprachhilfe, wer sich darüber hinaus für die dänische Sprache interessiert, dem bieten der *Kauderwelsch Dänisch - Wort für Wort* und der begleitende *AusspracheTrainer* zusätzliche Informationen.

Verben haben für alle Personen die gleiche ***Konjugationsform,*** indem man dem Stammverb lediglich ein -r zufügt: *Jeg kommer* (ich komme), *du kommer* (du kommst), *vi kommer* (wir kommen). Die ***Passivform*** bildet man ebenfalls durch ein Anhängsel (-s): *tømme* = leeren, *tømmes* = wird geleert. ***Artikel*** gibt es nur zwei, männlich/weiblich und sächlich; sie werden dem Hauptwort angehängt: *hus* = Haus, *huset* = das Haus.

Aussprache

Ein großer Teil der dänischen Vokale und Konsonanten entspricht den deutschen, obwohl eine Menge davon „verschluckt" oder abgeschliffen wird und das Verständnis des Dänischen dadurch einige Erschwernis erfährt. Vom Deutschen weichen ab:

Die im Deutschen nicht vertretenen ***Vokale Æ, Ø und Å*** werden Ä, Ö und O (wie in Ort) ausgesprochen und kommen im dänischen Alphabet ganz zuletzt an die Reihe. Eine alte Schreibweise für Å is Aa (z. B. Aalborg), auch am Schluss des ABCs zu suchen.

a	tendiert vor allem in Jütland stark nach ä, wie im Englischen
d	ungefähr wie das englische *th* in *the,* aber noch dotterweicher Übungssache. Nach g, l und n und vor st ist das d stumm
eg, ej, ij	wie „ei"
f	in der Vorsilbe *af* wie „au", sonst wie im Deutschen
g	wie u oder w nach o, u und å; generell wie j vor und nach allen anderen Vokalen
h	am Wortanfang vor j und v stumm
s	immer stimmlos wie ß
v	wie w; nach Vokalen wie u
z	(Fremdlaut), wie ß
øj, øy	wie „oi"

Zahlen

1	*en/et*
2	*to*
3	*tre*
4	*fire*
5	*fem*
6	*seks*
7	*syv*
8	*otte* („ode")
9	*ni*
10	*ti*
11	*elleve* („elwe")
12	*tolv* („toll")
13	*tretten*
14	*fjorten*
15	*femten*
16	*seksten* („saisten")
17	*sytten*
18	*atten*
19	*nitten*
20	*tyve* („tüwe")
21	*en og tyve*
30	*tredive* („tralwe")
40	*fyrre* („för")
50	*halvtreds* („hälträs")
60	*tres*
70	*halvfjerds* („hälfjärs")
80	*firs*
90	*halvfems*
100	*hundrede, et hundred*
1000	*tusinde, et tusind*

Fragewörter

wann	*hvornår*
warum	*hvorfor*
was	*hvad*
was für ein	*hvad for en*
welches	*hvilken*
wer	*hvem*
wie	*hvordan*
wie viele	*hvor mange*
wieviel	*hvor meget*
wo	*hvor*
woher	*hvorfra*
wohin	*hvorhen*
womit	*hvormed*

Zeitangaben

heute	*i dag*
gestern	*i går*
morgen	*i morgen*
übermorgen	*i overmorgen*
morgens	*om morgenen*
mittags	*om middagen*
nachmittags	*om eftermiddagen*
abends	*om aftenen*
nachts	*om natten*
täglich	*daglig*
früh(er)	*tidlig(ere)*
spät(er)	*sen(ere)*
jetzt	*nu*
bald	*snart*
immer	*altid*
nie	*aldrig*
Stunde	*time*
… Uhr	*klokken …*
Tag	*dag*
Woche	*uge*
Monat	*måned*
Jahr	*år*
vorig-	*sidste*
dies-	*denne/dette*
nächst-	*næste*

Montag	*mandag*
Dienstag	*tirsdag*
Mittwoch	*onsdag*
Donnerstag	*torsdag*
Freitag	*fredag*
Sonnabend	*lørdag*
Sonntag	*søndag*

Richtungsangaben

hier	*her*
dort	*der*
nach links	*til venstre*
nach rechts	*til højre*
geradeaus	*lige ud*
in Richtung auf	*mod*
zurück	*tilbage*
gegenüber	*overfor*
weit	*langt*
nah	*nær*
außerhalb	*udenfor*
im Zentrum	*på centret*
bei (Ding)	*ved*
bei (Person)	*hos*
zwischen	*mellem*
vor	*for*
vorne	*foran*
hinten/-r	*bag*
über	*over*
unter	*under*
neben	*ved siden af*
außen	*udenfor*
innen	*indenfor*

Kulinarisches Vokabular

Elementares

Können wir die Speisekarte haben?	*Må vi ha spisekortet?*
Abendessen	*aftensmad*
Frühstück	*morgenmad*
Gericht, -e	*ret, retter*
Mahlzeit, warme	*mad* *middag* (auch am Abend)
Mittagessen	*frokost*
Brot	*brød*
Brötchen	*rundstykke*
Butter	*smør*
Ei, Eier	*æg*
– gekocht	*kogt æg*
– Spiegelei	*stegt æg*
Eis	*is*
Käse	*ost*
Pfeffer	*peber*
Salz	*salt*
Suppe	*suppe*
Zucker	*sukker*

Fisch/Seafood	*fisk/seafood*
Bückling	*røget sild*
Butt (Flunder)	*rødspætte*
Garnele, -n	*rej, rejer*
Hering	*sild*
Makrele	*makrel*
Miesmuscheln	*(blå) muslinger*

Fleisch	*kød*
Aufschnitt	*pålæg*
Beefsteak	*steak*
Frikadelle	*burger*
Hühnchen	*kylling*
Kotelett	*kotelet*
Leber	*lever*
Rindfleisch	*bøf*
Schinken	*skinke*
Schnitzel	*schnitzel*
Schweinefleisch	*svinekød*
Speck	*spæk, bacon*
Wurst	*pølse*

Obst/Gemüse	*frugt/grønsager*
Apfel	*æble*
Apfelsaft	*æblesaft*
Apfelsine	*appelsin*
Banane	*banan*
Birne	*pære*
Blumenkohl	*blomkål*
Bohnen	*bønner*
Erbsen	*ærter*
Erdbeeren	*jordbær*
Gurke	*agurk*
Karotten	*gulerødder*
Kartoffeln	*kartofler*
Kirschen	*kirsebær*
Knoblauch	*hvidløg*
Kohl	*kål*
Kopfsalat	*hovedsalat*
Lauch	*løg*
Pflaumen	*blommer*
Reis	*ris*
Spargel	*asparges*
Tomate	*tomat*
Weintrauben	*vindruer*
Zwiebel	*løg*

Getränke	*drikker*
Bier	*øl*
Buttermilch	*kærnemælk*
Kaffee	*kaffe*
Milch	*mælk*
Mineralwasser	*mineralvand*
- mit/ohne Kohlensäure	*med/uden kulsyr*
Tee	*te*
Wasser	*vand*
Wein	*vin*

Beim Arzt

Arzt	*læge*
krank	*syg*
Krankenhaus	*sygehus*
Zahnarzt	*tandlæge*

Geografische Angaben

bredningen	die Haff- oder Binnensee
broen	die Brücke
bugten	die Bucht
fjorden	die Förde
fyret	das Leuchtfeuer
fyrtårnet	der Leuchtturm
floden	der Fluss
færgen	die Fähre
havet	die See
havnen	der Hafen
holmen	die Landenge, Halbinsel
høfden	die Buhne
klitten	die Düne
klitterne	die Dünen
kysten	die Küste
odden	die Landspitze
plantagen	das Küstenwald-gebiet
stranden	der Strand
sundet	die Meerenge
søen	der See
vigen	die Bucht
åen	die Au
øen	die Insel
øerne	die Inseln

Fragen

Was ist das?	*Hvad er det?*
Wo ist …?	*Hvor er ...?*
Können Sie mir sagen?	*Kan De sige mig?*
Gibt es …?	*Er der ...?*
Haben Sie …?	*Har De ...?*
Wo finde ich …?	*Hvor finder jeg ...?*
Können Sie mir … geben?	*Kan De give mig ...?*
Wieviel kostet das?	*Hvor meget koster det?*
Wie komme ich nach …?	*Hvor kommer jeg til ...?*
Was kostet die Fahrt nach …?	*Hvad koster turen til ...?*
Wie lange dauert das?	*Hvor længe skal det vare?*
Wann schließen Sie?	*Hvornår skal De lukke?*

Floskeln und Redewendungen

ja - nein	*ja - nej*
nicht	*ikke*
danke (dir)	*tak (skal du have)*
ja/nein danke	*ja/nej tak*
danke fürs Essen	*tak for mad*
bitte (Aufforderung)	*værs'god*
wie bitte?	*hvadbeha'r?*
keine Ursache	*ingen årsag; åh, jeg be'r*
Entschuldigung	*undskyld*
guten Morgen	*godmorgen*
guten Tag	*goddag*
Tag!	*dav!* oder *davs!*
guten Abend	*god aften*
gute Nacht	*godnat*
auf Wiedersehen	*farvel; på gensyn*
willkommen	*velkommen*
wie geht's dir?	*hvordan har du det?*
danke, gut!	*fint, tak!*
hallo/tschüß	*hej*
prost!	*skål!*
in Ordnung	*i orden; ok*
das gefällt mir gut	*jeg kan godt lide det*
das gefällt mir nicht	*jeg kan ikke lide det*
ich hätte gern …	*jeg vil gerne have …*
bis bald	*vi ses*

Nichts verstanden?

Wie heißt das auf Dänisch?	*Hvad hedder det på dansk?*
Was bedeutet das?	*Hvad betyder det?*
Ich verstehe kein Dänisch.	*Jeg forstår ikke dansk.*
Bitte noch mal.	*En gang til.*
Ich verstehe (nicht).	*Jeg forstår (ikke).*
Sprechen Sie bitte langsam und deutlich.	*Vær venlig at tale langsomt og tydeligt.*
Sprechen Sie Deutsch/Englisch?	*Taler De tysk/engelsk?*
Können Sie mir helfen?	*Kan De hjælpe mig?*

HILFE!

Dieses Urlaubshandbuch ist gespickt mit unzähligen Adressen, Preisen, Tipps und Infos. Nur vor Ort kann überprüft werden, was noch stimmt, was sich verändert hat, ob Preise gestiegen oder gefallen sind, ob ein Hotel, ein Restaurant immer noch empfehlenswert ist oder nicht mehr, ob ein Ziel noch oder jetzt erreichbar ist, ob es eine lohnende Alternative gibt usw.

Unsere Autoren sind zwar stetig unterwegs und versuchen, alle zwei Jahre eine komplette Aktualisierung zu erstellen, aber auf die Mithilfe von Reisenden können sie nicht verzichten.

Darum: Schreiben Sie uns, was sich geändert hat, was besser sein könnte, was gestrichen bzw. ergänzt werden soll. Nur so bleibt dieses Buch immer aktuell und zuverlässig. Wenn sich die Infos direkt auf das Buch beziehen, würde die Seitenangabe uns die Arbeit sehr erleichtern. Gut verwertbare Informationen belohnt der Verlag mit einem Sprechführer Ihrer Wahl aus der über 200 Bände umfassenden Reihe „Kauderwelsch".

Bitte schreiben Sie an: Reise Know-How Verlag Peter Rump GmbH, Postfach 140666, D-33626 Bielefeld, E-mail: info@reise-know-how.de

Danke!

Die Reiseführer auf einen Blick

REISE Know-How

Reisehandbücher
Urlaubshandbücher
Reisesachbücher
Rad & Bike

Algarve, Lissabon
Amrum
Amsterdam
Andalusien
Apulien
Athen
Auvergne, Cevennen

Barcelona
Berlin
Borkum
Bretagne
Budapest
Bulgarien
Burgund

City-Trips mit Billigfliegern
City-Trips mit Billigfliegern, Bd.2
Cornwall
Costa Blanca
Costa Brava
Costa de la Luz
Costa del Sol
Costa Dorada

Dalmatien
Dänemarks Nordseeküste
Disneyland Resort Paris

Eifel
El Hierro
Elsass, Vogesen
England – Süden
Erste Hilfe unterwegs
Europa BikeBuch

Fahrrad-Weltführer
Fehmarn
Föhr
Formentera
Friaul, Venetien
Fuerteventura
Fußballstädte Deutschland 2006

Gardasee, Trentino
Golf von Neapel, Kampanien
Gomera
Gotland
Gran Canaria
Großbritannien

Hamburg
Helgoland
Hollands Nordseeinseln
Hollands Westküste
Holsteinische Schweiz

Ibiza, Formentera
Irland
Island
Istanbul
Istrien, Kvarner Bucht

Juist

Kalabrien, Basilikata
Katalonien
Köln
Korfu, Ionische Inseln
Korsika
Krakau
Kreta
Kreuzfahrtführer
Kroatien
Kroatien, Wohnmobil-Tourguide

Langeoog
La Palma
Lanzarote
Latium
Leipzig
Ligurien, Riviera, Cinque Terre
Litauen
London

Madeira
Madrid
Mallorca
Mallorca, Leben/Arbeiten
Mallorca, Wandern
Malta, Gozo
Mecklenb./Brandenb.: Wasserwandern
Mecklenburg-Vorp. Binnenland
Menorca
Montenegro
Motorradreisen
München

Norderney
Nordseeküste Niedersachsens
Nordseeküste Schleswig-Holstein
Nordseeinseln, Dt.
Nordspanien
Normandie
Norwegen

Ostfriesische Inseln
Ostseeküste Mecklenburg-Vorp.
Ostseeküste Schleswig-Holstein
Outdoor-Praxis

Paris
Polens Norden
Polens Süden

Europa

Reise Know-How

Prag
Provence
Provence, Templer
Provence,
Wohnmobil-Tourguide
Pyrenäen

Rhodos
Rom
Rügen, Hiddensee
Ruhrgebiet
Rumänien, Moldau

Sächsische Schweiz
Salzburg
Sardinien
Sardinien,
Wohnmobil-Tourguide
Schottland
Schwarzwald, südl.
Schweiz, Liechtenstein
Sizilien
Skandinavien - Norden
Slowakei
Slowenien, Triest
Spaniens Mittelmeerküste
Spiekeroog
St. Tropez und Umgebung
Südnorwegen,
Lofoten
Südwestfrankreich
Sylt

Teneriffa
Tessin, Lago Maggiore
Thüringer Wald
Toscana
Tschechien

Umbrien
Usedom

Venedig

Wales
Warschau
Wien

Zypern

Edition RKH

Durchgedreht –
Sieben Jahre im Sattel
Eine Finca auf Mallorca
Geschichten aus dem
anderen Mallorca
Mallorca für Leib
und Seele
Rad ab!

Praxis

Aktiv Algarve
Aktiv Andalusien
Aktiv Dalmatien
Aktiv frz. Atlantikküste
Aktiv Gardasee
Aktiv Gran Canaria
Aktiv Istrien
Aktiv Katalonien
Aktiv Marokko
Aktiv Polen
Aktiv Slowenien
All inclusive?
Bordbuch Südeuropa
Canyoning
Clever buchen,
besser fliegen
Clever kuren
Drogen in Reiseländern
Feste Europas
Fliegen ohne Angst
Frau allein unterwegs
Fun u. Sport im Schnee
Geolog. Erscheinungen
Gesundheitsurlaub
in Dtl. Heilthermen
GPS f. Auto, Motorrad
GPS Outdoor
Handy global
Höhlen erkunden
Hund, Verreisen mit
Inline Skating
Inline-Skaten Bodensee
Internet für die Reise
Kanu-Handbuch
Kartenlesen
Kommunikation unterw.
Kreuzfahrt-Handbuch
Küstensegeln
Marathon-Guide
Deutschland
Mountainbiking
Mushing/Hundeschlitten
Nordkap Routen
Orientierung mit
Kompass und GPS
Paragliding-Handbuch
Pferdetrekking
Radreisen
Reisefotografie
Reisefotografie digital
Reisen und Schreiben
Reiserecht
Respektvoll reisen
Schutz vor Gewalt
und Kriminalität
Schwanger reisen
Selbstdiagnose
unterwegs
Sicherheit Meer
Sonne, Wind,
Reisewetter
Spaniens Fiestas

Praxis, KulturSchock

Europa

Sprachen lernen
Survival-Handbuch Naturkatastrophen
Tauchen Kaltwasser
Tauchen Warmwasser
Trekking-Handbuch
Unterkunft/Mietwagen
Vulkane besteigen
Wandern im Watt
Wann wohin reisen?
Wein-Reiseführer Deutschland
Wein-Reiseführer Italien
Wein-Reiseführer Toskana
Wildnis-Ausrüstung
Wildnis-Backpacking
Wildnis-Küche
Winterwandern
Wohnmobil-Ausrüstung
Wohnmobil-Reisen
Wracktauchen
Zahnersatz, Reiseziel

KulturSchock

Familenmanagement im Ausland
Finnland
Frankreich
Islam
Leben in fremden Kulturen
Polen
Rumänien
Russland
Spanien
Türkei
Ukraine
Ungarn

Register

Der Autor

An der Küste 1942 geboren, an der Weser aufgewachsen, 20 Jahre zur See gefahren, 50 Bücher und über 800 Reportagen geschrieben - wer eignete sich besser, einen Nordseereiseführer zu verfassen als Roland Hanewald? Der vorliegende Band setzt die Reihe fort, die in den Niederlanden beginnt und im dänischen Skagen ihren Abschluss findet.

Hanewald, der fließend Dänisch spricht, war schon in seiner Jugend in Dänemark verliebt. Die Reisen in Verbindung mit diesem Buch haben zu einem Rückfall geführt, und so meint der Autor, dass man Dänemark einfach liebhaben muss.